本书由总装备部装备科技译著出版基金资助出版

战 斗 建 模

Combat Modeling

[美] Alan Washburn Moshe Kress 著

郭齐胜 曹晓东 王文悦
潘高田 黄一斌 李 雄 译

国防工业出版社

National Defense Industry Press

著作权合同登记　图字: 军 –2010 –111 号

图书在版编目（CIP）数据

战斗建模/（美）沃什伯恩（Washburn, A.）,（美）
克雷斯（Kress, M.）著; 郭齐胜等译. — 北京: 国防
工业出版社, 2012.3
书名原文: Combat Modeling
ISBN 978-7-118-07719-3

Ⅰ. ①战… Ⅱ. ①沃… ②克… ③郭… Ⅲ. ①作战模
拟 Ⅳ. ①E83

中国版本图书馆 CIP 数据核字（2011）第249678号

Translation from the English language edition:
Combat Modeling by Alan Washburn and Moshe Kress ⓒ Springer Science+Business Media, LLC 2009

战斗建模
[美] Alan Washburn　Moshe Kress　　　　　　　　　　著
　　　　郭齐胜　曹晓东　王文悦　潘高田　黄一斌　李　雄　译

出版发行	国防工业出版社
地址邮编	北京市海淀区紫竹院南路 23 号　　100048
经　　售	新华书店
印　　刷	北京奥鑫印刷厂
开　　本	700×1000　1/16
印　　张	17 ¼
字　　数	272千字
版 印 次	2012 年 3 月第 1 版第 1 次印刷
印　　数	1—4000 册
定　　价	78.00 元

(本书如有印装错误，我社负责调换)

国防书店: (010) 88540777　发行邮购: (010) 88540776
发行传真: (010) 88540755　发行业务: (010) 88540717

译者序

本书是 Springer 出版社出版的国际运筹学和管理科学丛书中 "Combat Modeling" 一书的译本。

本书分为十章和三个附录。十章内容分别是概论与术语、标定射击、修正射击、目标防御、损耗模型、对策论和对抗模拟、搜索、雷战、无人机、恐怖和叛乱,三个附录分别是概率论、优化和蒙特卡洛模拟。

本书可作为高等院校运筹学及相关专业本科生和研究生的教材或教学参考书,也可供有关工程技术人员参考。

本书的翻译工作分为三个阶段。第一阶段为形成译文初稿,分工如下:郭齐胜负责前言、第 1 章、第 8 章、第 9 章,王文悦负责第 5 章 ~ 第 7 章,潘高田负责第 10 章和附录、黄一斌负责第 2 章和第 3 章,李雄负责第 4 章。第二阶段为精细审核,由曹晓东历时近半年,对全部译文初稿逐字逐句进行了认真推敲和考证,对漏译、误译的内容进行了补充和更正翻译,并进行了严谨细致的文章校对和润色。第三阶段为统稿,本着严谨性、规范性和专业化的要求,由郭齐胜将原文所涉及的缩略语、专业术语、人名和组织机构名称统一了译法,对个别不太符合汉语表达习惯的语句进行了重新编排,对某些易引起误解或费解的内容进行了注释,力争在保持原作风貌的同时,使译文更为符合我国读者的认知习惯。

本书翻译过程中得到了工程兵某研究所赵宏宇工程师、装甲兵工程学院蒋晓瑜教授、肖美玲副教授、纪兵讲师的大力帮助,在此一并表示感谢。

因水平所限,不妥之处在所难免,敬请广大读者批评指正。

郭齐胜

2011 年 11 月

前言

      本书内容主要围绕现代战斗模型所涉及的过程、方法和概念，所面向的读者一般应至少具备理工科学士学位以及基本概率理论的相关背景。书后附有三个附录，用来强调那些贯穿全书的基本定量方法。附录 A 回顾了几乎每一章都有所涉及的概率理论。如果读者此前从未学过概率论，最好先读一下附录 A，起码在研修本书之前读一下。附录 B 和附录 C 简要介绍了优化和蒙特卡洛模拟。

      本书通篇使用了作者制作的 Microsoft Excel 工作簿，其中一些工作簿包含有 VBA (Visual Basic for Applications) 代码，对应着特定的函数或命令。建议读者通过 URL http://faculty.nps.edu/awashburn/ 上的 downloads 链接，获取压缩文件 CombatModeling1.zip。获取这个文件之后，解压缩，阅读文件 Readme.txt 和 Errata1.txt。只要获得相应的著作者身份信用，便可以免费散发这些工作簿。在这个 URL 上，还可以发现指向作者沃什布恩的 email 链接，或者用 mkress 替换 awashburn 访问作者科瑞斯。

      如蒙反馈，我们将不胜感激。如发现错讹之处，敬请您指出，以便我们将其加进勘误表。如果本书有后续版本，您对本书结构与内容上的真知灼见将令我们受益匪浅。

      但愿这本书能对您有所帮助。

阿兰·沃什布恩　海军研究生院军事运筹系

莫什·科瑞斯　海军研究生院军事运筹系

目录

第 1 章

概论与术语

我压根儿不只是漂亮的模型, 因为模型只是对现实事物的简单模仿。

梅埃 · 韦斯特

1.1 引言

模型是对现实事物的抽象, 而抽象可以呈现为多种形式: 一个建筑师可能制作一个他所设计建筑的物理缩微模型; 一家公司的 CEO 可能运用图表去表达某种新的运营理念, 而物理学家则可能会用一组微分方程去表达某一物理现象。我们需要模型, 是基于这个事实: 真实世界过于复杂, 使我们难以推理, 而且, 其中包含许多并非必然相关的细节。鉴于人类才智有限, 只能抛开分心劳神的细枝末节, 去考察那些含有事物本质的抽象。建筑缩微模型、图表、微分方程组, 都是这些抽象的表现形式, 下文简单地称为模型。模型有物理模型、概念模型和数学模型等不同类型, 它们都只表达了某个真实对象或情形的抽象。模型的作用在于推理、洞察、规划和预测, 它应该提取出对象或情形的关键因素, 并忠实地加以表达, 这样模型才能有效发挥应有的作用。

本书围绕着模型而展开, 关注那些描述或表达武器系统和战斗态势的模型。如上所述, 模型分为几类。为了组织对事物的思考, 有必要介绍若干术语, 据之以区分不同类型的模型, 以及如何构造、使用和测试模型。本章的目标之一是编制一个专业词汇集 (1.2 节), 目标之二是讨论某些建模假设 (1.3 节), 这些假设将被频繁使用, 明确指出来实属必要。作者正是持这一观点: 这些 "捷径" 假设既是有用的、有力的, 也是危险的, 因而在这样一本书中应该开宗明义地加以讨论。1.4 节总结了书中所用符号的有关约定, 1.5 节则是对后续各章的概要介绍。

1.2 战斗模型分类

不幸的是, 战斗建模这项工作长久以来深受专业词汇的困扰, 这些专业词汇中, 那些最基本的关系和近义词解释得令人不知所以。此前, 不止一次有人尝试改变这一局面, 借助权威来发布可以明示术语应有之意的词汇表, 可惜, 无一获得成功。这或多或少有些像试图将标准强加给语言 (如法语) —— 人们照样会随心所欲地说, 尽管权威们费了九牛二虎之力。像什么 "表征 (identity) 模拟" 和 "基于 agent 的模拟" 等术语用得不亦乐乎, 根本不在乎词汇表中居然没有这些术语, 而且, 看起来还可使得内行之间的沟通更容易。尽管如此, 应该尽可能使用那些某种意义上视为标准的术语。本书当中, 我们的原则是大体上遵循美国国防部所定义的词汇表 (DoD 1998)。第一次使用的定义性术语在下文中将以斜体字形式出现。

真实的战场态势不可避免地与其模型不一致, 这很大程度上源于战斗的复杂性和不确定性。判定模型在多大程度上符合真实世界的过程称为验证 (validation), 与之相区别的是, 判定一个模型的特定实现 (如计算机程序) 是否正确 (意思是忠实于模型), 称为校核 (verification)。校核跟真实世界无关, 起码没有直接关系。

模型有可能是随机型的, 也有可能是确定型的。直观地讲, 随机型模型采用与实验或态势相关的不确定或随机输入, 对结果的预测是不确定的; 确定型模型则可以准确地说明将要发生的结果, 而有意忽视不确定性的存在。从更正式的角度讲, 随机型模型在描述过程中, 需要用到概率论的术语 (事件、随机变量和概率等, 详见附录 A), 然而确定型模型不需要这些。这一对比对研究兰彻斯特模型 (第 5 章) 非常重要, 其中相同的数据可用于这两类模型。需要强调的是, 本书关注的大多数战斗模型是随机型的。

国防部术语表指出, 术语 "建模" 与 "模拟" 经常互换使用, 尽管如此, 还是对 "模拟" 运行了单独定义。习惯上, 本书中 "模拟" (Simulation) 这一说法专指实现随机型模型的特定方法, 随机型模型能够产生一系列抽象试验的复现, 可从中做出推论。最重要的模拟是蒙特卡洛模拟, 这在附录C 中已有所描述。如图 1-1 所示七种模型, 蒙特卡洛便是其中之一。按我们的定义, 其右侧的三种模型也属于模拟, 原因在于它们所关注的问题都是在不确定的环境下进行足够多的复现, 从而得出可靠的推论。就产生和管理复现的方式来说, 模型之间是不同的, 可以采用计算机来运行, 也可以是人工手段。与模拟相反, 分析模型不依赖于多次的复现, 而是构造能描述结果的简明公式。分析模型既可能是随机的, 也可能是非随机的。

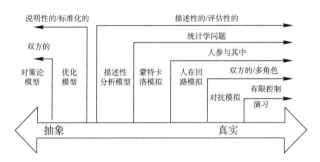

图 1-1 战斗建模谱系

图 1-1 所示 "战斗建模谱系" 重点在于表明抽象与真实程度之间的变换。主要分界线位于明显以找出最优决策为目的的模型 (左边的说明性或标准化模型) 与不以最优为目的的模型 (右边的描述性或评估性模型) 之间。说明性模型寻求说明复杂战场态势中最优的行动方案。我们自然会想到, 说明性模型需要更大程度的抽象, 以期找到一个有用并且容易操作的行动方案。描述性模型描述战斗现象和过程, 但不对行动方案加以说明, 因此抽象程度较低。描述性模型的目标是达成对系统主要组成部分或战场态势演变的洞察, 分析其中的因果关系, 以及对比备用行动方案。有时, 在极其少见的情形下, 不确定性很少并且其范围受到有效的限定, 模型有充分的可靠数据作支持, 此时描述性模型也可用来预测战斗结局。说明性模型属于有特殊目标的分析模型。优化模型只针对单一决策者寻找某种意义下最优决策这种情形 (详见附录 B), 而对策论模型可用来解决多决策者问题。对抗模拟也涉及多个决策者, 为了获得真实感, 它将人作为系统的一部分。在第 7 章中, 将会介绍和比较对策论与对抗模拟。在此, 只需注意这两种针对多决策者情形的方法, 位于抽象度谱系相对的两端。

在描述性模型中, 分析模型, 甚至在随机情形下, 本身具有可校核性, 原因在于各独立执行应当产生相同的结果。如果有两种执行结果不同, 则至少说明其中一个错了。由于分析模型难以利用和操作, 通常要设计模拟

(图 1-1 右侧四类)。如果随机型模型使用了随机数发生器, 那么这个模型至少属于蒙特卡洛模拟或其右侧的某一类。由于复现是随机产生的, 两个正确的蒙特卡洛执行程序可能产生不同结果, 相对于分析模型 (包含统计学问题, 如图 1-1 箭头上方所示), 校核是一个更难的课题。如果模型哪怕只涉及鲜活的人所做出的一项决策, 则这个执行过程属于人在回路模拟或其右侧的某一类。如果多人怀有不同的决策目的, 则这个执行过程属于对抗模拟或其右侧的一类。最后, 如果真实世界直接影响执行过程中的任何一个环节, 那么这个执行过程就叫做演习。因为演习已经涉及真实世界的一部分, 有些方面无法控制, 至于演习结束时会发生哪些情况, 依然存在难以解答的问题。在图 1-1 中, 越往右, 模型校核的难度越大。关于演习, 本书将不加以讨论, 而关于人在回路模拟的内容也很少。

给定抽象度, 有时特定的真实世界情形可用多种方式加以实现。考察以下真实世界问题, 将一枚干净的硬币掷三次, 注意事件 "两次或以上为正面朝上" 是否发生。分析模型会用概率论 (例如二项分布, 见附录 A) 去推断出这个事件的发生概率为 0.5; 这种情形也可采用蒙特卡洛模拟, 用随机数模拟三次掷硬币, 记录下所有复现中发生该事件的那部分。分析模型无疑是解决这种小问题的最好方式, 道理在于只需少许努力便可以透明的方式推导出精确答案。遇到更复杂的情形, 无论就效率还是透明度, 蒙特卡洛模拟可能更为优越。是采用分析模型还是蒙特卡洛实现, 这是个重要的问题, 在研究随机战斗模型过程中会经常遇到。下文我们也会频频碰到这个问题。这两种方法并不冲突, 较为有效的校核策略是用这两种方法分别实现并进行对比。

1.3　建模的捷径

如上所述, 本书中大部分战斗模型是随机型的, 这是由战斗固有的不确定性所决定的。这些模型可能极其复杂, 因此, 为了能够实现这些模型, 有时需要加上假设作为简化 "捷径"。虽然这些假设很有用, 且有助于提高实现模型的效率, 但是, 如果不加以严格控制和正确解释, 也是不可靠的。在本节中, 我们将讨论一些普遍应用的捷径。

1.3.1　期望值分析

很多战斗模型是多阶段的, 可以这样理解: 阶段 1 决定向阶段 2 的一

些重要输入 (如随机变量 X)。X 可以是克服最初防御后幸存的攻击者数量, 或者第一阶段沙暴后幸存可用于执行第二阶段任务的直升机数量。令 $Y = f(X)$ 为两个阶段总体成功程度的某种量化量度, 假设 X 是随机的。既然 X 是随机的, Y 也如此。我们想知道两阶段作战行动的期望成功度或 $E(Y)$ (期望值算子 $E(\ )$ 详见附录 A)。问题是要求得 $E(Y)$, 需要对 X 的所有可能值求 $f(X)$ 值。如果求函数 $f(X)$ 的值难度很大或代价过高, 诱人的办法是只求 $f(E(X))$ 的值, 即给定第一阶段平均输出条件下的第二阶段总体成功度, 而不用去求更复杂的 $E(f(X))$, 即两阶段作战行动的平均成功度。这种利用期望值对随机变量进行系统化置换的过程, 称为期望值分析 (EVA)。

EVA 通常无妨。有人说 "美国的高速公路上每 $13\,\mathrm{min}$ 就会死一个人", 这个说法是不正确的, 要使高速公路死亡个案恰好每 $13\,\mathrm{min}$ 接连发生, 那需要精妙却毫无意义的协调使之成为现实; 正确的说法是 "美国高速公路死亡个案的平均间隔是 $13\,\mathrm{min}$"。前一个说法只是忽略了 "平均" 这个词, 仅就用于估计长时段内高速公路死亡个案数来说, 也无碍大体。然而, EVA 也不总正确。假设设计一个有 n 个冗余控制器的系统, 来确保核攻击不会意外启动。每个控制器独立工作, 正常工作概率是 0.9。只要至少一个控制器工作, 系统就正常运行。利用 EVA, 我们能证明只需两台控制器就足够了。若 X 为可用控制器的数量, 则 $E(X) = 2(0.9) = 1.8$, 既然 $1.8 > 1.0$, 系统是安全的。然而, 在这个 EVA 过程中共出现了两个错误, 一个是表面的, 一个是根本性的。表面的问题在于可用控制器的数量永远是整数, 不能是 1.8; 根本性问题在于单凭期望值分析结果, 不足以得出意外核攻击的概率, 在只采用两个控制器的情况下, 这个概率其实很大 (准确说是 0.01)。另一个例子是坦克在夜间通过地雷场, 地雷场中有一条无障碍的通路, 但由于分不清方向, 坦克驾驶员的行驶路线相对无障碍通路可能偏左或偏右 $10\,\mathrm{m}$, 两边概率都是 0.5。采用 EVA, 可以推断出坦克总是精确地沿通路行驶, 理由是平均偏移量是 0, 由此看来坦克是安全的, 可是实际上, 它从未沿无障碍通路行驶, 甚至极有可能触雷爆炸。除了像在第一个例子当中漏掉了可变性的整个轨迹之外, 如第二个例子所示, 通过 EVA 得出的确定型 "等效" 模型即便按平均数计算也可能是错的。

既然 EVA 是个坏主意, 那为什么人们还要利用它呢? 首要的答案是期望值分析可以引向确定型模型, 而无论是从概念角度还是计算角度, 确定型模型都比随机型模型简单。有时, 人们会产生这样的观点: 战斗模型只能差强人意地接近现实, 这在所难免。既然如此, 用平均值近似表示某些随机变量, 就用不着有所顾虑。这个观点不可谓不好, 但是有力的反论据决不在少数 (卢卡斯, 2000)。EVA 的引入, 可能把近似但有用的模型变成一个实际上起误导作用的模型。

我们的观点并不是自始至终弃用 EVA, 而是提醒分析者警惕这些危险。在构建随机型模型时, 是否采用 EVA, 是分析者必须做出的重大决定之一, 所以至少有必要给它起个名字。这个主题在第 5 章会再次讨论, 并对随机型和确定型兰彻斯特方程进行比较。

1.3.2 普遍独立

随机型模型通常需要处理多种不同现象的相互影响, 它们之间的统计关系, 对于模型的真实性和易处理性十分重要。这几乎永远是一条真理: 最具易处理性的假设是所有现象都彼此独立, 既然如此, 做出这一假设的习惯配得上 "普遍独立" (UI) 这个名称, 而普遍独立之所以普遍, 在于两个基本原因:

(1) 这通常不是对真实世界的离谱假设。在任何实践意义上, 很多现象的确彼此互不相干, 尽管有一场战斗的结局取决于千万里之遥的蝴蝶飞舞这一煞有介事的说法。

(2) 处理独立事件和随机变量时, 概率论通常是最简单的。例如, 随机变量和的方差, 当随机变量独立时, 等于个体方差的和, 但不独立时则不相等。

虽然第一个说法成立, 在有些情形下, 关于独立的假设其负面影响是很危险的。例如, 令 E 和 F 分别为坦克 1 和坦克 2 通过地雷场后依然幸存的两个事件, E 和 F 是否独立呢? 如果坦克独立行进, 它们可能是独立的, 然而如果坦克 2 始终紧跟坦克 1 的行进路线, 它们必然是不独立的。如果坦克 1 幸存, 则其路线就是安全的, 循着同样路线, 坦克 2 也可以幸存。从而独立假设的有效性取决于坦克如何通过地雷场。既然克服地雷场的主要措施之一是让所有不得不如此的坦克循着同一条路线, 因此从地雷场规划者的角度出发, 就其效果而言, 基于 UI 假设的模型似乎是极其乐观的, 认识到这一点已经给地雷场规划软件造成了相当的困惑 (详见第 8 章)。不恰当应用 UI 的另一个例子是, 某件武器的几次射击, 都存在武器火控系统有偏差的问题, 导致共同的瞄准误差 (详见第 2 章)。

本书中, 我们认为关于独立的假设并不是一个坏主意, 相反, 在建模中多次用到了关于独立的假设。倒是那些随意的独立假设, 就像这些假设某种程度上已成为标准而无庸质疑, 这才是我们要提醒的。UI 之所以泛滥的根源在于它几乎给战斗建模带来易处理性, 然而, 在使用它之前要仔细考量其有效性。

1.3.3 参数调谐

有时, 战斗模型包含一些准确含义很难猜测的参数, 有时甚至搞混其英文的描述。这些描述包含有 "沟通倾向"、"损耗因子" 或 "投降系数"。尽管晦涩难懂, 这些参数显然存在, 这是因为战斗模型有时不得不处理无法忽略的真实世界的某些方面。有时专家对这些参数进行调整, 如 "调谐", 使得模型结果或多或少有效。问题是有时模型结果对这些参数十分敏感, 而它们所表达的现象又不好理解, 因此这样做是有危险的。最坏的情形是模型用来鼓吹新战术或战斗系统, 道理在于对调谐参数的调整可以使新奇事物看起来更胜一筹。

极端的假设往往比适度的假设更容易建模, 因此调谐参数可能是从一个极端通向另一个极端的桥梁, 从而影响适度折中的真实性。有这样一个例子: 已知各独立传感器的发现概率, 预测一个传感器阵列发现一个目标的概率。我们可能采用 UI, 假设所有发现事件互为独立进行建模, 如果各个传感器的位置彼此靠近, 这几乎肯定是个乐观的假设; 另外一个同等极端的假设是, 令所有传感器完全相关, 这种情况下整个传感器阵列的发现概率等于那个具有最大发现概率的独立传感器的发现概率, 这是个悲观的假设。既然已经找到一个乐观的答案 A 和一个悲观的答案 B, 我们可以引入一个 "独立性因子" f, 令该阵列的发现概率为 $A(1 - f) + Bf$。当 f 的值从 0 变到 1 时, 发现概率也随之从乐观变为悲观。理想情况下, f 的值将由实际传感器阵列和实际目标的试验加以确定, 或至少由一名专家予以调整, 从而使得所预测的发现概率看起来具有真实性。参数调整可能暂时达成真实性, 但它也掩盖了对实际发现方式的忽略。试想有人发明了一个新的传感器阵列, 其单元间距远远小于方才采用调谐建模的阵列。我们难免会怀疑新传感器阵列的调谐因子应该更小, 但至于小到什么程度, 则无从判断, 也可能干脆令 f 原封不动, 因为这实在是劳神的大麻烦。

采用调谐因子经常确有必要, 但读者应警惕相关危险。无论何时在战斗模型中发现 "通信调整参数" 的内容, 都应用怀疑的态度去深究细查。

1.3.4 鸵鸟效应

在构建战斗模型的过程中, 碰到一个很费解或存有争议的现象时, 另一个可以选择的办法是完全忽略它。既然这个现象提都不提, 这个策略可以防止一些悬而未决的问题, 而要是采用参数调整, 这些问题很可能发生。忽视这个现象, 不为表达这些现象的参数赋值, 相对赋以站不住脚的值, 确有可能减少争议。

在莫尔斯和金博尔 (1950) 的著作中, 描述了鸵鸟效应的一个例子。跨越大西洋的商船曾经配备了防鱼雷网, 以缠住德国海军潜艇发射的鱼雷。这些防鱼雷网发挥了作用, 但当时的分析人员断定这是个坏主意, 因为它们比所挽救的船只和货物还贵。在得出结论的过程中, 分析人员忽视了防鱼雷网同时挽救了商船船员这一事实, 实际上将船员的生命估价为 0。分析人员的建议得到采纳 (防鱼雷网想法被弃用), 但想象一下, 如果船员的生命被估价为 (比方说) 每人 100 美元时, 事情会是如何走向。对人类生命的任何估价都没法避免争议, 那么整个过程就可能僵持在关于 100 美元是否合适的争论上面。诚然,100 美元比 0 美元 (分析人员实际的假设) 更接近人类生命的价值。但是 0 美元这个假设由于连这个话题提都没提, 防止了争论发生。

有时某个 "细节" 应否被忽略并不明显。设想我们来研究一艘柴油发电潜艇在水下如何规避追踪者。这种潜艇完全依赖其蓄电池组中储备的能量, 因此我们很容易想到用 E 将蓄电池组模拟为能量源, 能量可以潜艇选择的任意速率消耗, 前提是能量消耗不超过 E。问题是, 潜艇的最佳逃生战术恰有可能是提高速度, 从而处于高耗能、大蓄电池组电流状态。当回流很大时, 蓄电池组要将相当一部分能量消耗在内部电阻上, 这导致更少的能量可用来规避。此时, 我们有两个选择:

(1) 坚持最初的假设, 忽略电池电阻的影响;

(2) 更深入研究蓄电池组的原理。

第一个选择相当于对内部电阻的影响采取鸵鸟效应, 道理在于根本不去提它。第二个选择似乎需要投入很多时间, 理由是需要掌握蓄电池组的更多知识, 可能要对蓄电池组分类。在就这种情形建模的过程中, 我们已经来到了关键点。

作为事物的抽象, 模型难免要忽略真实世界的某些方面。很明显, 有很多忽略无碍大体, 但有些则不然。很有必要记住那些被忽略的东西, 或许也有必要在完成分析后对其重要性加以测试。在上面提到的蓄电池组例子中, 我们可能会发现出于其他原因, 潜艇并不想高速行进, 即使蓄电池组没有内部电阻, 从而假设没有内部电阻是无害的。还可能是另一种结论, 如果要就潜艇如何规避追踪者提出建议, 则蓄电池组如何工作的细节是必不可少的。要记住后一种可能性,道理在于在将模型用于某种用途时,可能尚无法弄清某个抽象究竟有多重要。有时,鸵鸟效应会让我们忘记曾有的问题,这也是一个危险。

1.3.5 顺手的分布

少数概率分布由于具有易处理性加之可产生好看的结果,在战斗模型中应用得较为广泛。这些分布包括泊松分布、指数分布、均匀分布和正态分布等 (见附录 A)。在每个此类分布后面,隐含着若干假设,对于当前所建模的系统或情形,它们可能适用,也可能不适用。例如,指数分布的无记忆属性会使它分析起来很方便,以至于到了无需证明其正当性,即做出假设的地步。这个习惯有潜在的危险性。在一些情形中,它是对系统实际行为的合理近似,但在其他情形 (如一台机器的 "正常运行" 时间取决于机械磨损) 下,事实并非如此。

另一个例子是射击理论中应用很广泛的正态分布 (见第 2 章)。在某些特定射击情形下 (如炮兵),经验证据可以有力地证明使用正态分布是正当合理的; 然而,在其他射击情形下 (如精确制导武器),就不见得合理。就像上文提到的其他捷径一样,必须多加小心以确保所选择的概率分布适合于给定的情形。

1.4 符号和约定

在本书中将用到以下符号:

$\sum$ 表示总和, $\prod$ 表示乘积, $\int$ 表示积分, $\dfrac{\mathrm{d}}{\mathrm{d}x}$ 表示对 x 微分。从而有

$$\sum_{i=1}^{4} i = 10, \quad \prod_{i=1}^{4} i = 24, \quad \int_{0}^{4} x\mathrm{d}x = 8, \quad \frac{\mathrm{d}}{\mathrm{d}x}(x^2/2) = x$$

如果未加限定,上下文也未明示,则 $\sum$, $\prod$ 和 $\int$ 都表示 "在所有指标集上运算"。

如果没有限定性声明,"对所有" 应理解为 "对所有可能的值"。

$\max\{2,1,7,3\}$ 是 7,更具一般性的 $\max_{s\in S}(a_s)$ 是集合 S 中以 s 为下标的元素 a_s 的最大值。类似的符号用作最小值运算符。

标量用斜体表示, 向量和矩阵用粗体表示。因此 $\boldsymbol{x} = (x_1, x_2, x_3)$ 是包含三个分量的向量。若标号不很重要, 向量可以简写为 $\boldsymbol{x} = (x_i)$。

$E(X)$ 是随机变量 X 的期望值, $P(A)$ 是事件 A 发生的概率。更多概率符号详见附录 A。

"7.3.2" 表示第 7 章第 3 节的第 2 小节。

图、表、示例和习题以章为单位顺序编号。

书末集中列出参考文献, 在方括号 [ ] 内标出所引用的节或小节。

1.5 本书结构

本书其余内容分为 9 章以及 3 个附录, 分别如下。

第 2 章: 标定射击

火力是军事力量的主要表现形式, 是引起战斗损耗的主要原因。在本章中, 我们将讨论这样的问题, 即当武器对目标实施多轮火力打击, 但无法获取有关打击效果的反馈时, 将要发生什么。还将讨论单发射击和多发射击情形下, 对单个和多个目标的精度和毁伤等问题。本章的主体是描述性模型, 也将讨论最佳射击战术。

第 3 章: 修正射击

本章讨论射击者可以得到目标状态 (摧毁、部分毁伤、无毁伤) 及可能的误差距离反馈的情形。这种反馈有可能是错误的。在有反馈条件下, 出现了最佳修正射击战术的问题。本章还建立了修正射击的描述性和说明性模型。

第 4 章: 目标防御

假设一组攻击者靠近目标, 试图通过压制防御摧毁目标。防守方装备有一些反攻击武器, 称为拦截器, 每个拦截器只能摧毁所分配的攻击者。目的是运用拦截器使目标生存概率最大化。本章建立了单个和多个目标防御的描述性和说明性模型。

第 5 章: 损耗模型

对敌射击的目的是引起敌有生力量的损耗。本章讨论适用于对抗情形的聚合损毁模型。战斗中其他一些重要的因素, 如士气、耐力、机动、后勤、指挥控制以及情报等, 将忽略或只是顺便提一下。本章集中讨论确定型和随机型兰彻斯特模型, 这两类模型普遍应用于对抗建模。

第 6 章: 对策论和对抗模拟

影响战斗结果的另一个主要因素是敌人的行为。敌人行为的不确定性不同于炮弹轨迹的不确定性。炮弹对战斗结果没有 "感觉" 或 "想法", 其行为由自然力量决定, 但敌人对战斗结果怀有目标和强烈的感情, 其行为是理性的。因此, 对敌人行为的不确定性需要不同对待, 针对敌人行动所作决定的性质不同于针对自然力量所作的决定。为研究涉及敌方决策的情形, 本章构建两类模型: 对策论模型说明双方的最优策略, 而对抗模拟属于人在回路的描述性模型 (见图 1-1)。

第 7 章: 搜索

本章研究用传感器搜索物理目标, 传感器非常像人类的眼睛和耳朵。与我们的感觉相似, 传感器离目标越近, 发现目标的概率越大。粗略地讲, 搜索是一系列重复性尝试, 当满足特定条件 (如距离、能见度、传感器效能) 时目标被发现, 搜索成功。本章回顾了尽快发现目标的描述性和说明性模型, 这些模型适用于静止和运动目标。

第 8 章: 雷战

雷是一种与众不同的武器, 它一旦布好就保持不动, 其行动由目标而不是攻击者触发, 在攻击目标时它自己也会毁灭。雷的效能取决于敌人的运动需求, 成群 —— 雷场发挥作用时最有效。本章我们介绍一些简单的雷场模型, 进而讨论雷场规划和扫雷, 还将考察对策论模型。

第 9 章: 无人机

无人机 (UAV) 是一种远程操控或者自行操控的飞行器, 它可以携带多种有效负载, 如传感器、通信设备甚至武器。现代战争中, UAV 日渐成为关键性的武器系统。UAV 的典型任务是监视、侦察、目标攻击和对其他远程武器实施火力控制, 还可用于进攻。UAV 的设计 (尺寸、速度、有效载荷、飞行高度、探测能力) 和运用涉及若干问题。本章只涉及运用方面的问题, 将特别考察两类 UAV 的问题: ① 为担负侦察搜索任务的 UAV 设定路径和时间表; ② 评估担负攻击任务的武装 UAV 效能。对前者, 构建和演示了几个优化模型。对后者, 给出了评估不同攻击场景下此类武器效果的描述性随机型模型。

第 10 章: 恐怖和叛乱

恐怖主义和叛乱与之前讨论的战斗情形有很大的不同。首先, 它们涉及非政府行动者, 其编制装备与常规军队不同, 不受任何战斗规则限制。其次, 在常规战争中只属于被动角色的普通民众, 将更多卷入恐怖和叛乱活动, 可能作为 (恐怖行为的) 牺牲者, 也可能作为 (叛乱的) 积极支持者或抵制者。本章提出三个描述性模型。第一个模型评估自杀式炸弹袭击在人群密集场所产生的效果。第二个模型描述生物袭击的动态和不同反应策略的效果。第三个模型介绍情报在平叛行动中的作用。

附录

附录 A 回顾了概率论的基本概念、概率分布和马尔可夫模型。附录 B 介绍了优化模型。附录 C 中讨论了蒙特卡洛模拟。

第 2 章

标定射击

有一两个人讽刺他, 嘲笑他, 这
不重要, 重要的是他时常击中目标。
摘自《哈瓦沙设计了一个试验》,
莫里斯·肯德尔 (1959)

2.1 引言

战斗中, 人们一门心思琢磨如何在一定距离上提高杀伤威力。发挥威
力的机制由石头到长矛, 到火器, 到火箭, 已然经历了长足的进步, 但对于
射手而言, 如何有效地兼顾精确性和致命性两个因素, 一直是值得关注的
一个基本问题。本章主要介绍射击过程的抽象建模。这些模型可能有以下
用途: ① 简单地确定毁伤目标的概率, 用于更高层次的作战模型; ② 影响
武器系统的设计, 为说明这项用途, 需要引入毁伤概率与量化精确性和致
命性的基本参数之间的相关性; ③ 影响射击过程本身, 理由是需要就瞄准
点选择和射击次数定下战术决心。假设射手始终无法获取每次射击的反馈
信息, 那么如何修正瞄准点或者何时停止射击等问题, 只能留待第 3 章中
讨论。

射击的目的是毁灭目标。“毁灭” 这一事件可能有许多含意, 例如 “丧
失机动力”、“毁伤”、“发现”, 甚至于 “营救”, 但唯一重要的是每次射击, 该
事件要么发生在目标上, 要么不发生, 如果目标没有被毁灭, 不会有什么后
效性。

射手控制着每次射击所选择的瞄准点, 但每次射击常常存在不同的弹着点, 原因在于存在散布误差, 这里假定各次射击之间的散布误差是独立的。也许射手认定的目标位置就存在偏差, 射手的估计与目标实际位置之间的偏差构成的 "目标位置偏差", 是对所有对射击构成影响的系统误差源之一。我们始终假设散布误差和系统误差服从二维正态分布。真实世界是三维的, 但据知大多数目标处于地球表面的某个地方, 因此其垂直高度是固定的。在许多情况下, 即使是涉及空中或者水下目标的问题, 也可以通过引入近似简化, 将其简化为二维问题。就算在现实世界中, 不总是发生二维正态分布的情形, 但除了那些异常值之外, 它一般接近于真实情况, 无论如何, 依据中心极限定理, 正态分布仍然应该是默认的假设 (见附录 A)。

本章将首先讨论单发射击问题, 然后推广到多发射击问题。在 2.2 节中, 将讨论只有一发射击的问题。2.3 节推广到包括多发射击, 条件是所有射击相互独立。在 2.4 节中, 将讨论多发射击问题, 其中存在明显的系统误差, 而各次射击之间互不独立。在此类情形下, 射击方式是值得研究的。

获取 Excel™ 工作簿 *Chapter2.xls* 将有助于学习本章内容。

2.2 单发毁伤概率

本节将讨论一些描述单发射击结果的基本射击模型。尽管有各类射击和目标定位误差, 只要射弹与目标之间距离足够小, 目标就会被毁伤。我们的目的是确定毁伤概率, 将其表示为更多基本参数的函数。

2.2.1 毁伤函数与毁伤面积

定义 2.1 距离误差 r 是射弹弹着点与目标位置之间的距离。

定义 2.2 毁伤函数 $D(r)$ 是射弹毁伤目标的概率, 它是距离误差 r 的函数。kill function 可能是一个更贴切的名字, 但用 damage function 更符合人们的习惯。图 2-1 给出了三个毁伤函数的例子。

毁伤函数只有一个自变量, 所以隐含假设这是一种径向对称的情形, 即除了距离误差之外, 目标的毁伤不随弹着点的位置而变化。实践中, 毁伤函数通过结合运用理论和试验来进行测算, 本书认为它们已经给定。

毁伤函数是一个条件毁伤概率。无条件毁伤概率 P_K 可以通过求距离

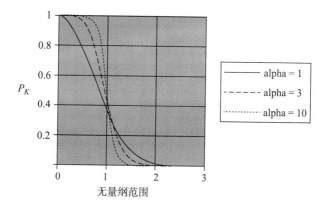

图 2-1　高斯散布 (alpha=1) 毁伤函数与两个确定程度更高 alpha 值更大的毁伤函数之间的对比图 (三者有相同的毁伤面积。无量纲范围是距离误差与尺度参数 b 的比值)

误差的平均值来得到。令 $f(x,y)$ 为武器弹着点位置相对于目标位置的二元密度函数。由于 $r = \sqrt{x^2 + y^2}$，则

$$P_K = \iint D\left(\sqrt{x^2 + y^2}\right) f(x,y) \mathrm{d}x \mathrm{d}y \qquad (2.1)$$

式 (2.1) 中没有标明积分上下限，则表示在整个平面上进行积分。2.2.2 节至 2.2.4 节将分别讨论式 (2.1) 中的各种特殊情形。

如果目标位置在足够大区域 A 内均匀分布，则式 (2.1) 变为 (替换为 $f(x,y) = 1/A$)

$$P_K = \frac{1}{A} \iint_A D\left(\sqrt{x^2 + y^2}\right) \mathrm{d}x \mathrm{d}y \qquad (2.2)$$

式 (2.2) 中的符号表示现在只对区域 A 进行积分。然而，既然假设 A 是足够大的，式 (2.2) 近似等于 $P_K = a/A$，其中

$$a = \iint D\left(\sqrt{x^2 + y^2}\right) \mathrm{d}x \mathrm{d}y \qquad (2.3)$$

或

$$a = 2\pi \int_0^\infty r D(r) \mathrm{d}r \qquad (2.4)$$

在式 (2.3) 中引入极坐标，得到式 (2.4)。数值 a 是武器的毁伤面积，用于度量武器对某一目标的作战效能。

虽然没有逻辑必然性，毁伤函数 $D(r)$ 是其自变量的典型非增函数。只要这点成立，那么就能很方便地如此描述毁伤函数：设想武器有一个与其

相关的随机 "毁伤半径" R, 当且仅当目标处于至武器弹着点之间的距离 R 内时, 目标才能被摧毁。回顾毁伤函数 $D(r)$ 的意义, 显然情形必定是

$$D(r) = P(R > r) \tag{2.5}$$

如果 $D(r)$ 可微, 则可更进一步得出 R 的概率密度函数为

$$f_R(r) = -\frac{\mathrm{d}}{\mathrm{d}r} D(r) \tag{2.6}$$

武器的覆盖区域是 πR^2, 因此自然应该得出 $a = \pi E(R^2)$, 其中 $E(\ )$ 表示数学期望。这是对 "毁伤面积" 的另一种解释。

2.2.2 曲奇饼成形机[①]毁伤函数

在概念上最简单的一类武器, 其毁伤半径 R 为常量, 在此情形下, 毁伤面积 $a = \pi R^2$。如果射击误差服从圆正态分布 (意思是在各个方向上, 误差的标准误差同为 σ), 并以目标为中心, 则误差的二维密度函数为 $\frac{1}{2\pi\sigma^2} \exp\left(-\frac{x^2 + y^2}{2\sigma^2}\right)$, 通过引入极坐标, 式 (2.1) 可简化为

$$P_K = \int_0^{2\pi} \int_0^R \frac{1}{2\pi\sigma^2} \exp\left(-\frac{r^2}{2\sigma^2}\right) r\mathrm{d}r\mathrm{d}\theta = 1 - \exp\left(-\frac{1}{2} R^2/\sigma^2\right) \tag{2.7}$$

这是一个非常简单的毁伤概率表达式。大量军事分析以此为基础。由于式 (2.7) 表示距离误差不超过 R 的概率, 当射击误差为服从圆正态分布的瑞利型随机变量时, 式 (2.7) 也是距离误差的累积分布函数公式。

不幸的是, 大多数关于误差不服从圆正态分布假设的情形, 使 P_K 的表达式更为复杂。例如, 如果圆正态误差分布是对目标的某一距离偏差 h, 则式 (2.1) 的计算涉及一个贝塞耳函数的数值积分。兰德公司的早期产品中就有一个此类概率表 (马库姆,1950)。*Chapter2.xls* 中的工作表 OffsetQ 用函数 Offset $Q(R/\sigma, h/\sigma)$ 来计算这种情形下的误差概率 (距离误差大于 R 的概率)。如果正态分布的中心在目标上, 但不是圆形分布, 此时可用函数 Ellip $Q(R, \sigma_1, \sigma_2)$ 来替代。上述两个函数的 VBA 代码可以在 *Chapter2.xls* 的模块 1 中找到。代码基于吉利兰特 (1962), 也适用于正态分布既不居中也不是圆形分布的一般情形。

---

①用来形象地比喻 "圆正态分布", 译者注。

例 2.1　　如果 $R = 100\,\mathrm{m}$ 且 $\sigma = 50\,\mathrm{m}$, 依据式 (2.7) 可知毁伤概率为 0.865。若瞄准点偏离分布中心的距离为 $h = 25\,\mathrm{m}$, 则误差概率为 Offset $Q(2, 0.5) = 0.169$, 从而毁伤概率只有 0.831。偏差量越大, 毁伤概率越小。参见 *Chapter2.xls* 中的工作表 OffsetQ, 其中有更多此类计算。

例 2.2　　假定 $R = 100\,\mathrm{m}$, 沿射手与目标连线 (发射方向) 误差的标准误差为 $90\,\mathrm{m}$, 而垂直方向 (侧向或偏移方向) 误差的标准误差只有 $30\,\mathrm{m}$。如此假设, 这是一个典型的射向误差与横向误差相差大约 3 倍[①]的问题。误差概率为 Ellip $Q(100, 90, 30) = \text{Ellip } Q(100, 30, 90) = 0.293$, 所以 $P_K = 0.707$。可以进行近似, 让两个方向上的误差为保持乘积 $30\,\mathrm{m} \times 90\,\mathrm{m} = 2700\,\mathrm{m}^2$ 所需的任何值。该误差为 $\sigma = 51.96\,\mathrm{m}$。利用式 (2.7), 可得 $P_K = 0.843$, 同时可以看出, 当误差不服从圆形分布时, 可以很乐观地假设其服从圆形分布。*Chapter2.xls* 中的工作表 Ellip Q 概括了本例题。

式 (2.7) 有时表示为以下形式

$$P_K = 1 - (0.5)^{(R^2/\mathrm{CEP}^2)} \tag{2.8}$$

式中: CEP 表示**圆概率误差**。

定义 2.3　　二维误差落在圆内的概率为 0.5, 该圆半径称为**圆概率误差** (CEP)。

在式 (2.8) 中, CEP 涉及一个圆正态射击误差, 但 CEP 的定义适用于所有二维误差分布。对于圆正态分布来说, CEP 与 σ 相关联, CEP $= \sigma\sqrt{2\ln 2} = 1.1774\sigma$ (见习题 14)。

用 CEP 代替 σ 的好处是不涉及标准误差的概念, 便于向初学者做解释。然而, CEP 本身也可能导致混淆。与一维对应的 CEP 是一个区间, 它包括一半区间内的误差, 其长度的一半有时称为线性误差概率或 LEP。一个初学者可能以为 LEP 与 CEP 是一回事, 理由是它们都对应着包含一半弹着点的范围, 然而二者不是一回事。边长为 $2 \times \text{LEP}$ 的一个正方形仅包含 0.5^2 比例的射弹, 理由在于两个坐标都必须落在正方形相应的边内。一个半径为 LEP 的圆, 由于该圆落入正方形内, 所包含的射弹甚至少于 0.25。因此 CEP 显著大于 LEP, 而 SEP(球误差概率) 还要更大。换句话说, "误差概率" 的大小必然取决于所关注的维数。简单来说, 如果不考虑维数, 沿任一直线方向误差都有标准误差 σ。

[①] 应为 2 倍, 译者注。

2.2.3 扩散高斯 (DG) 毁伤函数

对某个比例因子 b, DG 毁伤函数的形式为 $D(r) = \exp\left(-\dfrac{r^2}{2b^2}\right)$。与圆正态分布毁伤函数不同, 无论距离误差多大, 毁伤目标的概率都是一个正值。这种武器的毁伤面积为 $2\pi b^2$。图 2-1 比较了 DG 毁伤函数的 $D(r)$ 与其他两个下一节所讨论的毁伤函数。具有 DG 毁伤函数的武器明显比其他武器更为 "松散", 道理在于在任意给定距离上, 由于其随机特性, 其结果都更难预测。这个特点是否使得 DG 假设更接近实际取决于武器的毁伤机理。一般而言, 相对于超压毁伤型武器 (如火炮使用高爆炮弹), 碎片毁伤型武器 (如火炮使用 "碎片" 炮弹) 具有更松散的毁伤函数。圆正态毁伤函数是所有毁伤函数中最松散的, 原因在于随着距离误差增大, 它突然从 1 降为 0。

DG 假设和正态误差假设巧妙结合, 可以产生一个更加简单, 更具一般性的 P_K 表达式。如果误差分布中心为 (μ_X, μ_Y), 且 X 和 Y 方向误差的标准误差分别为 (σ_X, σ_Y), 则式 (2.1) 可以进行分析计算。事实上, 即使毁伤函数不径向对称, 式 (2.1) 也可以进行全域积分, 因而可记下不对称 DG 毁伤函数的结果: 若

$$D(x,y) = \exp\left(-\frac{1}{2}\left(\left(\frac{x}{b_X}\right)^2 + \left(\frac{y}{b_Y}\right)^2\right)\right)$$

则

$$P_K = \frac{b_X b_Y}{\sqrt{(b_X^2 + \sigma_X^2)(b_Y^2 + \sigma_Y^2)}} \exp\left(-\frac{1}{2}\left(\frac{\mu_X^2}{b_X^2 + \sigma_X^2} + \frac{\mu_Y^2}{b_Y^2 + b_Y^2}\right)\right) \quad (2.9)$$

在特例下, 当 $\mu_X = \mu_Y = 0$, $b_X = b_Y = b$ 且 $\sigma_X = \sigma_Y = \sigma$ 时, 式 (2.9) 简化为

$$P_K = \frac{b^2}{b^2 + \sigma^2} \quad (2.10)$$

和式 (2.7) 相当。

式 (2.9) 不存在相对应的圆正态分布。也就是说, 对圆正态毁伤概率, 不存在简单的分析表达式, 具有式 (2.9) 的一般性。尽管从概念上, 圆正态分布毁伤函数确实比 DG 毁伤函数简单, 同样正确的是, DG 毁伤函数比圆正态分布毁伤函数分析起来更简单。1941 年, 冯·诺伊曼首次利用了 DG 假设的简单性 (陶博, 1962), 在第二次世界大战中, 将其用于确定最优炸弹间隔。

$Chapter2.xls$ 中的工作表 DGGenrl 使用式 (2.9) 来计算 P_K, 也进行了蒙特卡洛模拟, 其目的是对同一个量进行估算。证实每个结果正确的任务之一是证实两个结果的一致性。

2.2.4　其他毁伤函数

在 2.1 节中指出, 任意非增毁伤函数都可理解为对随机毁伤半径 R 的概率律。例如, DG 毁伤函数具有概率密度函数 $f_R(r) = \dfrac{r}{b^2} \exp\left(-\dfrac{r^2}{2b^2}\right)$, 这是一个瑞利密度函数。鉴于 R^2 与覆盖面积直接相关联, 因此, 或许更直接的方法是处理随机变量 R^2。对于扩散高斯毁伤函数来说, R^2 是一个均值为 $2b^2$ 的指数型随机变量。

当然, 也可以将过程倒过来: 从某个方便的 R 或者 R^2 的密度函数出发, 通过积分得到相应的毁伤函数。通过假定对某个 $\alpha > 0$, $\frac{1}{2}R^2/b^2$ 有密度函数 $\dfrac{\alpha(\alpha x)^{\alpha-1}}{\Gamma(\alpha)} \exp(-\alpha x)$, 可以得到一类方便的毁伤函数 (伽马函数), 在此情形下, DG 毁伤函数为特例 $\alpha = 1$; 在极限情况下 $\alpha \to \infty$, 就得到圆正态毁伤函数。此类函数中的每一个有相同的毁伤面积 $2\pi b^2$。相应的毁伤函数为

$$D_\alpha(r) = 1 - \Gamma\left(\alpha, \frac{\alpha r}{2b^2}\right) \tag{2.11}$$

式中: $\Gamma(\alpha, x)$ 是不完全的伽马函数 (在 Excel^{TM} 中, $\Gamma(\alpha, x)$ 为 GAMMADIST $(x, \alpha, 1, \mathrm{TRUE})$, 见图 2-1 或 $Chapter2.xls$ 中的工作表 Gamma, 上面有 $D_\alpha(r)$ 对 $\dfrac{r}{\sqrt{2}b}$ 的图形)。

伽马函数之所以简便, 一是因为它包含比例系数 (b) 和形状系 (α) 两个参数, 二是因为当射击误差服从以目标为中心、标准误差为 σ 的圆正态分布时, P_K 的计算公式非常简单, 即

$$P_K = 1 - \left(1 + \frac{b^2}{\alpha \sigma^2}\right)^{-\alpha}, \quad \alpha > 0 \tag{2.12}$$

式 (2.10) 是 $\alpha = 1$ 时的特例, 而式 (2.7) 是 $\alpha \to \infty$ 时的极限情形。除了 $\alpha = 1$ 这种情形适于使用式 (2.9) 外, 为了得到 P_K 的简单表达式, 必须采用中心圆正态假设。

另一类包含比例系数和形状系数两个参数的 R^2 密度函数为对数正态密度函数。从方便分析的角度, 这类函数值得推荐的地方很少, 例如, 没有与式 (2.11) 和式 (2.12) 对应的形式。尽管如此, 这类函数已被广泛地应用于核武器效能模型中 (国防情报局, 1974)。

2.3 多发毁伤概率

本节研究多发射弹的齐射。

定义 2.4 不管目标数多少, 一次 "齐射" 是指基于相同信息发射的一组射弹, 各次射弹之间没有反馈信息。一般设想所有射击是同时完成的, 即使实际情形未必如此。

2.3.1 同时独立射击

假定一次齐射对一个目标发射了 n 发独立射弹, 令 q_i 表示第 i 发射弹没有毁伤目标的概率。q_i 的数值可以通过 2.2 节中有关公式或其他方法来计算。由于假设各发射弹是独立的, 因此, 所有 n 发射弹未命中目标的概率为各发未命中目标概率的乘积, 如下式:

$$P_K = 1 - q_1 q_2 \cdots q_n \tag{2.13}$$

在各发射弹偏离目标的概率均为 q 的情形下, 上式简化为 $P_K = 1 - q_n$, 这个公式使用得非常频繁, 称为 "幂和"。如果 3 发独立射弹的毁伤概率均为 0.3, 有人可能简单地认为这组射弹的毁伤概率为 0.9。然而, 正确结果是 $1 - 0.7^3 = 0.657$。偏离概率应为幂和, 而不是毁伤概率与射弹数成正比。

如果所有射弹均服从圆正态分布, 且射击误差均服从以目标为中心的圆正态分布, 则式 (2.13) 将变为一个特别简单的形式。令 R_i 和 σ_i 分别为第 i 发射弹的毁伤半径和误差标准误差, 则从式 (2.7) 得

$$q_i = \exp\left(-\frac{1}{2} R_i^2 / \sigma_i^2\right)$$

因此

$$P_K = 1 - \exp(-X/2) \tag{2.14}$$

其中

$$X = R_1^2 / \sigma_1^2 + \cdots + R_n^2 / \sigma_n^2$$

可以认为 X 的值是一个武器组对一个特定目标的效能指标。如果已知可通过武器当量 Y 来计算毁伤半径, 则这种效能与目标的相关性就可以不考虑。例如, 若毁伤机理为超压, 则 $R_i = K Y_i^{1/3}$, 其中 K 是与目标相

关的一个常量, 因此, $X = K^2[Y_1^{2/3}/\sigma_1^2 + \cdots + Y_n^{2/3}/\sigma_n^2]$。其中, [ ] 中的数值是一个与目标无关的, 可以看作某武器群的整体效能指标。与 "反击军事潜力" (CMP, 见后文) 之间的区别只是在于比例系数, 对于服从圆正态分布的武器来说, 需要用比例系数将标准误差转换为圆概率误差 (CEP) (见 2.2.2 节)。

一组 n 个武器的 CMP 为

$$\text{CMP} \equiv Y_1^{2/3}/\text{CEP}_1^2 + \cdots + Y_n^{2/3}/\text{CEP}_n^2 \tag{2.15}$$

式中: 当量 Y 以相当于千吨 TNT 来计量; CEP 以 n mile 来计量。CMP 是若干曾用来对比核武器组的指标之一。该指标对精度极为敏感, 为使全部当量翻倍,CMP 将增加 $2^{2/3} = 1.6$ 倍, 然而, 将所有 CEP 减半, CMP 将增加 $2^2 = 4$ 倍。在 20 世纪 70 年代, 这一论据有时用来证明论点: 美国相对小型但精确的核武器组比苏联大型但不精确的核武器组实际上更为强大。例如, 据齐比斯 (1974) 估算, 1974 年美国的 CMP 为 22000, 而苏联为 4000。

武器组的另一个可选效能指标是 "相当于百万吨" (EMT), 其定义为

$$\text{EMT} \equiv Y_1^{2/3} + \cdots + Y_n^{2/3} \tag{2.16}$$

由于 $Y_i^{2/3}$ 与 R_i^2 成正比, EMT 本质上是一个与目标无关的对武器组总毁伤面积的指标。*Chapter2.xls* 中的工作表 EMTCMP 使用这两个指标, 对比了 1978 年美国和苏联的洲际弹道导弹武器组。

如果总共有 C 个单位的 CMP 作用于同一目标, 则毁伤概率当然也是目标坚固程度的函数。对于毁伤机理为超压的核武器, 坚固程度 h 以磅/英寸^2 (psi)[①] 为单位, 对于 $30\,\text{psi} \leqslant h \leqslant 1000\,\text{psi}$, 有效近似公式为

$$P_K = 1 - \exp(-0.0583Ch^{-0.7}) \tag{2.17}$$

例如, 一枚 1000 kt 当量, CEP 为 0.25 n mile 的武器, 对坚固程度为 1000 psi 的目标毁伤概率为 $1 - \exp(-0.0583 \times 400 \times 0.00794) = 0.52$。如果 CEP 为 1 n mile, 16 枚这种武器也将产生同等效果。

图 2-2 显示了 EMT 思想对历史上战舰的运用情况, 但是将 EMT 换成了 E8RPM。E8RPM 指的是相当于每分钟发射 8 英寸炮弹的速率, 图中画出了 5 艘战舰相对于不同射程的火力当量。由于当量 (Y) 与重量成

①1 psi = 1 磅/英寸^2, 1 磅= 0.453 kg, 1 英寸= 25.4 mm。

正比,重量与尺寸的立方成正比,$Y^{2/3}$ 与尺寸的平方成正比。因此,一枚 16 英寸炮弹大概相当于 4 枚 8 英寸炮弹,等等。将所有火力简化为统一尺度,使得每艘战舰相对于射程曲线,具有一个与目标无关的单一 "全部舷炮重量"。通过计算飞行器可投放 500 磅炸弹的速率,每枚相当于 2 枚 8 英寸炮弹,航空母舰可以采用同一尺度来绘制图形。在 20 n mile 距离上,图 2-2 中所示任一战舰能够迅速击沉美国军舰 "企业号"。在第二次世界大战中,战舰所面临的问题是,一艘航空母舰即使在远距离上,也可以投送足够强大的火力,这将使得一艘普通战舰在其舰炮开始发挥作用之前就被迫退役。

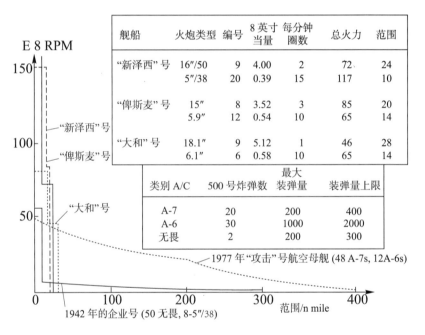

图 2-2　5 艘历史上战舰的每分钟 8 英寸炮弹等效速率

　　当然,由于缺乏有关精度或装甲的信息,图 2-2 并未交代所有细节。不过,图 2-2 确切地表明美国军舰 "企业" 号与 "新泽西" 号属于相差悬殊的武器系统,此外,35 年后诞生的航空母舰远比 "企业" 号强大。

2.3.2 相关射弹齐射

　　2.3.1 节所讨论的射击误差属于 "散布误差",而本节中假设还存在 "偏移误差"。

定义 2.5　散布误差是指在多枚射弹间独立的同等分布的射击误差, 有时也称 "弹道误差"。

定义 2.6　偏移误差是指所有射弹共有的误差, 有时也称 "系统误差"。

偏移误差可能是由于瞄准装置与发射装置之间未校准, 由于目标定位误差, 或者是由于任何引入了所有射击中共有误差成分的其他影响。结果经常是所有相对于目标的弹着点密集汇聚在一起 (表示散布误差较小), 但是由于偏差而偏离目标中心如图 2-3 所示, 可以将偏移误差看作这一组的重心, 将散布误差看作相对于重心的偏移。这里应使用符号 (σ_U, σ_V) 表示 (如横向和纵向) 偏移误差的标准误差, 而每枚射弹的独立散布误差具有标准误差 (σ_X, σ_Y)。

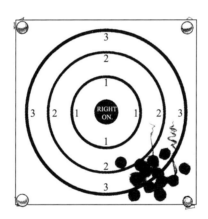

图 2-3　小散布大偏差样式图解 (如果该射手增大散布 (!), 其战斗力可能更强)

由于所要求的独立性假设已被偏移误差证明是假的, 不再可能通过先得到单发毁伤概率, 然后通过式 (2.13) 找到一个简单的 P_K 表达式。下面的例子将说明这一点。

例 2.3　假定有 2 枚射弹, 考虑偏移误差为 X, 射弹 1、2 的散布误差分别为 Y_1, Y_2 的一维问题。为计算方便, 假设所有误差等于 -1、0 或 $+1$, 而不是服从正态分布, 对某一发射弹而言, 当且仅当误差之和为 0 时目标被毁伤。从而, 以 2 枚射弹毁伤目标的概率为 $P_K(2) = P(X + Y_1 = 0$ 或 $X + Y_2 = 0)$。假设 X 以同等可能性取这三个可能结果中的任一个, 而独立随机变量 Y_1 和 Y_2 分别以 $1/6$、$2/3$、$1/6$ 的概率取 -1、0 或 $+1$。依据全概率定理, 单发毁伤概率为 $P_K(1) = P(X + Y_1 = 0) = 1/3 \times 1/6 + 1/3 \times$ $2/3 + 1/3 \times 1/6 = 1/3$。两发射弹中各单发以 $\dfrac{1}{3}$ 次的概率毁伤目标。如果求偏离概率的幂和, 2 发射弹的毁伤概率为 $P_K(2) = 1 - (1 - P_K(1)2) = 5/9$。然而, 因为两发射弹相互不独立 —— 有共同误差 X, 幂和在这种情形下不成立。以 X 的值为条件, 可以得到正确的答案。也就是, 先对 X 的三个可能值的每一个求幂和, 然后取平均值: $P_K(2) = \dfrac{1}{3} \times \left(1 - \dfrac{5}{6} \times 2\right) + \dfrac{1}{3} \times$ $\left(1 - \dfrac{1}{3} \times 2\right) + \dfrac{1}{3} \times \left(1 - \dfrac{5}{6} \times 2\right) = \dfrac{1}{2}$。典型地, 错误的计算会产生过大的毁伤概率。

通常, 令 (U, V) 为二维偏移误差, 令 $f(u, v)$ 为其概率密度函数。如果有 n 发射弹, 第 i 发射弹的偏离概率为 $Q_i(u, v)$, 给定偏移误差 (u, v), P_K 的表达式为

$$P_K = E\left(1 - \prod_{i=1}^{n} Q_i(U, V)\right) = \iint \left(1 - \prod_{i=1}^{n} Q_i(u, v)\right) f(u, v) \mathrm{d}u\mathrm{d}v \quad (2.18)$$

一般情况下, 计算时很少直接应用式 (2.18), 主要原因在于函数 $Q_i(u, v)$ 本质上具有复杂性, 对 n 发射弹中的每一发, 它通常取决于瞄准点。事实上, 在本节找不到一个简单确切的 P_K 表达式。可以希望得到的最好结果是某些近似处理的经验法则, 而不是具体问题的解, 对于证明在所有值得关注的瞄准样式下, 为了计算式 (2.18) 的值所涉及的全部方法的正确性, 这些解是极其重要的。在推导这些近似处理时, 可以方便地想象唯一的偏差源是目标定位误差。不管什么偏差源, 或是即使有多个偏差源, 这些近似处理都是成立的 (见 2.3.4 节)。

通过采用两个对射手有利的理想化假设, 对 P_K 的第一个近似处理是设定一个上界。第一个假设是不存在散布误差, 且射手可随意调换为具有相同总毁伤面积的其他武器。第二个假设是允许射手回避掉跟试图以圆形散布来填满空间有关[①]的所有问题, 原因在于他可以方便地改变毁伤面积的形状。在圆形对称情形下, $\sigma_U = \sigma_V = \sigma$, 射手更希望拥有唯一一种圆正态分布的重型武器, 他将直接瞄准目标, 或者更确切地说是目标的要害 (通常为目标中心)。如果 n 种武器的总毁伤面积为 na, 则该重型武器的毁伤半径为 $R = \sqrt{na/\pi}$, 由式 (2.7) 知, 其毁伤概率为 $1 - \exp(-R^2/2\sigma^2) =$ $1 - \exp(-na/(2\pi\sigma^2))$。更具一般性的是, 对于有特权的射手来说, 最好的重

---

① 指圆正态分布, 译者注。

型武器是一种圆正态分布武器, 它具有与概率等值线相同的椭圆形误差分布。相应的上界为

$$P_K \leqslant 1 - \exp(-z) \tag{2.19}$$

其中

$$z = \frac{na}{2\pi\sigma_U\sigma_V}$$

为了得到式 (2.19), 实质上是假设不存在所有重叠部分, 这些重叠部分是由于散布误差、圆充填问题, 以及非圆正态分布武器等所导致的。因此, 在预计重叠是一个小问题的情形下, 例如, 七个圆可以很好地充填进一个圆, 而重叠不多, 可以期望表达式 $1 - \exp(-z)$ 是一个精确的近似。图 2-4 来自 *Chapter2.xls* 的工作表 Patterns, 从中可以看出, 上界明显位于其他两个近似处理结果之上, 这两个近似处理将在后文加以介绍。

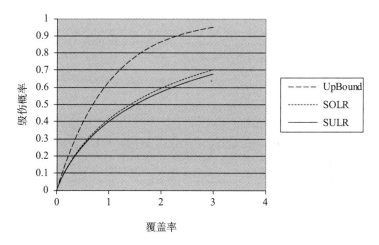

图 2-4　两个局部随机近似处理 (SULR 和 SOLR, 明显位于毁伤概率上界下方)

一个不同的近似处理基于重叠不可避免这种思想, 并且应预料到重叠量是 "随机" 发生的。更准确地说, 总毁伤面积 na 假定就等于五彩纸片实际所覆盖的面积, 并且在大型 "战略" 规模上, 射手能够控制五彩纸片的密度, 而不是小规模上小片相互重叠的趋势。现在, 如果 d 英寸² 的五彩纸片, 随机均匀分布在边长 1 英寸的正方形上, 或者说, 若覆盖率为 d, 只要纸片足够小, 则覆盖部分为 $1 - \exp(-d)$。通过假设存在总面积为 d、位置独立的 k 个五彩纸片, 可以容易地得到这个表达式。每一片覆盖目标的概率为 d/k, 即正方形被纸片覆盖部分。通过幂和计算, 某枚纸片覆盖目标的概率

就是 $1-(1-d/k)\,k$。当 k 趋向无穷大时, 表达式的极限为 $1-\exp(-d)$。即使五彩纸片的密度 (d) 与位置相关, 表达式也是正确的。于是射手所面临的问题就变成将固定数量的五彩纸片 (na) 以某种方式分配于平面上, 使 (无条件) 毁伤概率最大化。

假定 $\sigma_U = \sigma_V = \sigma$, 且射手将所有 na 枚五彩纸片均匀分布在半径为 r 的圆上, 希望某枚纸片能覆盖目标。这就是战略均匀局部随机 (SULR) 的情形。在圆内, 覆盖率为 $d = na/(\pi r^2)$。由式 (2.7) 可知, 目标实际处在圆内的概率为 $1-\exp(-r^2/2\sigma^2)$, 因此, 无条件毁伤概率为

$$p(r) \equiv [1-\exp(-r^2/2\sigma^2)][1-\exp(-na/\pi r^2)] \tag{2.20}$$

若 $r = 0$, 则式 (2.20) 的第一个乘数等于 0, 而当 $r \to \infty$ 时, 第二个乘数等于 0, 因此, 对于 r, 必定存在一个最大值。令 $(\mathrm{d}/\mathrm{d}r)p(r^*) = 0$ 可以证明, 最大值对应 $r^* = \sigma(4z)^{1/4}$, 其中 $z = na/2\pi\sigma^2$。将 r^* 代入式 (2.20) 中, 可得战略均匀局部随机 (SULR) 公式:

$$P_K = p(r^*) = (1-\exp(-\sqrt{z}))^2 \tag{2.21}$$

当 $\sigma_U \neq \sigma_V$ 时, 式 (2.21) 也成立, 此时, 给定 $z = na/(2\pi\sigma_U\sigma_V)$, 且五彩纸片均匀分布在最佳尺寸的椭圆形上。由图 2-4 可知, SULR 式 (2.21) 得出的 P_K 估计值要比式 (2.19) 小得多。

除了覆盖率允许是两个空间坐标的任意函数 $d(x,y)$ 外, 最后的近似处理是五彩纸片近似相同, 当然要求满足非负约束, 且服从所用五彩纸片总数必为 na 的约束。这包括一种情形, $d(x,y)$ 在某个区域内为常数, 而在这一区域之外为 0, 因此可以预料这种近似处理的结果要大于式 (2.21)。这就是战略优化局部随机 (SOLR) 情形。形式上, 这个最优化问题变成

$$\begin{cases} \max \iint f(x,y)[1-\exp(-d(x,y))]\mathrm{d}x\mathrm{d}y \\ \text{st.} \quad d(x,y) \geqslant 0 \\ \iint d(x,y)\mathrm{d}x\mathrm{d}y = na \end{cases} \tag{2.22}$$

式中: $f(x,y)$ 为二元正态概率密度函数, 其标准误差为 (σ_U, σ_V)。其求解见于莫尔斯和金博尔 (1950, 第 5 章), 其中还讨论了如何将最佳覆盖率函数 $d^*(x,y)$ 用以指导设计有效射击样式。最佳覆盖率函数为

$$d^*(x,y) = \frac{1}{2}\left(\sqrt{8z} - \frac{x^2}{\sigma_U^2} - \frac{y^2}{\sigma_V^2}\right)^+ \tag{2.23}$$

其中, "+" 表示 $d^*(x,y)$ 等于 0 而非负, 而照例 $z = na/(2\pi\sigma_U\sigma_V)$。需要注意的是, 五彩纸片在原点处的分布应最密集。随着密度逐渐下降, 在 $(8z)^{1/4}$ —— 标准误差椭圆处减至 0, 而在椭圆之外, 根本不应再有五彩纸片。将 $d^*(x,y)$ 代入目标函数, 可得一个 SOLR 公式

$$P_K = 1 - (1 + \sqrt{2z})\exp(-\sqrt{2z}) \tag{2.24}$$

图 2-4 也标绘了 SOLR 公式。式 (2.21) 与式 (2.24) 没有太大区别。一旦从概念上将总毁伤面积简化为五彩纸片, 则其分布不一定非得恰好为式 (2.23)。

例 2.4 假设有 4 种武器, 具有圆正态分布毁伤函数, $R = 7.5$, 误差的标准误差为 $\sigma_U = \sigma_V = 7.5$, $\sigma_X = \sigma_Y = 1$。通过穷举试验和误差计算, 可以明确最佳 (散布) 样式为边长为 11.7 的正方形, 对应的毁伤概率为 0.8。由于 $z = 4\pi \times 7.5^2/(2\pi \times 7.5^2) = 2$, 三个近似值分别为 0.865、0.594 (SOLR)、0.573 (SULR)。跟两个五彩纸片近似处理值相比, 上界显然更接近真值。通过令武器具有 DG 毁伤函数, 且毁伤面积相等, 可使五彩纸片近似处理效果看起来要好一些, 在这种情形下, 近似方法不做改变, 而精确计算显示最佳概率 P_K 值为 0.69, 条件是将 4 种武器瞄准边长为 10 的正方形内。另外, 如果散布误差从 1 增至 5, 近似处理方法仍然不变, 但最佳概率 P_K 减至 0.62。

鉴于除了毁伤面积之外, z 的计算既不涉及 σ_X 与 σ_Y, 也不涉及毁伤函数的任何要素, 显然可能存在真实毁伤概率小于五彩纸片近似处理结果的情形。事实上, 只需考察射弹接近相互独立的任何一个问题, 当 σ_X 或者 σ_Y 等于 0 时, $z = \infty$。然而, 在偏移误差影响散布误差的问题中, 通常认为五彩纸片近似处理结果是 P_K 的下界。

值得提一下的是, 还有另外一种偏差补偿技术。不将多发射弹瞄向一个散布面, 而是全部瞄准目标, 但不一定精确。霰弹枪发射就是这种情形: 射手只瞄准一个位置, 但是小弹丸在瞄准点周围形成一个随机散布面。*Chapter2.xls* 中的 SULR_SOLR 工作表针对 SOLR 和 SULR 两种近似处理方式, 演示了这一情形。通过相应的密度函数产生随机射击瞄准位置, 而后测试任何射弹是否真的毁伤随机分布的目标, 这就是蒙特卡洛模拟 (附录 C)。如果对每发射弹, 故意修正的偏差属于二元正态误差, 此时这项技术就称为 "人工散布", 主要根据分析的需要来加以处理, 因为重要的只是人工散布与实际散布的和。就如何确定人工散布的合理数量, 第二

次世界大战期间, 俄罗斯的 (柯尔莫哥罗夫, 1948) 开展了重要的工作。其总体效果应近似于某个五彩纸片近似处理。

有了以上全部研究内容, 可以按照以下步骤来计算近似的 P_K (一般情形下, 偏差和散布同时存在):

(1) 如果是散布支配偏差, 对每发射弹, 确定 "等效" 散布标准误差 $\sigma'_X = \sqrt{\sigma_X^2 + \sigma_U^2}$ 和 $\sigma'_Y = \sqrt{\sigma_Y^2 + \sigma_V^2}$, 然后利用式 (2.13) 计算近似概率 P_K。

(2) 如果是偏差支配散布, 且 "充填问题" 可能用不太多的重叠计算出来 (近似于圆正态分布武器, 散布相对小于毁伤半径和偏移, 等等), 则利用式 (2.19)。这是概率的上界。

(3) 如果是偏差支配散布, 且最佳散布面显然存在大量重叠, 则任选一个五彩纸片近似处理。

上述规则不一定全面, 因为的确存在各类误差互不支配的情形, 并且在任何情形下, 所得到的 P_K 估计值也仅仅是一个近似结果。为得到精确的 P_K, 只能通过计算 (例如, 通过蒙特卡洛模拟, 参见附录 C 和练习 8) 足够多的分布样式, 以确保最好的结果。

2.3.3 扩散高斯特例

误差服从正态分布的 DG 毁伤函数是一个特例, 理由是对任意给定的射击样式, 即使射弹参数不同, P_K 也可以通过解析计算得到。结果是, 有可能利用电子表格和某个 VBA 代码来计算甚至是优化一个给定的射击样式, 这是一项非常重要的能力, 本节中纳入了所要求的数学算法, 但是读者可以跳过这些数学算法, 求助于 $Chapter2.xls$ 中的工作表 DGPattn, 其中以 VBA 代码形式运用数学算法, 或参考 (沃什布恩, 2003a) 中扩展的和稍微一般化的处理方法。

式 (2.9) 是两个因数的乘积, 一个取决于参数 X, 另一个取决于参数 Y。令

$$K = (b, \mu, \sigma) = \frac{b}{\sqrt{b^2 + \sigma^2}} \exp\left(-\frac{1}{2}\frac{\mu^2}{b^2 + \sigma^2}\right) \tag{2.25}$$

则式 (2.9) 表示为 $P_K = K(b_X, \mu_X, \sigma_X)K(b_Y, \mu_Y, \sigma_Y)$。现在令 n 枚射弹瞄准 $(x_i, y_i), i = 1, \cdots, n$。若各枚射弹有共同的偏移误差 (U, V), 则第 i 枚射弹相对目标的偏离量为 $(\mu_X, \mu_Y) = (x_i + U, y_i + V)$, 从而第 i 枚射弹的毁伤概率为 $P_i(U, V) = K(b_{X_i}, x_i + U, \sigma_{X_I})K(b_{Y_i}, y_i + V, \sigma_{Y_I})$。现在乘积的名称改变, 原因是我们希望保留符号 P_K, 表示整个一组 n 枚射弹的毁

伤概率。给定偏移误差, 且各枚射弹相互独立, 可以利用式 (2.13), 得

$$1 - P_K = E\left(\prod_{i=1}^{n}\{1 - P_i(U, V)\}\right) \tag{2.26}$$

在式 (2.26) 中, 作为全概率定理的一个应用, 期望值与共同偏移误差 (U, V) 的正态分布有关。需要注意的是, 每枚射弹都潜在具有不同的散布和毁伤力参数, 如在 X 方向上第 i 枚射弹的毁伤力和散布分别为 b_{X_i} 和 σ_{X_i}, 等等。

在计算式 (2.26) 时, 第一步是将乘积扩展为多项的和, 每一项对应 n 枚射弹的 $2n$ 个子集之一。对于子集 S, 对应的项为

$$t_s \equiv E\left(\prod_{i \in S} P_i(U, V)\right) \tag{2.27}$$

方法是解析计算各项的值, 然后对 $2n$ 项求和, 过程中需要注意一下符号。首先注意到的是, 由于 U 和 V 为独立误差, $P_i(U, V)$ 可以分解为两部分: X 部分和 Y 部分, 因此 t_s 也可以分解。事实上, 令

$$t(\boldsymbol{b}, \boldsymbol{\mu}, \boldsymbol{\sigma}, s, S) \equiv E\left(\prod_{i \in S} K(b_1, \mu_i + W, \sigma_i)\right) \tag{2.28}$$

式中: $\boldsymbol{b}$、$\boldsymbol{\sigma}$ 和 $\boldsymbol{\mu}$ 都是 n 维向量, 下标为射弹编号, W 的标准误差为 s, 对 W 的正态分布取期望值, 则 $t_s = t(\boldsymbol{b}_X, \boldsymbol{x}, \boldsymbol{\sigma}_X, \sigma_U, S)t(\boldsymbol{b}_Y, \boldsymbol{y}, \boldsymbol{\sigma}_Y, \sigma_V, S)$。式中 $\boldsymbol{b}_X = (b_{X_1}, \cdots, b_{X_n})$, 类似地, $\boldsymbol{\sigma}_X, \boldsymbol{x}, \boldsymbol{b}_Y, \boldsymbol{\sigma}_Y$ 和 $\boldsymbol{y}$ 也是 n 维向量。现在的中心问题就是计算 $t(\boldsymbol{b}, \boldsymbol{\mu}, \boldsymbol{\sigma}, s, S)$, 因为这将导致利用式 (2.26) 计算 P_K。

令 $M_k \equiv \sum\limits_{i \in S} \mu_i^k/(b_i^2 + \sigma_i^2), k = 1, 2$, 再令 $C \equiv \prod\limits_{i \in S}\left(\dfrac{b_i}{\sqrt{b_i^2 + \sigma_i^2}}\right)$, 回顾式 (2.25) 中 $K(\ )$ 的定义。式 (2.28) 中的乘积为

$$\prod_{i \in S} K(b_i, \mu_i + W, \sigma_i) = C\exp\left(-\frac{1}{2}(W^2 M_0 + 2W M_1 + M_2)\right) \tag{2.29}$$

式 (2.29) 关于 W 的期望值能够解析求出, 原因在于式 (2.29) 中的指数部分包含了一个 W 的二次表达式。结果为

$$t(\boldsymbol{b}, \boldsymbol{\mu}, \boldsymbol{\sigma}, s, S) = \frac{C}{\sqrt{1 + s^2 M_0}}\exp\left(-\frac{1}{2}\left(M_2 - \frac{s^2 M_1^2}{1 + s^2 M_0}\right)\right) \tag{2.30}$$

至此, PK 的计算只需完成此前所总结的那些步骤。甚至可以通过修改因子 C 纳入一个射击可靠性。*Chapter2.xls* 中的 VBA 函数 PK( ) 实

现了上述方法。本质上, 这是布莱塞尔 (1971) 著作中的方法, 不过他又前进了一步, 针对矩形目标求平均值。PK( ) 函数使用了双精度算法, 这是因为求和数列各项的符号交替变化。参见格鲁卜斯 (1968), 其中有数值稳定性更好的方法。

由于 P_K 可以作为瞄准点向量 x 和 y 的函数进行解析计算, 因此现在可以考虑寻找可使 P_K 最大化的分布样式的问题。这是一个非线性优化问题。在 $Chapter2.xls$ 中的 DGPattn 工作表上, 利用 Excel 解算器来解决这个问题。

2.3.4 面目标与多误差源

即便是存在多种误差源, 2.3.2 节的内容也经常适用。例如, 做假设如下:

(1) 目标相对于某个已知参考点为 E_1;

(2) 所有射弹均发射自同一武器平台, 且平台相对于同一参考点的位置服从误差 E_2;

(3) 由于射手的操作原因, 每枚射弹都有单项射击误差 E_3;

(4) 由于未知风速, 导致附加射击误差 E_4;

(5) E_1、E_2、E_3 和 E_4 都是平均值为 0、方差为 $\sigma_i^2(i = 1, 2, 3, 4)$ 的正态独立随机变量。

有必要将这 4 个误差归类为 "偏移" 或 "散布"。E_1 和 E_2 显然属于偏移误差, 原因在于已经假设对每发射弹, 目标和射击平台的位置一致。E_3 明显是散布误差, 原因在于每枚射弹都有一个独立的散布, 和其余射弹都不相同。如果在完成射击所需的时间段内, 风速中不可预测的部分在空间内保持恒定, 则 E_4 有可能属于偏移误差 (可预测部分不相关, 原因是在瞄准过程中, 射手可以考虑到并修正这一点), 如果是明显的阵风, 则 E_4 可能属于散布误差。假设属于后一种情形。做一个自然的假设: 4 类误差是相互独立的, 注意到只有总偏移误差和总散布误差才能影响目标的生存状态, 偏移误差和散布误差的等效方差分别为 $\sigma_1^2 + \sigma_2^2$ 和 $\sigma_3^2 + \sigma_4^2$, 2.3.2 节的内容适用于计算等效误差。所依据的定理是: 独立随机变量和的方差等于方差的和。

上述全部内容适用于唯一属性为其位置的目标, 如点状目标。然而, 用这套方法处理面目标也不困难, 只要我们只关心目标被毁伤部分的平均比例。在式 (2.18) 中, 如果将 $f(u, v)$ 理解为在点 (u, v) 处单位面积上的目标价值, 则 P_K 的含义为 "平均被毁伤的价值总量"。此外, 如果将 $f(u, v)$ 归一化, 从而使目标总价值保持一致性, 则 P_K 意味着 "目标被毁伤的平均部分", 或者, 等效于毁伤目标中测试成分的概率, 其中, 测试成分的位置由密度函数 $f(u,v)$ 决定。换言之, 测试成分位置 (U,V) 可以视为另一个偏移误差, 根据需要, 可与任何其余偏移误差组合起来考虑。对任何面目标, 可以通过将面目标的价值密度转换成偏移误差的等效密度函数, 然后把面目标看作点目标进行处理。当然, 如果 $f(u,v)$ 恰好是二元正态分布, 这时处理就变得特别简单。

例 2.5 假设 (U,V) 服从圆形正态分布, 标准误差为 80 英尺[1]; 换句话说, 假设目标价值呈钟形分布。同时, 假设 E_1、E_2、E_3 和 E_4 都是圆形正态分布, 标准误差分别为 10 英尺、20 英尺、30 英尺、40 英尺。另假设风因误差为散布误差, 等效散布为 $\sigma_X = \sigma_Y = (30^2 + 40^2)^{\frac{1}{2}} = 50$ (英尺), 等效偏差为 $\sigma_U = \sigma_V = (10^2 + 20^2 + 80^2)^{1/2} = 83$ (英尺)。现在就可以按照 2.2 节的方法进行处理, 大概要忽略散布误差, 并利用 SOLR 公式计算 P_K, P_K 此时可以理解成最佳射击样式下预期毁伤目标部分的最大值。如果射击样式由 20 发射弹组成, 每发射弹毁伤半径为 10 英尺, 可得 $z = 2 \times 10^2/(2 \times 83^2) = 1/69$。即使是依据相对乐观的式 (2.19) 来计算, 所得的 P_K 也非常小。这种规模的 20 发射弹完全无法对所假设分布的目标形成较大的毁伤。

面目标引入一个有效偏移误差这一事实, 对于决定 CMP 和 EMT 哪个更适于作为武器组的效能指标 (见 2.3.1 节), 是极为重要的。由于式 (2.14) 是在假定射击误差是散布误差的前提下推导出来的, 如果目标是点目标, 且偏移误差可以忽略, 则可以认定 CMP 是适合的量度。然而, 如果有效偏移 (包括目标大小的影响) 影响有效散布, 则 EMT 更适合一些。因而 (对 2.3.1 节开始的对比分析作一总结), 在 1978 年时, 对位置确定的坚固目标, 如洲际弹道导弹发射井, 美国核武器组更有效, 但是对于城市, 属于位置确定的面目标, 或者是潜艇, 属于位置不确定的点目标来说, 苏联的核武器组更有效。对于上述后两类目标, 散布几乎是不相关的。

2.4 多发, 多目标, 一次齐射

本节要考察的情形是, 有多个目标, 所有目标受到的攻击必须是 "同时" 的, 原因在于各发射弹之间得不到射击结果的反馈 (下章讨论反馈)。

[1] 1 英尺=0.3048 m。

如果有多发射弹, 就提出如何将这些射弹分布在目标上的问题。

2.4.1 相同射弹, 相同目标, 最佳射击

如果一次齐射中, 所有射弹都相同, 所有目标也都相同, 则当射弹在目标上的分布尽量均匀时, 任何合理的效能指标将最大化。如果射弹数是目标数的整数倍, 则幸存目标数是二项随机变量, 这是因为所有目标都有相同的生存概率。当射击次数不是目标数量的整数倍时, 情况将变得更复杂, 这是因为某些目标比其余目标多受一发攻击。假设有 b 发射弹和 n 个目标, 每发射弹对目标均有一个偏离概率 q, 令 k 等于 b/n 的整数部分, 因此一些目标被射击了 k 发, 其余目标 (有 r 个) 被射击了 $k+1$ 发; r 是每个目标受到 k 发射击后剩余的射弹数, 则 $r = b - kn$。幸存目标总数是两个二项随机变量之和, 一个是 r 个目标被射击 $k+1$ 发的幸存目标数, 另一个是 $n-r$ 个目标被射击 k 发的幸存目标数。因此, 幸存目标总数 X 的分布就是两个二项随机分布的卷积。X 的概率密度函数由下式给出:

$$\text{Surv}(x; b, n, q) \equiv \sum_{j=\max(0, x-n+r)}^{\min(r,x)} \text{Bin}(j; r, q^{k+1})\text{Bin}(x-j; n-r, q^k) \quad (2.31)$$

式中, $\text{Bin}(y; t, p)$ 为成功概率为 p 时, t 次试验中有 y 次成功的二项概率。幸存目标数的平均值为

$$E(X) = rq^{k+1} + (n-r)q^k \quad (2.32)$$

函数 Surv ( ) 见于 *Chapter2.xls* 的第 1 个模块。

例 2.6 假设 $(n = 3)$ 个目标被 $(b = 4)$ 种武器攻击, 每种武器的单项偏离概率 $q = 0.6$。则 $k = 1, r = 1$, 其中一个目标被攻击两次, 其余目标被攻击一次。3 个目标幸存的概率为 $q^4 = 0.1296$, 道理是如果要所有目标幸存, 所有 4 枚射弹必须都偏离。X 的其余概率分布可以利用式 (2.30)[①]中定义的函数 Surv( ) 来计算。通过式 (2,31)[②], 可得平均幸存目标数为 1.56。见 *Chapter2.xls* 中的 Surv 工作表。

2.4.2 相同射弹, 不同目标, 最佳射击

现在考察这种情形, 所有射弹都相同, 但目标不同。这种情形有点像计划第一次核打击, 在冷战时期, 针对此问题做了大量工作。

---

① 应为式 (2.31), 译者注。
② 应为式 (2.32), 译者注。

目标不同时, 就可能有多种效能指标。假定每个目标有一个给定的价值, 且射手的目的是毁伤尽可能大的平均价值。实践中, 确定目标价值是一个未决的问题, 然而, 如果想设计最优攻击方式, 则是必不可少的工作——只有标量测度才可能优化, 赋值是将所有目标置于同一尺度的最直接办法。令 v_j 为第 j 个目标的价值, 令 q_j 为射向第 j 个目标的一发射弹无法将其毁伤的概率 (则毁伤概率为 $1 - q_j$)。

由于所有射击都假定是独立的, x_j 发射弹无法毁伤目标 j 的概率为 $q_j^{x_j}$。如果总共有 n 个目标和 b 发射弹, 这将演变成使总平均幸存价值最小化的问题, 服从不在现有基础上增加射弹的约束, 称为 P1 问题:

$$\min \sum_{j=1}^{n} v_j q_j^{x_j} \tag{2.33}$$

服从 $\sum_{j=1}^{n} x_j \leqslant b$, 且所有变量 x_j 必须取非负整数。

虽然 P1 问题的目标函数是非线性的, 但仍然是一个简单的优化问题。可以用 "贪婪" 算法来求解, 其中射弹顺次分配, 为每发射弹分配的目标应使得毁伤的目标增加价值最大化。设想该优化问题已经求解完毕, $\boldsymbol{x}$ 是最佳分配向量, 并且还有 1 发射弹可用。如果将射弹分配向目标 j, 则幸存价值减少 $v_j q_j^{x_j} - v_j q_j^{x_j+1} = v_j q_j^{x_j}(1 - q_j)$。贪婪算法从 $\boldsymbol{x} = 0$ 开始计算, 然后依据 "总是将下一发射弹分配向使得幸存价值减少量最大的目标" 的原则进行计算。这一处理步骤效率较高, 当有数千个目标和射弹时, 能方便地找到最佳分配方案。

例 2.7 假设有三个目标, 目标价值均为 1, $\boldsymbol{q} = (0.1, 0.5, 0.9)$。使用贪婪算法, 前 4 发射弹应分别对目标 1、2、2 和 2, 则 4 发射弹后幸存总价值为 $0.1 + 0.125 + 1 = 1.225$。注意, 大多数射弹射向的目标既不太容易毁伤, 也不太难毁伤。目标 1 很容易被毁, 以至于一发射弹就足够了, 目标 3 很难毁伤, 以至于射向它的射弹几乎等于浪费。然而, 第 5 发射弹应当射向目标 1 或目标 3, 因为任一种选择将使得幸存价值减少 0.09, 超过对目标 2 的减少量 0.0625。

2.4.3 不同射弹, 不同目标, 最佳射击

1991 年的海湾战争中, 盟军面临着只以一场协同攻击打击伊拉克防空体系的问题。一个防空体系由多个目标组成, 且有种类繁多的武器 (飞机、直升飞机、巡航导弹) 可用于打击。攻击计划制定者必须决定应该用

哪些武器去攻击哪些目标, 而且制定计划时不可能期望得到太多的信息反馈, 因为打击必须得速战速决。本节将研究这类情形, 但是本章将不体现打击中一个重要的方面。这就是实际攻击中预计的攻击方损失, 而这些损失高度依赖于哪些武器攻击哪些目标。这样的双方模型将在第 4 章进行讨论。

由于射弹不同, 偏差概率取决于目标和武器。令 q_{ij} 为指派攻击目标 j 的一种 i 类武器偏离目标的概率。假定所有攻击是独立的, 则 "幂和" 仍然适用。如果 x_{ij} 种 i 类武器被指派攻击目标 j, 则偏离概率为 $\prod_i q_{ij}^{x_{ij}}$。现在目的是求解定义如下的问题 P2:

$$\min \sum_j v_j \prod_j q_{ij}^{x_{ij}} \tag{2.34}$$

对所有 i 类武器, 服从 $\sum_{j=1}^n x_{ij} \leqslant b_i$, 且所有变量取非负整数。

如下例所示, 对于问题 P2 来说, 贪婪算法是不适用的, 这一算法的思想是 "总是使下一发射弹的分配尽可能减少幸存总价值"。

例 2.8 假设有 2 个目标, 目标价值均为 1, 有 2 种武器。武器 A 对上述两个目标的偏离概率分别为 0 和 0.1, 武器 B 对上述两个目标的偏离概率分别为 0.1 和 0.5。贪婪算法首先将武器 A 分配向目标 1, 原因在于 A 能确保毁伤目标 1, 而后将武器 B 分配向目标 2, 则幸存总价值为 $0 + 0.5 = 0.5$。最佳分配方案与上述方案正好相反 —— 如果武器 A 分配向目标 2, B 分配向目标 1, 幸存价值仅为 $0.1 + 0.1 = 0.2$。对所有目标, 武器 A 都比武器 B 更有效, 贪婪算法的错误在于没有考虑到在分配武器 A 时的其他事实。此例的现实版本有可能是将巡航导弹当成武器 A 使用, 像巡航导弹这类有效但昂贵的武器, 应该用于那些其他武器难以摧毁的高价值目标, 因此, 在分配武器时需要具备全局意识。

问题 P2 有时候也称为武器目标指派问题。这是一个从根本上难以解决的问题, 所以没有简单的方法, 像贪婪算法, 能够真正解决它。针对大型问题, 可以预料优化方法将不免繁琐, 但是, 各种高效的近似处理方法和边界法已经有了相关研究 (阿胡亚等, 2003; 沃什布恩, 1995a)。

2.4.4 相同射弹, 相同目标, 随机射击

有时候, 由于战斗进程太快, 或者是由于通信困难等原因, 导致不可能去做周密计划来开展火力的协同优化。这里研究若干相同射弹随机瞄准若

干相同目标 (而不是像 2.4.1 节中那样优化瞄准) 的结果。随机性假设反映了协同射击无法达成的思想, 所以某个射手以相同的可能性射击一个目标和另一个目标, 与其他射手无关。

托马斯 (1956), 以几架轰炸机突然遭一群截击机伏击的情形为背景, 推导出幸存轰炸机数的概率分布。沿用 2.4.1 节中的符号, 令 RSurv($x; b, n, q$) 为 x 个目标幸存的概率, 条件是 b 发射弹, 单项偏离概率为 q, 随机分布于 n 个目标。托马斯给出幸存数 X 的概率密度函数为

$$\text{RSurv}(x; b, n, q) \equiv \begin{bmatrix} n \\ x \end{bmatrix} \sum_{j=0}^{n-x} (-1)^j \begin{bmatrix} n-x \\ j \end{bmatrix} \left(1 - \frac{(1-q)(x+j)}{n} \right)^b, \ x = 0, \cdots, n \tag{2.35}$$

*Chapter*2.*xls* 也提供了函数 RSurv($x; b, n, q$), 见练习题 13。

X 的期望值可以很容易地推算出来。考虑任一特定的目标, 目标被任一特定射弹毁伤的概率为 $(1-q)/n$, 原因是目标被射弹选中的概率为 $1/n$。鉴于有 b 发射弹, 每发射弹都有独立的机会毁伤目标, 通过幂和计算可以得出目标幸存概率等于 $(1 - (1-q)/n)b$。现在, 令 I_x 表示目标 x 的毁伤状态, 毁伤时 $I_x = 1$, 否则 $I_x = 0$, 因此, $X = I_1 + I_2 + \cdots + I_n$。对于每个 x, $E(I_x) = (1 - (1-q)/n)b$。由于期望值与求和可以互换, 即使求和的随机变量不独立。这里, 幸存者数的期望值为

$$E(X) = n \left(1 - \frac{1-q}{n} \right)^b \tag{2.36}$$

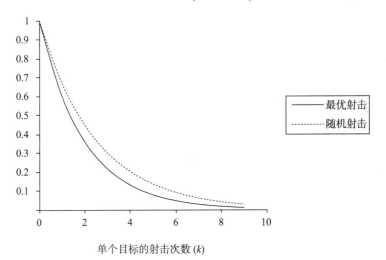

单个目标的射击次数 (k)

图 2-5　优化和随机射击的 $E(X)/n(q = 0.6)$

对于所有射弹和目标不相同的情形, 随机分配射弹和均匀分配射弹之间的对比, 是值得关注的。可以预见的是, 式 (2.32) 给出的平均幸存数要大于式 (2.36), 原因在于射手随机瞄准肯定是不占优势, 这一结论是正确的。当 $q = 0.6, n = 100$ (或任一较大值) 时, 针对每个目标所遭受的不同射弹数 (k), 图 2-5 给出平均幸存概率 $E(X)/n$。图中曲线有所不同, 但令人惊讶的是, 差别很小, 尤其当 k 取值很小或者很大时。见 *Chapter2.xls* 中的 OptRand 工作表, 改变 q 或 n 的取值, 做一下试验。

2.5　扩展阅读

第二次世界大战的需要, 引发了大量关于瞄准样式和毁伤概率计算的研究工作。莫尔斯和金博尔 (1950, 第 5 章) 记载了美国在战争中使用的一些方法。在柯尔莫哥洛夫 (1948) 中, 可以见到苏联关于人工散布和其他问题的战时研究工作。艾克勒和伯尔 (1972), 是对截止到 1972 年的后续研究工作的有益总结, 或者可以参考普里泽米涅茨基 (2000), 其中包含一些基本的计算机程序, 用以计算毁伤概率。

尽管本章着重讨论了二维射击问题, 但也有值得关注的一维问题。莫尔斯和金博尔 (1950, 第 5 章) 认为, 铁路轨道和其他线性结构如道路或输电线路等的轰炸问题, 也能够按同样方式进行分析。一维问题的优势之一, 在于它不涉及二维问题中用圆形充填平面的难题。当没有明显的散布误差时, 使用圆正态分布武器, 最佳一维射击样式是典型的无缝隙覆盖区间的"长条"。莫尔斯和金博尔观察到这一点, 戴维和科瑞斯 (2005) 将其推广至炸弹种类不同和轰炸效果不对称的情形。

本章前几节将射击误差分成两类: 一类是所有射击误差相互独立, 另一类中增加了有可能存在的共同成分。这两类假设都不太适于描述速射武器, 其中的误差序列最好看成是一个随机过程。第二次世界大战中的不列颠空战, 引发了这些随机过程的应用工作, 后续报道见于坎宁安和海因德 (1946)。另外可参阅弗雷泽 (1951, 1953)。

分析起来, 射击一组不同目标的问题与探测隐藏在一组小方格内的一个固定目标的问题之间, 有很多共同点。就像以毁伤目标为目的向其分配射弹, 向小方格分配搜索力量单元的目的是探测隐藏目标。2.4.1 节中的 P1 问题反映了这两种观点, 也得益于两大阵营分析家的研究成果。对于那些关注射击理论的人来说, 仔细阅读有关搜索论文献中围绕固定目标的那部分内容, 将会受益颇丰。例如, 可以参阅斯通 (1975)。

　　所有军种的职能中都包括毁灭目标, 而且许多武器为各军种所共有。因此, 成立一个联合机构来负责确定如何计算毁伤概率是非常有意义的。在美国, 有一个武器效能联合技术协调小组 (JCTG/ME)。JCTG/ME 的主要成果是联合武器效能手册 (JMEMs), 手册中某些方法已经实现为标准计算机程序。JMEMs 运用了本章前一部分所讨论的一些方法, 也包括另外一些更为计算机密集的方法, 并包含了更多细节。这些手册 (数百部) 也包含具体武器和目标的分类数据。在公开级别, 查找更多有关 JCTG/ME 或 JMEM 内容的一个好渠道是访问美国科学家联合会 (FAS, 2008 年), 搜索任一个缩略词。

习　题

2.1 假定 $r < 1$ 时, $D(r) = 1 - r, r > 1$ 时, $D(r) = 0$, 请问毁伤面积是多少?

　　答案: $a = \pi/3$。

2.2 对下图所示目标, 画 $D(r)$ 图, 假定武器必须命中阴影区域, 且弹着点为 (r, θ), 其中 θ 在 $[0, 2\pi]$ 内随机均匀分布。证明毁伤面积等于目标面积。

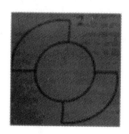

　　答案: $D(r)$ 是一个阶梯函数, $a = 2.5\pi$。

2.3 证明通过式 (2.4) 可得毁伤面积为 $\pi E(R^2)$, 其中 $E(R^2)$ 使用由式 (2.6) 给出的密度函数计算。提示: 使用分部积分法。

2.4 推导式 (2.7)。

2.5 当瞄准误差基本属于角度误差时, 距离误差应该随射程增加而增加。假定对一个目标发射了几发独立射弹, 此时 $\sigma_i = 0.1 r_i$, 其中 r_i 为第 i 发射弹的射程, 并且圆毁伤半径为 1。如果射程顺次为 $10, 11, 12, \cdots$, 每发射弹增大 1, 分别计算第 1 发、前 5 发为一组、前 10 发为一组的 P_K。

　　答案: $P_K(1) = 0.39, P_K(5) = 0.84, P_K(10) = 0.93$。

2.6 某种武器具有径向对称的 DG 毁伤函数, 瞄准一个位置距离婴儿奶粉厂 100 m 的恐怖分子营地。武器对营地和工厂具有不同毁伤力。参数 $b(b_X$ 和 b_Y 的共同值) 对于营地为 50 m, 对于工厂为 80 m。圆形正态射击误差的标准误差为 50 m。那么对营地和工厂的毁伤概率分别是多少?

　　答案: 对营地为 0.50, 对工厂为 0.41。

2.7 一架飞机企图以如下方式毁灭一辆坦克: 首先投掷一罐带胶标签, 希望其中某个落在坦克上并激活。如果带胶标签激活, 它可以引导炮弹对坦克进行攻击。罐子打开后, 撒出 1000 枚带胶标签, 抛撒数量可由设计者控制。坦克所在暴露区域为 $100\,\mathrm{m}^2$。飞机在投掷罐子时会产生一个二维误差, 其标准误差分别为 $100\,\mathrm{m}$、$300\,\mathrm{m}$。假定这是一个设计合理的罐, 则带胶标签落在坦克上的概率是多少? 如果坦克的长度大于宽度, 那么飞机接近方向是否有影响?

　　答案: 0.275, 没有。

2.8 假定有 16 个探测设备, 当且仅当相对距离小于 4 英里[1]或者处于 30 英里 $\sim$ 33 英里 (海洋中的 "会聚区" 现象可以解释这一假设), 可以保证每个设备能发现一个目标。这些设备可以配置成任意样式, 目的是探测一个目标, 这个目标与某个已知点的相对位置服从圆形正态分布, 在任意方向上的标准误差为 30 英里。不存在散布误差。

(1) 估计 P_K。

(2) 构造一个配置样式, 编写一个计算机模拟程序, 重复执行 5000 次, 进行试验。

　　答案: 毁伤面积为 $\pi(4^2 + 33^2 - 30^2) = 205\pi$ 英里^2, 因此 $z = 16 \times 205/1800 = 1.82$。假定毁伤面积的形状不可避免地产生大量重叠 (即使没有散布误差), 自然会采用一个五彩纸片近似处理。利用 SOLR 公式得出 $P_K \approx 0.57$。这个例子是大量试验的结果, 就本书资料, 在最佳配置样式下, 发现概率为 0.64。准确答案未知。

2.9 假定有 10 发服从圆正态分布的射弹, 每发毁伤半径为 30 英尺。就 2.3 节所考察的面目标和误差, 估算 P_K, 假设:

(1) 风因误差为散布型。

(2) 风因误差为偏移型。

　　答案: 在两种情形下, 利用 SOLR 公式, 在最佳射击样式下, 目标被击毁部分的期望值大约等于: 情形 (1)下为 0.316; 情形 (2) 下为 0.275。

2.10 利用 *Chapter2.xls* 中的 DGPattn 工作表, 证明例 4 中关于 2 个 DG 毁伤函数的结论。提示: 为了使武器具有合理的毁伤面积, 必须先设置 DG 毁伤力参数 b, 从而得 $2\pi b^2 = \pi(7.5)^2$。

2.11 考虑 2.4.2 节中的 P1 问题, 令 $n = 3, \boldsymbol{v} = (1, 2, 3), \boldsymbol{q} = (0.3, 0.5, 0.8)$。利用贪婪算法, 分配前 4 发射弹。

　　答案: 射击应按 2、1、3、2 顺序进行, 平均幸存价值应为 3.2。

2.12 针对 2.4.2 节中的 P1 问题, 利用贪婪算法编写一个计算机程序来求解。并用程序来求解例 7。

2.13 在文档 *Chapter2.xls* 中插入一个新工作表, 并用它来分析这样一个情形: 目标数 $n = 3$, 射弹数 $b = 4$, 每发射弹的偏离概率为 $q = 0.6$。

(1) 利用函数 $\mathrm{Surv}(x; b, n, q)$ 计算幸存目标数的概率分布, 条件是 b 发射弹, 偏离概率为 $q = 0.6$, 均匀分布于 n 个目标上。使用该分布计算平均幸存目标数, 并检验用式 (2.31) 也能得出同样的结果。

----

[1] 1 英里 $=1609.344\,\mathrm{m}$。

(2) 利用函数 RSurv$(x; b, n, q)$ 计算幸存目标数的概率分布, 条件是 b 发射弹, 偏离概率为 $q = 0.6$, 随机分布于 n 个目标上。使用该分布计算平均幸存目标数, 并检验用式 (2.35) 也能得出同样的结果。

答案: 给出部分答案, 在均匀分布和随机分布情形下, 平均幸存目标数应分别为 1.56 和 1.69。参见 *Chapter2.xls* 中的 Surv 工作表中的求解功能。

2.14 如果式 (2.7) 和式 (2.8) 都成立, 证明如 2.2.2 节所下结论, CEP 一定与 σ 有关。

2.15 分析 2.2.2 节中所讨论的 P2 问题, 给定 $\boldsymbol{v} = (3, 1), \boldsymbol{q} = \begin{bmatrix} 0.5 & 0.0 \\ 0.6 & 0.5 \\ 0.7 & 0.5 \end{bmatrix}$。假定三类武器中每一类均只有一件, 要求分配武器使得毁伤总价值最大化, 或者等效于使幸存总价值最小化。只有一种武器时, 最佳方案是将武器 1 指派向目标 1, 因为这将毁伤 3(0.5) 个目标价值单位。针对本问题, 完成贪婪算法应用, 找到最优分配方案, 然后进行对比。

答案: 贪婪算法的结果是武器 1 和武器 3 指派向目标 1, 则幸存总价值为 $3 \times 0.5 \times 0.7 + 1 \times 0.5 = 1.55$。最优分配方案是将武器 2 和武器 3 指派向目标 1, 则幸存总价值为 $3 \times 0.6 \times 0.7 + 1 \times 0 = 1.26$。

2.16 *Chapter2.xls* 中的 Shotgun 工作表, 是一个对散弹猎枪的蒙特卡洛模拟, 配备有 50 枚小弹丸, 试图在面对偏移误差的情况下击中目标。相对于偏移, 每枚小弹丸独立命中目标, 并有一个均匀分布的角度和散布距离 X (累积分布函数为 $F(x) = 1 - \exp(-(x/b)^3)$)。这属于威布尔分布, 一般来说是现实的, 并且总是易于模拟实现, 原因在于可以解方程计算出 x。现在, 假定唯一可以通过散布参数 b 控制射击样式。这种控制可以通过在猎枪上安装缩口来实现, 如果小弹丸实际上是小炸弹, 也可通过改变散布仰角来实现。通过该工作表做试验, 当偏离误差标准误差为 50、毁伤半径为 10 时, 得出 b 的最佳值, 并将所得毁伤概率与 SOLR 公式进行对比。利用 *SimSheet.xls* 进行多次重复实现。

答案: b 分别设定为 50、60、80、100, 经过 3000 次重复试验之后, 毁伤概率分别近似等于 0.376、0.416、0.393、0.328。b 的最佳设定值大约为 60, SOLR 公式接近于可预测出最优毁伤概率。

2.17 通过设置 $\mu_Y = \sigma_Y = 0$, DG 毁伤函数式 (2.9) 可以简化为一维形式 (如 x 维), 因此 2.3.3 节及与之配套的 *Chapter2.xls* 中的 DGPattn 工作表也适于找出多发射弹的一维射击样式。利用该工作表来找出 4 枚相同炸弹的最优布置方案, 其单位可靠性为 $b_X = 30, \sigma_X = 30$。假设共有误差的标准误差为 $(\sigma_U, \sigma_V) = (100, 0)$; 就是说, 在垂直方向上不存在偏移误差。在利用该表格时, 只要 b_Y 不等于 0, 则 b_Y 的值是不相关的。

答案: 最优样式为 $(-100, -30, 30, 100)$, 毁伤概率为 0.68。如果从 $(0,0,0,0)$ 开始计算, 将无法找出真相, 因为在这一点处所有导数为 0, 解算器因此不会移动目标点, 故此, 应采用其他某个起始点。如果将散布增加至 $\sigma_X = 100$, 并重新进行优化计算, 所有 4 个炸弹都应瞄准圆点。这就是散布误差较大时的典型方案。

第 3 章

修正射击

> 我不知道枪已上膛。非常愧疚, 我
> 的朋友。我不知道枪已上膛。我永远,
> 永远不会重犯。
>
> (摘自汉克·福特和赫伯·莱顿的
> 抒情诗, 1949)

3.1 引言

本章讨论各次射击之间或齐射之间有信息反馈的情形。这些信息的效果是减少所需射弹数, 提高毁伤概率, 甚至 (如开篇引用语中提到的) 发现射击武器的某些状况。虽然隐含着延长射击时间间隔, 像第 2 章中那样, 假设射击只是单方的, 没有还击火力。尽管第 2 章中也考察了多发射弹问题, 正如接下来将会看到的, 增加信息反馈则从根本上改变了问题性质。

信息反馈可能有多种形式。一种是关于之前射击目标效果的报告。例如, 追踪目标位置的同一雷达也能查明目标何时解体成小碎片, 从而标志着目标被摧毁。目标被击中后, 其行为也可能会发生变化。除 3.3 节外, 本章所考虑的所有问题都属于这一类, 它们的反馈通常指目标是生还是死。

另一种反馈提供关于距离误差的信息, 而不是目标的生/死状态。校炮 (调整瞄准具) 就是这样一个例子, 另一个例子是近射武器系统 (CIWS), 一种设计用来保护船只免受空袭的高射速机枪。CIWS 雷达不仅能测定目标的位置, 而且还能测定射弹束的位置, 这样可以提供关于射弹与目标相对位置的信息。这些信息可以作为瞄准点调整程序的依据, 从而逐渐消除偏差误差。3.3 节考察了此类问题。

在 n 次射击中出现的一些重要战术问题是:

(1) 我们什么时候停止射击?

(2) 我们瞄准哪?

(3) 我们瞄准哪个目标?

答案不仅取决于可利用的反馈信息, 也取决于战术限制。在某些情形下 (以 CIWS 为例), 目标位置和状态信息均被反馈回来, 其中目标状态比简单的生/死报告要复杂得多。反馈常易出错。每一种情形都应进行专门的分析, 因此不能希望存在一个通用的情形。下面各节描述了少数基本情形, 但仍存在许多其他情形。

3.2 单目标状态的反馈

射击 — 观察 — 射击 (SLS) 流程涉及目标是否已被毁伤信息的反馈, 本节假设该反馈信息是完全准确的。一般观点是一方首先射击, 然后观察目标是否已被毁伤, 如果有必要会再次射击, 可能会重复这个流程好几次。这种信息的优点是避免向被毁伤的目标分配多余的射击。

当采用射击 — 观察 — 射击时, 减少需要的射击数是可观的。例如, 假设一个重要的通信站在地面部队攻击之前将受到一枚造价昂贵的导弹攻击。每次射击的毁伤概率是 0.9, 但是该通信站点是如此重要以致要求达到 $P_K = 0.99$。通过增加杀伤力, 我们看到通过简单的指派两枚独立的导弹去轰炸通信站, 即使没有反馈时 $P_K = 0.99$ 也是可以实现的。如果在两次射击间有可能进行观察, 此时 90% 的时候, 一次单独射击就足够了, 因为第一次射击将以 0.9 的概率击毁目标。第二次射击只在 10% 的时候需要, 这样 SLS 射击时需要的平均射击数是 $1 + 0.1 \times 1 = 1.1$, 而不是 2。射击 — 观察 — 射击所需的弹药仅是没有信息反馈时所需弹药的一半多一点的, 而二者的毁伤概率几乎相等。

在观察次数不受限制的极端情形下, 射手甚至可以采用 "射击直到目标被摧毁为止" 的方案。在那种情况下, 问题不再是计算 $P_K(P_K$ 为 1), 而是研究随机变量 $N \equiv$ "击毁目标所需射弹数"。如果所有射弹都具有独立的毁伤概率 p, 则 N 为期望值为 $E(N) = 1/p$ 的一个几何随机变量 (附录

A)。更一般地说, 如果 q_i 是 n 次独立射击中第 i 次射击的偏离概率, 则

$$E(N) = \sum_{m=0}^{\infty} P(N > n) = 1 + q_1 + q_1 q_2 + q_1 q_2 q_3 + \cdots \qquad (3.1)$$

在特例下, 对于所有 i, 有 $q_i = 1 - p$, 这个通式简化成一个和为 $1/p$ 的几何级数。式 (3.1) 中的第一个等式, 尽管不是期望值的习惯定义, 但对于任意非负整数随机变量如 N, 能够证明是正确的。

一个类似的问题是射手有 n 发射弹, 但每发射弹有不同的成本 c_i, 以及不同的毁伤概率 $p_i = 1 - q_i$, 其中 $i = 1, 2, \cdots, n$。不同射弹类型之间的成本和效能相差悬殊并不少见, 特别是当射手既有制导武器又有非制导武器时。假设目标如此重要以致射手会一直射击到要么摧毁目标要么耗尽弹药为止。那么不论采用何种射击顺序, 总体偏离概率为乘积 $q_1, q_2, \cdots, q_n$。然而, 射击的平均代价却取决于射击顺序。

例 3.1　假设有两发射弹, 一枚导弹和一枚炸弹, 其中 $\boldsymbol{c} = (2, 1), \boldsymbol{p} = (1, 0.6)$。如果导弹先使用, 则代价将为 2, 由于导弹成本为 2, 它将必定击毁目标。如果炸弹先使用, 则代价为 1 的概率为 0.6, 或者若炸弹没有击中目标, 则成本为 $1 + 2$, 总的平均代价为 $0.6 \times 1 + 0.4 \times 3 = 1.8$。由于 1.8 小于 2, 只要击毁目标所需时间不是问题, 最好先使用炸弹。

结果是: 最优方案总是以 "最小弹药消耗量" p_i/c_i 的降序来对射弹进行排位的, 然后以此顺序实施射击。例 3.1 中, 导弹和炸弹的比率得分分别为 0.5 和 0.6, 于是炸弹排位高于导弹, 所以优先选炸弹。关于这一结论的一般证据, 可参见格雷兹布鲁克和沃什布恩 (2004, 定理 4)。如果每一射弹类型有大量库存, 则最优方案应为选择最高排位的射弹类型并重复使用, 直到弹药被耗尽或目标被击毁为止。重复使用射弹类型 i 击毁目标的平均代价为 c_i/p_i, 每发射弹成本和期望射弹数的乘积。该比值也是 "最小弹药消耗量" 指数的倒数, 所以这个结论不应算意外。

例 3.2　假设有三种射弹类型, 其中 $\boldsymbol{c} = (1, 2, 3), \boldsymbol{p} = (0.2, 0.5, 0.8)$, 第二种类型有 2 发射弹, 另外两种类型各有 1 发射弹。由于类型 3 排位高于类型 2, 类型 2 排位高于类型 1, 应该依 3、2、1 的顺序实施射击。毁伤概率为 $1 - 0.2 \times 0.5^2 \times 0.8 = 0.96$。射击的平均代价为 $3 \times 0.8 + 5 \times 0.2 \times 0.5 + 7 \times 0.2 \times 0.5^2 + 8 \times 0.2 \times 0.5^2 = 3.65$。以其他任何顺序进行射击, 也能得到相同的毁伤概率, 但会导致更高的平均射击代价。如果不采用 SLS, 则相同的毁伤概率将消耗 8, 因为四种武器都要参与射击。

3.3 距离误差的反馈

在这一节, 假设有一个前方观察哨向射手提供每发射弹弹着点位置的信息, 如图 3-1 所示。如果射手最初并不能确定目标的位置、起瞄准线与目标重合或任何其他偏差误差, 可通过调整瞄准点"瞄准"目标。问题的关键是射手必须考虑除了偏差误差外, 还有其他产生误差的原因, 特别是在射击产生的独立的散布误差, 用此散布误差来调整瞄准点是不明智的。

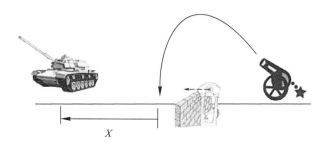

图 3-1 观察哨观测到距离误差 X 后, 反馈给加农炮 (这能为下一次射击调整瞄准点)

一开始进行一维分析最为容易。在射击 — 调整 — 射击 (SAS) 流程中, 假设有一名观测者提供第 i 次射击相对于目标的实际弹着点信息。观察哨的报告是有用的, 因为它有助于射手计算当前发生的偏差误差 B, 并据此调整下一发瞄准点 A_{i+1}。假设第 i 发射弹的散布误差是 E_i, 观察哨的第 i 次报告为

$$X_i = B + E_i + A_i, \quad i > 0 \tag{3.2}$$

瞄准点 A_i 为已知量, X_i 为可观测量, 但除此之外, B 和 E_i 为未知量。瞄准点 A_{i+1} 应该基于所观测到的距离误差 $X_1, X_2, \cdots, X_i$, 消除射手对未知偏差误差 B 的最小方差估计值。因 $B + E_i$ 为 B 的无偏观测值, 又因 $B + E_i = X_i - A_i$, 下一瞄准点就可通过求平均值而得到

$$-A_{i+1} = \frac{1}{i} \sum_{j=1}^{i} (X_j - A_j) = B + \frac{1}{i} \sum_{j=1}^{i} E_j, \quad i > 1 \tag{3.3}$$

由此, 除式 (3.3) 给出的第一个瞄准点外, 对所有的瞄准点:

$$X_{i+1} = E_{i+1} - \frac{1}{i} \sum_{j=1}^{i} E_j, \quad i > 1 \tag{3.4}$$

假设散布误差是均值为 0, 方差为 σ^2 的独立同分布的正态分布随机变量, 式 (3.4) 隐含有 $E(X_{i+1}) = 0$, 由于独立随机变量和的方差等于方差的和 (见附录 A):

$$\text{Var}(X_{i+1}) = \sigma^2 + (-1)^2 \left(\frac{1}{i}\right)^2 (\sigma^2 + \cdots + \sigma^2)$$

$$= \sigma^2 + \frac{\sigma^2}{i} = \sigma^2 \left(1 + \frac{1}{i}\right) \tag{3.5}$$

式 (3.5) 给出了除第一发 (我们认为它是 "校准射击", 不能击毁目标) 外, 每发射弹的距离误差的方差 (使 $\text{Var}(B)$ 无穷大将产生同样效果)。因为可以证明第一次射击之后距离误差相互独立, 所以, 给定射弹数的毁伤概率可以依照引出式 (2.13) 的同样独立论据而得到。

式 (3.3) 和式 (3.4) 都隐含有

$$A_{i+1} - A_i = -X_i/i, \quad i > 0 \tag{3.6}$$

式 (3.6) 说明, 下一次射击的瞄准点应该通过逐渐减少前一次射击距离误差的一小部分来修正。注意早期距离误差的受重视程度要高于后期距离误差; 射手在射击过程的后期不会倾向于做出大的瞄准点调整, 因为偏差几乎已经被消除了。拜尔 (1974) 也指出了这一点, 对于这种瞄准点修正规则的最优性, 在此处所作的正态性假设并非确实必要的。

采用一套瞄准点修正规则可能来得更简单, 这有些类似于称为 3CAL 的流程: 首先用三发射弹瞄准目标, 把它们看作校准射击, 接下来让所有后续射击的瞄准点为 $-(X_1 + X_2 + X_3)/3$, 即要消除所报告的距离误差的平均值。3CAL 的简便性能否弥补其较低的效率? 如果只有三发射弹, 答案显然是否, 因为如果偏差量很大, 则这三次校正射击将永远无法击中目标。因此可以预料答案取决于射弹数。因为这两类互斥流程都有明确定义, 所以蒙特卡洛模拟会很适于回答这个问题。*Chapter3&4.xls* 的 3CAL 工作表就是这样的模拟 (见习题 3.8)。

现在假设 SAS 流程在两个维度上均独立地执行, 使用毁伤半径为 R 的 n 发圆正态分布射弹, 包括校正弹。二维距离误差将服从圆正态分布, 其方差由式 (3.5) 给出, 因此, 以第 2 章中的相同方式利用式 (2.7) 和式 (2.13), 得到

$$P_K = 1 - \exp\left(-\frac{R^2}{2\sigma^2}\left(\frac{1}{2} + \frac{2}{3} + \cdots + \frac{n-1}{n}\right)\right) \tag{3.7}$$

注意第 i 次射击的效能 (CMP, 见 2.3.1 节) 为 $(i-1)/i$, 这与在没有偏差误差问题中的效能相对应, 在去除偏差误差影响方面, SAS 流程显然并不是完全有效, 除了在有许多发射弹的极限情形下之外。虽然如此, 其作为最优瞄准调整流程仍具有合理意义 (奈德勒和埃尔伯特, 1971; 拜尔, 1974)。

3.4 对多目标射击 — 观察 — 射击

当存在多个目标时, 可选择行动的范围明显扩大。对于反馈性质、目标函数和战术限制, 存在着许多可能性。这里只考察关于目标状态的反馈。跟单个目标案例一样, 这种反馈的重要意义在于它使射手避免射击已经被毁伤的目标。

我们的目的是击毁尽可能多的目标, 或者说, 尽可能多的平均目标价值。也就是最小化幸存目标的价值, 有时候这样理解较为方便。这是一个通用目标 —— 更具体的目标将在第 4 章中考虑。当通过打击目标所获利益正比于击毁目标的数量时, 这一通用目标是恰当的。在有的情形下, 上述结论并不成立, 有一个例子如下: 攻击一个由三个中继器组成的冗余通信系统。由于通信系统只需要一个中继器, 击毁两个中继器不起作用, 因此击毁两个目标的价值并不等于击毁全部三个目标价值的 2/3。

3.4.1 时间约束下的相同射弹和相同目标

假设所有射击效果独立, 其中单发射弹毁伤概率为 $p = 1 - q$, 时间约束的形式为对可能的齐射次数的限制。由于发射器装填弹药需要时间或因为评估目标状态需要时间, 齐射的次数有可能受到限制, 见 4.2.1 节中对自我防御情形的几何分析。若没有对齐射次数的限制, 最优射击方案将会是"向每个存活目标射击一次, 评估每个目标的状态, 然后重复射击直到要么没有剩余弹药要么没有剩余目标"。该方案的唯一困难是可能没有足够的时间来实施它。

考虑一个防空系统, 该系统有 9 枚导弹可用, 侦察到三架敌机的飞行编队。考虑到飞机的飞行速度和实施每轮攻击所需时间, 包括状态评估, 假设仅有两轮齐射的时间。问题是, 在第一轮齐射中对每一架飞机应该发射多少枚导弹? 对每架飞机发射三枚导弹, 将无法留下导弹用来对付第一轮齐射后幸存的任何飞机, 并有可能将几枚导弹浪费在已被其他导弹击毁的目标上。对每架飞机仅发射一枚导弹，有可能剩下几架飞机仍然存活，而齐射只剩余一轮。对每架飞机发射两枚导弹，或者出于论证原因，对一架飞机发射两枚导弹，对另外两架中的每一架各发射三枚，这些方案会不会最优呢？根据实际情形，这三种方案都或许是正确的。我们需要的是一种可靠的方法来决定最佳射击方案。

由于所有目标相同，所以每一轮齐射应尽可能均匀地覆盖剩余目标。射击问题由此简化为决定每一轮齐射投 x 枚射弹的问题。令随机变量 Y 为在射击 x 发射弹的条件下 t 个目标中的幸存目标数，并令 $F_n(s,t)$ 为在剩余 t 个目标和 s 发射弹的条件下，对目标另外实施 n 轮齐射后期望的幸存目标数。上一段话所描述的此类情形通常要引入动态规划分析，这正如此处的情形。如果只剩余 0 轮齐射，所有目标将存活，我们得到 $F_0(s,t) = t$，对于 $n > 0$，我们得到迭代公式

$$F_n(s,t) = \min_{0 < x \leqslant s} E(F_{n-1}(s-x, Y)) \tag{3.8}$$

式 (3.8) 是动态规划程序的核心。它说明幸存目标的平均数等于齐射数减少 1，射弹数减少 x，同时当前齐射后幸存目标数为 Y 时，幸存目标的平均数。鉴于 Y 的随机性，所以需要取其期望值。注意 Y (为剩余 n 次齐射时，实施当前齐射后的幸存目标数) 与 $F_n(s,t)$ (为实施所有 n 次剩余齐射后，(最小的) 期望幸存目标数) 两者之间的区别。式 (3.8) 中的决策变量 x 为 $0 \sim s$ 的任意整数，x 的选择应使得在实施全部剩余齐射后期望的幸存目标数最小化。所求 Y 的概率分布 $\text{Surv}(y,x,t,q)$ 由等式 (2.31) 给出，理由是 x 发射弹应尽可能平均地覆盖剩下的 t 个幸存目标。

求解式 (3.8) 的基本思想是构建一个以 n 为指数的序列表，n 从 0 开始逐渐增加，直至达到现有的齐射次数。由于 $F_0(s,t)$ 对于所有的 s 和 t 是已知的，式 (3.8) 允许计算 $F_1(s,t)$，对应 s 和 t 的范围从 0 增加到射弹和目标的最大数。一旦 $F_1(s,t)$ 已知，式 (3.8) 允许在相同的 s 和 t 范围内计算 $F_2(s,t)$，因为现在右端的所有量已知。一旦 $F_2(s,t)$ 已知，就能算出 $F_3(s,t)$，等等。通过简单地尝试 x 的所有可行值来找出最小值。随着计算的进行，x 的最优值被记录下来并写进单独的表格中，以备后续需要时调用。这个流程的一个特征是：如果齐射的次数被限制为 (比方说) 3，则必须在考察剩余三轮齐射时的最优方案之前决定剩余 1 轮和 2 轮齐射的最优方案。这实际是方案上的优势，因为一个三轮齐射问题将在第一轮齐射发射后成为一个二轮齐射问题。

可以看到上述流程是通过简单的穷举来达成最优化，因为在最小化的

步骤中考虑了 x 的所有可能值。事实并非如此。计算比穷举效率更高, 因为从来没必要考察包含多轮齐射的射击方案, 除非认为有此必要。不必考察复杂的方案如 "第一轮齐射中射击 5 发, 然后第二轮齐射中射击 3 发, 除非只剩下一个目标, 在此情形下 …… 然后在第三轮齐射中 ……"。每一步计算只是对少剩一轮齐射时的幸存目标数进行最小化, 直到最后考察完实际的齐射数为止。式 (3.8) 是动态规划 (DP) 对马尔可夫决策过程的运用 (布特曼, 1994), 这是一种常常适用于涉及可耗尽资源和时间的最优化问题的技术。我们将重复运用它, 通常针对 "阶段" 而不是齐射。DP 的特点在于一个函数方程如式 (3.8), 其中的目标函数 (此例中为 $F(\ )$), 尽管有不同的自变量出现在等式两边。

正确识别状态是构造 DP 问题的一个关键部分。它能帮助想象过程中的 "命令改变", 过程的状态即旧指挥官应传递给新指挥官的所有信息。在所考虑的问题中, 状态为 (n, s, t), 其中三个变量分别为剩余阶段数、剩余射击数和仍幸存的目标数。过去所发生事情的细节可能远多于这几点, 但是所有这些细节与将来行动的目的是不相关的 —— 三个数已经足够了。一旦识别出状态, DP 流程往往要定义一个目标函数, 该函数仅取决于状态变量, 然后写出等式如式 (3.8), 等式的要点是每次提高阶段指数 1。

Chapter3&4.xls 中的 DPShooter 工作表利用此项技术解决了一个三轮齐射的射击问题。单发毁伤概率可能取决于齐射指数, 因此有三个这样的输入, 而不是只有一个。建议读者利用此工作表进行一下试验, 特别是如果 DP 为一个新问题。不要忘了在改变输入后点击 DP Solve 按钮, 因为结果不会自动更新。有时最优结果是显而易见的。例如, DP 得出的结论是当只有一轮齐射剩余时, 应将所有剩余射弹射出, 这不需要任何分析。其他结论是不明显的, 尤其是在不同阶段毁伤概率不同的条件下。要想参看实现最优化的代码, 按 ALT-F11 打开 VBA 编辑器, 然后双击工程管理器中的 DPShooter 工作表。代码首先从电子数据表中读取无剩余齐射时的幸存目标数, 然后依照式 (3.8), 优化剩余 1、2、3 轮齐射的射击方案, 将结果输出到电子数据表。

上述严格计算可以近似处理。最简单的近似处理办法是采用如第 1 章中所介绍的期望值分析 (EVA), 结合放宽对每一目标所受弹数的整数要求。从而, 如果 x 发射弹均匀地分布于 t 个目标上, 每个目标的幸存概率为 $q^{x/t}$, 这样采用 EVA, 则下一轮齐射后, 有 $tq^{x/t}$ 个目标幸存。如果 t_i 是第 i 轮齐射后剩余目标数, 则式 (3.8) 可以替换为 $t_{i+1} = t_i q^{x_i t/t_i}, i > 0, t_0$

为给定的最初目标数。如果有 n 轮齐射, 则 t_n 应在服从约束 $\sum\limits_{i=1}^{n} x_i \leqslant s$ 的前提下实现最小化, 其中 s 为可用射弹数。

Chapter3&4.xls 中的工作表 EVA 就是以这种方式利用 Excel Solver。这个分析远比式 (3.8) 简单, 但两种方法的结论只是近似地一致。练习 10 与此有关。

3.4.2 多种射弹和目标, 无时间限制

在这种情形下, 每次可以射击一发, 从而避免射击毁伤目标的可能性。难题又出现了, 因为并不清楚指派哪种武器攻击哪个目标 (在这一节中, 称为 "武器" 而不是 "射弹", 这是为了防止产生混乱的叙述, 如 "我们首先射击射弹 2")。由于目标都不相同, 选择的目的是毁伤尽可能大的目标价值, 目标 j 的价值为 v_j。如果武器 i 被指派攻击目标 j, 令 p_{ij} 为已知毁伤概率, 用第 2 章中的一种方法可以计算出来。递推关系如等式 (3.8) 依然成立, 但我们再不能仅仅跟踪剩余武器和目标数, 而必须代之以跟踪其集合。称这些集合为 S 和 T, 令 $V(S,T)$ 为武器集合 S 被最优地运用于目标集合 T 上时, 平均毁伤目标值的最大量。如果 S 或 T 为空, 则必然有 $V(S,T) = 0$。

由动态规划递归可得出 $V(S,T)$。因为每一发射弹要么击毁其目标要么做不到, 并且所有射弹相互独立, 所以我们得到

$$V(S,T) = \max_{i \in S, j \in T}\{p_{ij}(v_j + V(S-i, T-j)) + (1-p_{ij})V(S-i,T)\} \tag{3.9}$$

如果武器 i 的第一发射弹瞄准并击毁了目标 j, 则平均毁伤总价值为 $v_j + V(S-i, T-j)$。如果第一发射弹未击中, 则平均毁伤总目标价值为 $V(S-i,T)$。求两种可能性的平均值, 得到式 (3.9)。为了利用式 (3.9), 我们首先计算当 S 中仅有一种武器时所有目标子集的 $V(S,T)$。接下来, 可以求解 S 中只有两种武器时的所有问题, 由于若 S 有两种武器, 那么 $S-i$ 将会只有一种武器, 等等。为最终完成这项任务, 需要计算式 (3.9) 的次数可能会非常大, 尤其当 S 和 T 是较大集合时。贝尔曼 (1961) 称为 "维数灾难"。原则上动态规划仍可用, 即使面临着那种灾难。然而作为一个实际问题, 它只适用于小规模问题。

如果对所有 i 和 j, 有 $v_j = v, p_{ij} = p$, 如 3.4.1 节, 这时式 (3.9) 可大大简化, 因为集合 S 和 T 只需计数。令 s 和 t 分别为武器和目标数, X 为 s 次

试验, 成功概率为 p 的二项分布随机变量。X 可以理解为有效的武器数。除非射手毁伤所有目标, 毁伤目标数将为 X, 从而有 $V(S,T) = E(\min(X,t))$, 这是一个相当简单的计算。安德森 (1989) 指出, 只要 p_{ij} 不依赖于 j, 同样的公式就适用。另外可参见普里泽米涅茨基 (1990) 和练习 7。当 n 为一个很大的值时, 由式 (3.9), 可以得出相同的结果, 当然, 难度会大很多。相应的最优射击方案是无意义的: "只要你还剩有任何武器, 对任何活着的目标射击。"

由于式 (3.9) 对于大型问题解决起来有困难, 下面研究在一般情形下 $V(S,T)$ 的边界。

一个简单的下界 $V_-(S,T)$ 可以由计算最优对 $(i^*,j^*) = \arg\max_{i \in S, j \in T}$ $v_j p_{ij}$ 来得出。这是 "近视的" 射击方案, 它只能使当前获益最大化 —— 每一发射弹当成最后的射弹来射击。等式 (3.9)(等式两边以 (i^*,j^*) 替代 (i,j), 以 $V_-(\ )$ 代替 $V(\ )$) 仍必须被用来计算 $V_-(S,T)$), 所以精确计算仍旧有困难。蒙特卡洛模拟是近似处理 $V_-(S,T)$ 的一个较好途径, 但在任何情形下, 执行近视方案是无意义的, 因为不需要这样来得出 $V_-(S,T)$。

例 3.3 近视方案并不总是最优的。考虑两种武器和两个目标, 其中 $\boldsymbol{P} = \begin{bmatrix} 1 & 0.9 \\ 0.9 & 0 \end{bmatrix}, \boldsymbol{v} = (1,1)$。$\boldsymbol{P}$ 为毁伤概率矩阵, 行表示武器, 列表示目标。近视方案将把武器 1 指派向目标 1, 原因在于获益 1 好于获益 0.9。那么武器 2 就派不上用场, 因为它对目标 2 无能为力。最优方案将首先把第二种武器指派向目标 1, 然后如果失败, 把第一种武器指派向目标 1, 如果成功, 再指向目标 2。最优总得分为 $0.9(1 + 0.9) + 0.1(0 + 1) = 1.81$, 较近视方案得分 1.0 有了大幅度提高。

下一节将推导出一个适用于更一般情形的上界。

3.4.3 多种射弹和目标, 不可靠反馈

到目前为止, 只考虑了由每一目标的可靠生/死报告组成的信息反馈问题。然而存在许多其他可能性。我们可能要测量如目标的雷达横截面、温度或者所发出噪声等事项, 其中每一项都与目标的生或死相关, 但无法准确断定哪一个是真实情形。一些与这类问题有关的文献将在下一节中介绍, 但这些分析趋向于超出本书的范围。在这一节, 我们只考察射击效果的上界, 不管反馈回来关于目标状态是何种信息, 这一上界都是有效的, 只要求对存活目标的单发射击毁伤概率保持恒定。当信息不完全时, 有可能

对已经毁灭的目标进行射击。然而, 只要目标仍然存活, 只要射弹属于类型 i, 目标属于类型 j, 就假设毁伤概率保持为 p_{ij}。

假设固定武器集合和目标集合。定义一组指示性随机变量 (随机变量的可能值只为 0 和 1), 可能与任何射击方案相关:

$Y_{ij} = 1$, 如果目标 j 被武器 i 击毁 (对于每一个 j, 最多有一个为 1);

$Y_j = 1$, 如果目标 j 被击毁;

$X_{ij} = 1$, 如果武器 i 被指派向目标 j (对于每一个 i, 最多有一个为 1)。

射击方案将引入许多这些随机变量之间的相关性, 因此假设它们之间互相独立是不恰当的, 但是这一组随机变量对于用公式表示问题找出最优方案, 仍是有用的。我们首先指出 $Y_j = \sum_i Y_{ij}$, 毁伤总价值为 $Z = \sum_j v_j Y_j$。因此找出最优方案的问题 (称为 P1) 可以看作使 Z 最大化, Z 的期望值, 服从以下约束:

(1) 对于所有的 i, 必然有 $\sum_j X_{ij} \leqslant 1$;

(2) 对于所有的 j, 必然有 $Y_j = \sum_i Y_{ij}$;

(3) 对于所有的 j, 必然有 $Y_j \leqslant 1$;

(4) 其他约束。

P1 中的其他约束包括 X_{ij} 和 Y_{ij} 之间的决定性关联、射击方案的本质。例如, 忽略所有信息, 简单地使对于所有 i, $X_{i1} = 1$ 的方案, 有可能击毙目标 1, 但也会导致 $Y_j = 0$ (对 $j > 1$)。由于有关接下来如何做的决定以多种方式取决于可用信息, 因此潜在地有天文数字的射击方案。尽管如此, 不管采用任何方案, 都假设 $E(Y_{ij}) \leqslant p_{ij} E(X_{ij})$, 具有严格不等式是可能的, 因为当武器 i 攻击目标 j 时, 该目标可能已毁灭。现在, 用小写字母表示随机变量的期望值 (即 $y_j \equiv E(Y_i)$, $x_{ij} \equiv E(X_{ij})$), 可以构建一个针对 P1 的张弛式, 称为 P2:

$\max z = \sum_j v_j y_j$, 服从约束

(1) 对于所有 i, $\sum_j x_{ij} \leqslant 1$;

(2) 对于所有 j, $y_j \leqslant \sum_j x_{ij} p_{ij}$;

(3) 对于所有 j, $y_j \leqslant 1$;

(4) 所有变量非负。

P2 作为 P1 的张弛式, 是因为确定为真的关系在平均意义下也为真,

因为和与期望值可以互换, 因为假设 $E(Y_{ij}) \leqslant x_{ij}p_{ij}$, 又因为 P1 的其他约束 (d) 在 P2 中被简单地省略了, 除了要求非负外。由于 P2 为 P1 的张弛式, P2 为采用射击 — 观察 — 射击方案可达成的效果提供了一个上界。由于 P2 为线性规划 (附录 B), 它可以高效地求解。

P2 直接说明了 x_{ij} 是将武器 i 用于目标 j 的概率, y_j 是目标 j 被击毙的概率。在 P2 中, 要求:

(1) 武器 i 不得使用超过一次;

(2) 指派向目标 j 的每种武器的效果不得超过 p_{ij};

(3) 目标 j 最多被毁伤一次。

如果 b_i 件 i 类武器实际完全相同, 则 P2 的约束 (1) 可以变为 $\sum_j x_{ij} \leqslant b_i$, 它是 P2 中带有相同系数结合项的一个简单结果。在那种情形下, x_{ij} 的解释是 "用于目标 j 的 i 类武器的平均数"。这个上界计算与式 (3.9) 的求解相比较是无意义的, 特别是在有大量相同武器的情形下。

读者也许希望试验一下 *Chapter3&4.xls* 中的 Optimal 工作表, 通过命令按钮执行三个计算。第一个是用式 (3.9) 计算 $V(S,T)$, 这个计算可能比较费时, 所以首先试一个小规模问题。第二个是 3.4.2 节中的近视方案计算, 第三个是刚推导出的上界计算。执行上界计算使用了工作表 LP_Upper 上的数据, 但除非读者对使用 Excel's Solver 求解线性规划的细节感兴趣, 不需要检验那个工作表。读者可以证实 3.4.2 节中介绍的小例子其上界实际上是准确的, 该上界常常接近实际情况, 如果问题不是故意设计使其看起来很离谱。

例 3.4　设计这个例子是使上界看起来很离谱。考虑有一个目标和两种武器的问题, 每种武器以 0.5 的概率击毁目标。唯一可用的武器分配方案可产生 0.75 的毁伤概率, 而通过设 $x_{i1} = 2, y_i = 1$, P2 的解是 z 可以等于 1。

例 3.5　假设有四个硬目标, 每个价值为 50, 有四个软目标, 每个价值为 100, 五个假目标, 每个价值为 0。在任意时刻, 每一个这些目标要么存活, 要么死亡, 一些可能最开始就是死的。射手有五枚炮弹和 4 枚导弹可用。一枚炮弹无法击毙一个硬目标, 但能以概率 0.5 击毁其他任意目标。一枚导弹能以概率 1 击毁一个硬目标, 或者以概率 0.5 击毁其他任意目标。每轮齐射前, 射手有一个信息系统对战场进行检查, 并可能给他提供关于每个目标存在和状态的报告。一些目标可能会从报告中删除, 报告可能易于出错, 报告的信息可能仅仅间接相关 (例如目标温度)。射手最初可能不知道战场特性, 包括上述信息。为决定一个最优射击方案, 要求关于射手初始不确定性状态和战场报告特性的更多细节, 但是上面给出了足够的信息来计算采用该方案所得结果的上界。计算上界所需的全部信息包括武器及目标集合、目标价值和毁伤概率矩阵。尽管假目标对一个实际射手来说是一个重大问题, 但上界计算完全省略了假目标 (见习题 3.11)。

即使是在不可能根据式 (3.9) 或式 (3.8) 计算找出最优方案的情形下, 上界也容易计算。即使对于数千个武器和目标, 线性规划 P2 也能在很短时间内解出来。

3.5 扩展阅读

总的来说, 信息的最优化利用是一个难题, 射击问题也不例外。这对于军事分析来讲有一点风险, 因为现代军事系统高度依赖信息的及时获取和分发。信息不是绝对的, 于是有时候需要从定量的角度评估信息的效力, 但评估又受到难以分析处理的许多相关问题的阻碍。本章所介绍的模型, 尽管不能说毫无意义, 但也只是针对大型问题研究的一个起点。

易出错的目标状态信息在现实中很常见, 但除了 3.4.3 节中的边界问题外, 上文并没有讨论。此类信息让射手对目标状态迟疑不决, 所以自然会引入关于一个目标状态或几个目标中每个目标状态的概率分布。可以在得到每份报告后, 应用贝叶斯定理来更新目标状态分布。在某些情形下, 一个近视的或 "贪婪的" 方案, 类似于 "始终对最可能存活的目标进行射击", 可以证明是最优方案 (迈纳尔和科瑞斯 (1997), 格雷兹·布鲁克和沃什布恩 (2004, 第 1 节))。阿维夫和科瑞斯 (1997) 讨论了一些接近最优的简单射击流程。如果目标不同, 而只有一种武器, 射击过程可以按指标顺序执行, 其理由是射手应该始终射击具有最高数字指标的目标 (格雷兹·布鲁克和沃什布恩, 2004, 第 4 节)。这种思路的结果是一个难度很大的部分可观测的马尔可夫决策过程, 该过程的状态本身就是一个概率分布 (约斯特和沃什布恩 (2000)、格雷兹·布鲁克和沃什布恩 (2004, 第 2 节))。由于仅仅采用贝叶斯定理, 它本身就是数据密集的, 又因为贝尔曼灾难在起作用, 客观上讲, 此类技术在某些方面是有背于现实情况的。随着计算机能力变得越来越强大, 这种情形有可能会有所改变。同时, 由于缺乏关于最优射击方案的理论指导, 处理不确定性的军事判断经常代之以战斗模拟。

一个有实际经验的射手不仅仅只对单对目标的行动状态心存疑惑。目睹偶发的战场误伤事件，目标的真实身份也可能无法确定。有可能发出假警报，特别是在反潜作战中，许多现象可能导致幻影潜艇的出现。在这种情境下，对于如何进行最优射击，很少有定量的分析。

习　题

3.1 假设有四种射弹类型, 其成本和毁伤概率向量分别为 $c = (1, 2, 3, 4)$、$p = (0.2, 0.3, 0.4, 0.5)$。

 (1) 如果每一类有一发射弹, 应该以什么顺序射击? 结果毁伤概率是多少? 射击的平均代价是多少?

 (2) 除了每一类射弹数无限制外, 与 (1) 一样。

　　答案: 在 (1) 中, 射击应该按 1、2、3、4 的顺序, 毁伤概率为 0.832, 射击的平均代价为 5.642; 在 (b) 中, 只应使用射弹类型 1, 毁伤概率为 1, 射击的平均代价为 5。

3.2 假设对一个目标执行 8 次射击, 每次射击具有圆正态散布误差, 标准偏差为 2, 圆正态毁伤半径为 R。以下三种情形哪一种将给出最高的毁伤概率?

 (1) $R = 1$, 无偏差误差。

 (2) $R = 2$, 存在圆正态偏差误差, 标准偏差为 5, 同时如在 SAS 流程中, 有观察员报告距离误差。

 (3) $R = 3$, 存在圆正态偏差误差, 标准偏差为 5, 无观察员报告。

　　答案: 前两种情形的毁伤概率分别为 $1 - \exp(-1)$、$1 - \exp(-2.64)$, 从而 (2) 比 (1) 要好得多。(2) 的解答采用式 (3.7), 与数量字 5 无任何关系, 原因在于 SAS 流程消除了偏差误差。在没有检验 10 发射击形式 (如第 2 章) 条件下, 无法给出 (3) 的精确 P_K, 不过毁伤概率的上界为 $1 - \exp(-0.64)$, 因此 (3) 必然是三种情形中最糟的。三种情形中最佳的是 (2), 其毁伤概率接近 1。

3.3 设三个误差概率都为 0.5, *Chapter3&4.xls* 中的工作表 DPShooter 断言, 二轮齐射, 12 发射弹, 5 个剩余目标的最优射击弹数为 6。这是一个为数不多的情形, 射击的射弹数不是目标数的倍数 —— 一个目标被射击两次, 其他四个目标只被射击一次。该工作表还断言射击 6 发射弹, 加上最后一轮齐射的最优射击, 结果将是 5 个目标中会存活 0.4993 个。证实在剩余三轮齐射, 如果设最后一轮齐射的毁伤概率为 0 的情形下, 可给出相同的建议。不要忘了点击 DP Solve 按钮, 因为除非你操作, 电子数据表的输出不会更新。将最后一轮的毁伤概率设为 0 应该跟少一轮齐射具有一样的效果, 因此这是一个证实练习。

3.4 在跟练习 3 相同的情境下, 当还剩 3 轮齐射时, 玛丽必须决定用 12 发射弹当中的多少发去射击 7 个目标。DPShooter 工作表建议射击 7 发, 但是由于某种原因, 她只射击了 4 发, 这样做的结果是她射杀了 2 个目标, 因此当还剩 2 轮齐射时, 她还剩下 8 发射弹和 5 个目标。如果她在最后 2 轮齐射中采用最优射击, 在后 2 轮齐射中, 她将平均杀死几个目标?

　　答案: 1.2227 个目标将会存活, 因此她将平均杀掉 3.7773 个目标。假设还剩下 8 发射弹, 5 个目标和 2 轮齐射, 其结果不会取决于以何种方式达到这种状态。这是整个计算方案的基本依据。

3.5 在跟练习 3 相同的情境下, DPShooter 工作表断言在还剩 4 发射弹、2 个目标和 3 轮齐射时, 最优射击射弹数为 2。如果采纳这个建议, 在还有 2 轮齐射时, 幸存目标数为 0、1 或者 2。计算这些事件的概率, 并且通过取适当的阶段 2 结果的平均值, 证明所有齐射后, 幸存目标数的确是 0.375。

　　答案: $0.25 \times 0 + 0.5 \times 0.25 + 0.25 \times 1 = 0.375$。

3.6 假设有三种武器, 等价值的三个目标, 毁伤概率矩阵为 $\boldsymbol{P} = \begin{bmatrix} 0.1 & 0.2 & 0.3 \\ 0.4 & 0.5 & 0.6 \\ 0.7 & 0.8 & 0.9 \end{bmatrix}$。

利用 Optimal 工作表证明, 采用 SLS 方式, 每次射击都有完全反馈信息的情形下, 最大平均毁伤目标数为 1.683 (该工作表还应该证明上界为 1.711)。达到 1.683 的射击方案是计算出来的, 但没进行演示, 因为在工作表上演示这种方法过于复杂。如 2.4.3 节所考察的情形, 静态方案不利用信息反馈, 其解释和计算都简单得多。例如, 对所有三个目标, 以武器 i 射击目标 i 的方案得到平均毁伤目标数为 $0.1 + 0.5 + 0.9 = 1.5$, 而以所有三种武器射击目标三的方案将得到 $1 - (1 - 0.1)(1 - 0.6)(1 - 0.9) = 0.964$。你觉得最优静态方案是什么? 平均毁伤目标数不会超过 SLS 的 1.683。它会超过 Optimal 工作表上同时给出的近视方案值吗?

　　答案: 有多种方法实现它, 但是静态方案可达成的最佳值为 1.5。

3.7 3.4.2 节包含公式 $V(S, T) = E(\min(X, t))$, 用来计算 t 个目标中毁伤目标数的期望值, 条件是 X 为二项随机变量, 进行 s 次试验, 成功概率为 p。编写一个计算机程序, 接受三个输入 (s, t, p), 计算平均毁伤目标数。如果使用 ExcelTM, 利用 BINOMDIST( ) 函数。

　　答案: 如果 $(s, t, p) = (15, 10, 0.8)$, 则平均毁伤目标数应为 9.916。即使平均毁伤射弹数 $(s \times p = 12)$ 大于 10, 平均毁伤目标数略小于 10。

3.8 *Chapter3&4.xls* 中的 3CAL 工作表是一个蒙特卡洛模拟, 其中就 SAS 和 3CAL 对一维目标的打击能力进行了对比。研究该工作表的结构, 以证实对比是公平的。

　　(1) 显然, 两个流程的第四发射弹似乎产生了刚好相同的结果, 通过重复点击 F9 键, 可以看到这一点。分析解释为何在第四发射弹时两个瞄准点总是相同。

　　(2) 利用 *Appendix.xls* 中的 SimSheet 工作表 (见附录 C), 通过显示更高的命中概率, 确认在第十发射弹时, SAS 优于 3CAL。

3.9 在 SAS 流程中, 距离误差被式 (3.4) 定义为散布误差的函数, 而且在该节中断言它们相互独立。这个事实并不完全是明显的, 因为每个距离误差取决于同一个散布误差序列。证明 X2 事实上独立于 X4。提示: 因为距离误差都服从正态分布, 当且仅当不相关时, 它们是相互独立的, 因此足以证明 $E(X_2X_4)=0$。

答案: 利用式 (3.4), 乘积 X_2X_4 可以逐项写出。其因数具有不同下标的项可以忽略, 理由是其平均值为 0。除这些项之外, 乘积为 $(E_1^2-E_2^2)/3$, 由于散布误差都为同分布, 其平均值也为 0。

3.10 *Chapter3&4.xls* 中的 EVA 工作表求解一个问题, 其中有 12 发射弹, 在 3 轮齐射中, 被分配向 7 个目标, 正如 DPShooter 工作表。设三轮齐射中每一轮的偏离概率为 0.5, 比较两个模型中的幸存目标数。

答案: 不用 EVA 时, 幸存目标数为 1.295, 采用 EVA 时, 幸存目标数为 0.876。

3.11 使用 *Chapter3&4.xls* 中的 Optimal 工作表找出练习 4 中所述问题毁伤目标价值的上界, 以及信息反馈属于 SLS 型的射击问题的近视解决方案。这将需要输入一个 10×8 矩阵, 最后一行为 8 个目标的价值 (不必输入假目标, 原因在于分配向其的射弹数显然为 0)。不要点击 Compute Optimal 按钮, 免得使计算机由于运算大型问题而意外死机。反之, 点击 Compute Myopic and Upper 按钮, 找出两种情形下的目标函数。

答案: 近视方案值为 446.88, 上界为 450。尽管对于射击 — 观察 — 射击情形的最佳射击方案仍然未知, 但是结果在两端受到严格约束。不管反馈为何种类型, 上界都适用。

第 4 章

目标防御

围起马车,严阵以待!

约翰·韦恩

4.1 引言

本章主要研究多个攻击武器正在接近一个目标,试图通过摧毁其防御系统而消灭目标的问题。该防御系统配备有防攻击武器,也称为拦截兵器,每个拦截兵器只能毁伤指定其防卫的攻击武器。研究的目的,是通过使用拦截兵器使目标生存概率最大化。不同于第 2 章、第 3 章中向无特征的目标分配火力,而本章防御系统向多个攻击武器分配火力。本章 "目标" 指被防卫的对象。

设想这样一个场景: 通过设置屏蔽物或者障碍物防卫目标, 使其不至于被一系列攻击所毁伤。例如, 一支舰队可能配备由驱逐舰构成的防御系统, 保护其免受潜艇袭击; 或者说一个重要的政治领导人可能配备由特工构成的 "盾牌", 保护其免受攻击。虽然此类问题描述成 "目标防御", 但从分析角度类似于搜索论问题, 读者可就此参考第 7 章、第 10 章的内容。本章问题的主要特征是配备有某类作战资源, 并随着对抗攻击武器的投入使用而逐渐消耗。

以下所概述的大多数方法已经针对如下情况加以完善: 防御武器为反弹道导弹 (ABM), 攻击武器为飞机或导弹, 尤其是洲际弹道导弹 (ICBM),

不过这些方法也有用于其他情形。例如说, 海军舰队极易被鱼雷所攻击, 由此建议采用反鱼雷鱼雷 (ATT) 为防御措施。一艘舰艇试图利用反鱼雷鱼雷来对抗来袭鱼雷, 这时面临一个与导弹发射井或城市试图用反弹道导弹保卫自身相类似的问题。上述两种情形下, 攻击武器和防御方 (拦截兵器) 都属于价格昂贵、个别分配的供应短缺装备。

一种复杂的情况是: 某些攻击武器可能会攻击防御系统, 而不是直接打击目标。这是空对地作战的典型特征, 事实上, 第一步通常是通过攻击敌军的空中力量来夺取制空权。无论以攻击方还是防御方的观点来看, 相关的分析问题有可能变得相当复杂, 在此不做讨论。在这一章里, 目标被直接攻击。

下面将总结基本结果, 强调攻击规模未知这一重要的情形。4.2 节处理单一目标防御问题, 4.3 节处理多目标防御问题。

4.2   针对多个同一类型攻击武器的单一目标防御

在这一节中, 只有单个目标, 所以防御方不用考虑针对多个目标分配拦截兵器的问题。然而, 既然可以指派多个拦截兵器去对抗任何一个给定的攻击武器, 仍然有个问题: 将多少个拦截兵器指派给序贯而至的每个攻击武器。这很大程度上取决于对攻击规模的掌握程度。

4.2.1   已知攻击规模

假设在不被拦截的情况下, 每个攻击武器将以 $p = 1 - q$ 的概率独立毁伤其攻击目标, 防御系统配有 s 个拦截兵器, 每个拦截兵器以概率 ρ 独立毁伤一个攻击武器, 并且所有拦截兵器都用来对付 t 个攻击武器。

首先考虑这一情形: 全部 s 个拦截兵器都必须在一次齐射中投入使用。这与之前 3.4.1 节所讨论的情形相同, 只是这里防御系统的目标是使单个目标的生存概率最大。在 3.4.1 节中, 防御系统应尽可能均匀分配拦截兵器 (索兰德, 1987)。令 k 为 s/t 的整数部分, 并令 r 为余数:

$$s = kt + r, \quad 0 \leqslant r \leqslant t \tag{4.1}$$

当拦截兵器尽可能均匀分配时, k 个拦截兵器指派给 $(t - r)$ 个攻击武器, $k + 1$ 个拦截兵器指派给 r 个攻击武器, 目标生存概率为

$$Q(s, t) = [1 - p(1 - \rho)^k]^{t-r}[1 - p(1 - \rho)^{k+1}]^r \tag{4.2}$$

例 4.1　假设 $p = 0.8, \rho = 0.5, s = 7, t = 3$, 则 $k = 2, r = 1$。2 个攻击武器每个指派 2 个拦截兵器与之对抗, 每个攻击武器毁伤目标的概率为 $p(1 - \rho)^2 = 0.2$, 目标对 2 个攻击武器的生存概率为 $0.8^2 = 0.64$, 这是式 (4.2) 中第一个 [ ] 项。第二个 [ ] 项为 $(1 - 0.8 \times 0.5^3)^1 = 0.9$, 所以 $Q(7, 3) = 0.576$。

通过允许对拦截兵器进行非整数分配, 每个攻击武器 s/t 个, 可近似求得目标生存概率 $Q(s, t)$:

$$Q(s, t) \approx \{1 - p(1 - \rho)^{s/t}\}^t \tag{4.3}$$

式 (4.3) 近似等于例 4.1 中的 $Q(7, 3)$, 值为 0.595; 在全部情形下, 式 (4.3) 至少等于式 (4.2)。

如果有足够的时间,3.4.1 节所考察的一类射击 — 观察 — 射击策略是可行的。该节中所采用的动态规划模型, 也可以用在此处, 但是目标函数有所不同。令 $F(s, t)$ 表示在剩余 n 个阶段, s 个拦截兵器, t 个攻击武器的条件下, 目标的最大生存概率。因为目标现在是求最大值, 式 (3.8) 替换为

$$F_n(s, t) = \max_{0 \leqslant x \leqslant s} E(F_{n-1}(s - x, Y)), \quad n > 0 \tag{4.4}$$

当剩余 0 个阶段时, 剩余拦截兵器的数量是不相关的, 原因在于已经没有其他机会去使用, 而目标则简化为希望所有 t 个剩余攻击武器无法完成任务。这个概率为 $F_0(s, t) = 1 - q^t$。如果 n 大于 0, 则将 x 个拦截兵器指派给当前齐射将漏掉 Y 个攻击武器, 其中, Y 是一个随机变量, 其性质与 3.4.1 节中的相同。在 3.4.1 节中, 求解策略是对所有相关的 (s, t) 数组, 利用 $F_n(s, t)$ 计算 $F_{n+1}(s, t)$, 直到阶段指标 n 提高到最初可用拦截兵器的数量。对三阶段拦截方案的实现, 见 *Chapter3&4.xls* 中的工作表 DPDefender。除了增加一个输入 (攻击武器毁伤概率 p) 外, 工作表 DPDefender 看起来和用起来就像 3.4.1 节中所使用的工作表 DPshooter。参考索兰德 (1987) 著作中对式 (4.4) 更为详细的推导过程。

阶段和齐射的数量有时可由几何因子推导而来。一个此类情形可能称为 "自我防卫", 假设攻击武器以恒定速度 U 直接攻击目标和射手。射手以恒定速度 V 向攻击武器发射拦截兵器。每次交战之后, 将要花费一定时间去评估哪些攻击武器仍然生存。在此时间内, 幸存的攻击武器朝着射手运动的距离 Δ, 是 U 和评估时间的乘积。如果在距离 R 上发射一次齐射, 则拦截将发生在时间 $R/(U + V)$, 因为相对速度为 $U + V$, 当时拦截兵器

位于距离 $RV/(U+V)$。令 α 为比率 $V/(U+V)$,考虑评估时间内攻击武器的运动,可以设想下一次拦截兵器齐射可能在距离 $R' = \alpha R - \Delta$ 上,如果这个距离大到来得及发射 (图 4.1)。这个变量可以重复计算,以找到下一次齐射的发射距离 R',直到距离小到无法发射为止。如果 R_i 是第 i 次发射的距离,则 R_1 或是取决于射手传感器的最大探测距离,或是拦截兵器的最大射程,后续齐射距离的计算公式为

$$R_{n+1} = \alpha^n R_1 - \Delta\frac{1-\alpha}{1-\alpha^n}, \quad n \geqslant 1 \tag{4.5}$$

如归纳法所示 (见练习 3)。一旦 R_{n+1} 由于太小而拦截兵器来不及发射齐射时,n 即为用于式 (4.4) 中的阶段数。

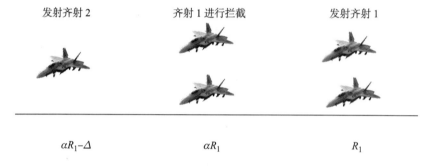

发射齐射 2   齐射 1 进行拦截   发射齐射 1

$\alpha R_1 - \Delta$ αR_1 R_1

图 4-1 发射齐射 1 时,有 2 架攻击机; 发射齐射 2 时,有 1 架攻击机

例 4.2 雷达的最大探测距离为 6000 m。有一个防空导弹连可用于保卫一艘舰艇免受以 100 m/s 速度来袭的地对地 (SSM) 导弹攻击。防卫导弹的速度为 200 m/s。为确定任何一次交战的结果,需要 2 s,并且任何进入相对舰艇 200 m 距离之内的地对地导弹将引爆。在不冒导弹引爆风险的前提下,可能发射多少次齐射? 为了解答,采用 $R_1 = 6000$ m, $\alpha = 2/3$, $\Delta = 200$ m 计算一系列发射距离 (单位为 m): 6000, 3800, 2333, 1356, 704, 269, -21。尽管第 6 次齐射可以赶在任何地对地导弹引爆之前发射,直到距离 $\alpha R_6 = 179$ m,拦截将不会发生,这个距离小于 200 m,所以实际上只可能发射 5 次齐射。注意各次齐射在时间上并不是等间隔的,原因是初次交战需要用较长时间来完成。

引出式 (4.5) 的分析比瓦格纳等 (1999, 13 章) 或普里泽米涅茨基 (2000, 6.5 节) 的分析更具一般性,理由在于它考虑了评估时间提前量 Δ,但是从另两份参考文献考虑了几何情形 —— 进攻方不连续直接攻击射手

(如未必是自我防卫) 这个角度, 前者的一般性要差一些。在这种情形下, 参见 3.4.1 节, 原因是 "'生存概率" 不再适合作为效能指标。如果袭击者是飞机, 既可在其进攻途中, 也可在其离开途中对其进行射击。

假设攻击武器是逐次到来, 并且在时间上广泛分散, 其运动速度如此之快, 以至于对每个攻击武器只来得及发射一次齐射。在最优火力分配方案中, 令 m 为分配以对抗第 $i(i = 1, \cdots, n)$ 个攻击武器的拦截兵器数量。前面我们已经证明式 (4.2) 的合理性, m_i 应尽可能相同 ("平形" 防御), 但是读者的直觉可能是 "锥形" 防御 —— 先到攻击武器遭遇更多拦截兵器, 似乎更合意。直觉上, 如果在目标毁伤后, 仍剩余几个拦截兵器没派上用场, 那将是很遗憾的, 因为拦截兵器除了防卫目标外毫无用处。因此, 可能希望在优化火力分配方案中, 先到的攻击武器遭受最猛烈的抗击。尽管直觉如此, 只要攻击规模已知, 防御应该为 "平形", 这一判断依然成立。

在攻击规模未知的情况下, "锥形" 防御比较有效。4.2.2 节 ~ 4.2.4 节研究在 n 未知情况下的三类问题, 每个问题都引出某种 "锥形" 防御。

4.2.2 贝叶斯防御

假设某一时刻有一个攻击武器出现, 迫使防御方猜测其后继攻击武器 (如果有) 在每个时机出现的数量。这很大程度上将取决于防御方预测未知的最终攻击规模的能力。

防御系统内储备有 m 个拦截兵器, 每个拦截兵器毁伤概率为 ρ。这些拦截兵器都可用于单一目标面对序列攻击武器的防卫 (每个攻击武器在不被拦截的条件下毁伤概率为 p)。假设 N 不超过某个已知数 n, 并且 N 的概率分布已知 (由此有术语 "贝叶斯", 意思是存在先验分布)。令 m_i 为针对第 i 个攻击武器所分配的拦截兵器数量。目标是确定火力分配方案 $m_1, \cdots, m_n$, 使其对所有 N 个攻击武器的生存概率最大化, 并服从约束 $m_1 + \cdots + m_n = m$。如果 N 已知, 由于攻击武器逐次到来, 有 N 个阶段, 则 4.2.1 节中的射击 — 观察 — 射击分析将适用于这种情形。然而, 随机变量 N 是未知的, 我们只知道其概率分布。

可以利用动态规划解决这个问题。过程状态为 (s, i), 其中 s 为剩余拦截兵器的数量, i 为已经到来但没有毁伤目标的攻击武器的数量。要做的决策是确定用于抗击下一个攻击武器的拦截兵器的数量 x。状态中的 i 很重要, 因为如果 $i = n - 1$, 则显然 s 是对于 x 的最好选择, 但是保留一些拦截兵器用以对付其他可能来袭的攻击武器也许是个明智的选择。目标函

数为 $F(s, i)$, 即被防卫目标的最大生存概率。

为了构造一个求解 $F(s, i)$ 的递归公式, 首先必须承认只有下一阶段无攻击武器才能生存。给定已经有 i 个攻击武器到来, 至少还有 1 个其他攻击武器的概率为 $Q_i \equiv P(N > i | N \geqslant i)$。既然 N 的概率分布已知, 所以这些 "连续性概率" Q_i 也可知。假设至少有 1 个其他攻击武器以概率 Q_i 到来, 并且如果下一个攻击武器不能毁伤目标, 那么下一个状态将为 $(s - x, i + 1)$, 所期望的递归公式如下:

$$F(s, i) = 1 - Q_i + Q_i \max_{0 \leqslant x \leqslant s} \{[1 - p(1 - \rho)^x] F(s - x, i + 1)\} \qquad (4.6)$$

[ ] 项表示下一个攻击武器不能毁伤目标的概率。

很明显, 对所有 s, 都有 $F(s, n) = 1$, 理由是如果所有攻击武器已经到达并且没能毁伤目标, 则生存是确定的。式 (4.6) 从而可用于对所有 $s \leqslant m$ 时 $F(s, n - 1)$ 的计算, 然后是对所有 $s \leqslant m$ 时 $F(s, n - 2)$ 的计算, 直到最后得出 $F(s, 0)$。此时, $F(m, 0)$ 为最好的总生存概率。在计算过程中, 最佳拦截兵器分配方案可以记作最优火力分配方案, 参见习题 3.6。

4.2.3　针对射击 — 观察 — 射击攻击的最高成本防御

如 4.2.2 节, 在此假设攻击武器的数量未知, 并且必须制定拦截兵器火力分配方案, 以备攻击武器逐次来时使用。然而, 无法给定攻击武器总数的概率分布。反过来, 防御方所采取的观点是: 如果所投入的攻击武器足够多, 那么在有限储存的拦截兵器防卫下的任何目标都会被毁伤, 从而最合适的目标是使攻击方毁伤目标所付出的代价 (以攻击武器的数量来衡量) 最大化。如果这个数量可证明为极大, 使得攻击不可能实施, 如此岂不更好? 不过在任何情况下, 防御方的目标都是使目标被毁伤的难度尽可能大。同样的防御策略还可以迟滞任何可能的杀伤, 从而为采取其他防御手段赢得时间。假设攻击方具有射击 – 观察 – 射击能力, 因此不会浪费攻击武器。防御方的目标是确保不会有低代价的胜利。

使毁伤目标所需攻击武器平均数量最大化的目标, 可以再次通过使用动态规划来实现, 但是状态描述比 4.2.2 节简单。该过程的状态只是剩余拦截兵器的数量 m, 目标函数为 $c(m) \equiv$ "在剩余 m 个拦截兵器前提下, 毁伤目标所需更多攻击武器的平均数"。设想有 x 个拦截兵器被指派用于抗击下一个攻击武器, 那么下一个攻击武器毁伤目标的概率为 $p(1 - \rho)^x$, 其中 p 和 ρ 分别表示攻击武器和拦截兵器的毁伤概率。如果下一个攻击武

器没有毁伤目标, 则下一个状态为 $m - x$。由于在任何情形下至少需要有一个攻击武器, 从而

$$c(m) = 1 + \max_{0 \leqslant x \leqslant m} \{(1 - p(1 - \rho)^x)c(m - x)\} \tag{4.7}$$

如果 $m = 0$, 式 (4.6) 要求 $c(0) = 1 + (1 - p)c(0)$, 解出 $c(0) = 1/p$。这就是毁伤一个不设防御的目标所需攻击武器的平均数。对于 $m > 0$, 选项 $x = 0$ 完全可以忽略, 因为在任何情形下, 至少应该有一个拦截兵器投入使用。等式 (4.7) 就可以用来确定 $c(1)$, 然后 $c(2)$, ······ 等等, 记录各个阶段 x 的最大值 (称为 $x^*(m)$)。$Chapter3\&4.xls$ 的工作表 MaxCost 是对此的实现。

例 4.3 假设 $p = 0.8, \rho = 0.5$, 那么 $c(0) = 1.25$, 最大元素已经用下画线标出:

$$c(1) = 1 + 0.6c(0) = 1.75, \quad 且 \quad x^*(1) = 1;$$
$$c(2) = 1 + \max\{\underline{0.6c(1)}, 0.8c(0)\} = 2.05, \quad 且 \quad x^*(2) = 1;$$
$$c(3) = 1 + \max\{\underline{0.6c(2)}, 0.8c(1)\} = 2.40, \quad 且 \quad x^*(3) = 2;$$
$$\cdots\cdots$$

以相同方式继续, 发现对于 $m = 0, 1, \cdots, 11, c(m) = 1.25, 1.75, 2.05,$ $2.40, 2.64, 2.92, 3.16, 3.38, 3.63, 3.84, 4.04, 4.27$, 并有 $x^*(m) = 0, 1, 1, 2, 2, 2, 3,$ $3, 3, 3, 3, 3$。如果有 11 个拦截兵器, 应使用 3 个拦截兵器来拦截第 1 个攻击武器, 然后应使用 $x^*(8) = 3$ 个来拦截第 2 个, 用 $x^*(5) = 2$ 个来拦截第 3 个, 用 $x^*(3) = 2$ 个来拦截第 4 个, 用 $x^*(1) = 1$ 个来拦截第 5 个。由于防御手段已经耗尽, 第 6 个以及之后的攻击武器就无法拦截。

即使函数 $c(m)$ 是优化的核心, 它在战术上也不是必须采用的 —— 只要记住函数 $x^*(m)$ 就足够了。但是, 可以把 $c(m)$ 作为一个效能指标, 来决定拦截兵器数量与质量的比值 (参见习题 3.7)。

使毁伤目标代价最大化的思想偶尔适用于更一般化的战斗模型。在下面所概述的例子中, 莱维德 (1989) 运用这种思想来组织防空战斗。

例 4.4 假设有两种防护机场的方法。"近程" 防御指将防空火炮 (高炮) 密集部署在机场附近。任何攻击机必须突破至少一门高炮, 这样就相对提高了击落攻击机的概率 (0.2)。这种防御的弊病是: 它是在敌方攻击后起作用, 所以即使将攻击机击落, 机场也要受到炸弹攻击。"远程" 防御指

将防空火炮部署得足够远, 使得攻击机要想投弹, 必须生存下来。这种方法的弊病是击落攻击机的概率相对较低 (0.1)。问题是要在两种方法中选取一种。

在攻击机相互独立, 并且唯一的目标是保护机场免受下一轮攻击的情形下, 远程防御是最佳选择。然而, 攻击机场的语义背景通常是如果攻击方愿意付出损失攻击机的代价, 任何机场可能都难免被攻击。在这种情况下, 防御的目标应该是使成功攻击所付出的代价最大化。对近程防御的成功攻击代价是平均一次损失 0.2 架攻击机。在其生存期内, 一架面对远程防御的攻击机可平均完成 1/0.1 次攻击 (几何随机变量的均值), 但最后一架无法成功, 因此每损失 1 架攻击机只能完成 9 次成功的攻击, 从而成功攻击的代价是 1/9。由此显示出即使来不及阻止切近攻击, 近程防御仍为最佳选择。

4.2.4 普瑞姆 — 瑞德防御

本节假设除了约定攻击方不具备射击 — 观察 — 射击能力外, 其余与 4.2.3 节保持不变。攻击武器仍然相继到达, 但是在大量库存武器中, 有一定数量 (如 n) 的武器不撤回地投入目标攻击行动。令 $p(n)$ 为目标被 n 个攻击武器之一毁伤的概率, 且令 $\lambda = \max\limits_{n>1} p(n)/n$。$\lambda$ 为单个攻击武器的最大毁伤概率。普瑞姆 — 瑞德防御的目标是不管有多少防御拦截兵器库存可用, 使 λ 尽可能小, 这种思想是防止低代价毁伤。这种思想作为针对弹道导弹攻击的目标防御方法 (瑞德, 1958; 伯尔等, 1985), 最早由普瑞姆和瑞德提出。

从分析的角度, 使获得指定 λ 所需防御手段库存最小化的问题, 其证明比对于给定库存, 使 λ 最小化的问题要简单许多。既然如此, 解决后一类问题的最简单办法是采用猜测 λ 值, 直到所计算出的库存量碰巧可得为止。下面将演示这种方法。

令 m_i 为指派抗击第 i 个攻击武器的拦截兵器的数量。依惯例做独立假设, 令 p 和 ρ 分别表示每个进攻武器和拦截兵器的毁伤概率, 即

$$p(n) = 1 - \prod_{i=1}^{n}(1 - p(1 - \rho)^{m_i}), \quad n \geqslant 1 \tag{4.8}$$

中心问题是最大化 $\sum\limits_{i=1}^{\infty} m_i$, 服从约束 $p(n) \leqslant \lambda n$, 对所有 $n \geqslant 1$。

举例来说, 假设 $p = 0.8, \rho = 0.5$, 有 $m = 11$ 个拦截兵器可用。最初的猜测可能是 11 个拦截兵器就足以保证每个攻击武器的毁伤概率不会超过 (例如) $\lambda = 0.3$。现在考虑使所需保证单个攻击武器的最大毁伤概率不超过 0.3 的拦截兵器数量最小化这个问题, 希望这个答案是 11。由式 (4.8) 可知, $p(1) = p(1 - \rho)^{m_1}$。既然 $p(1)$ 不得超过 $0.3, m_1$ 的最小可能值为 2, 所以取 $m_1 = 2$。由此得到 $p(2) = 1 - 0.8(1 - p(1 - \rho)^{m_2})$。对任何 $p(2) < 0.6, m_2$ 的最小值为 1, 所以取 $m_2 = 1$。由此得到 $p(3) = 1 - 0.8 \times 0.6 \times (1 - p(1 - \rho)^{m_3})$。对任何 $p(3) < 0.9$, m_3 的最小值为 1 ($m_3 = 0$ 时, $p(3) = 0.904$, 这明显太大), 所以取 $m_3 = 1$。对 $i > 4$, 可以取 $m_i = 0$, 原因是如果有 4 个攻击武器, 单个攻击武器的成功返回概率不会超过 0.25。从而, 保证单个攻击武器最大毁伤概率不超过 0.3 的所需拦截兵器总数为 2+1+1=4。11 个拦截兵器显然足以获得比所假设的 0.3 更小的 λ 值。下一步, 猜测一个更小的值, 重复上面的计算步骤 (见习题 3.9)。这个计算过程比较简单, 因为给定当 m_n 确定时前 $(n - 1)$ 个因子, 式 (4.8) 中的乘积可以顺次实现。见 *Chapter*3&4.*xls* 中的工作表 PrimRead, 可以找到一个电子数据表实现。其计算的简便性弥补了必须重复计算若干次的不足。

普瑞姆 — 瑞德防御模型不仅可用来描述单一目标的情形, 设目标群中各目标 λ 值相等, 这种方法还可以更自然地适用于目标群的情形。如果各目标价值不同, 还可以简单地将目标价值引入式 (4.8) 中, 此时 λ 变为单个攻击武器的最大毁伤价值。

在构建普瑞姆 — 瑞德防御模型时, 一个明显的假设是: 攻击方在分配自身攻击手段之前, 可以确定防卫火力分配方案。可能有充分实际的理由来作此假设, 这在瑞德最初所考察的 ABM 问题中有所体现。然而, 可能同样正确的是, 攻击方在确定防御手段分配方案时, 所面临的困难跟防御方确定攻击手段分配方案彼此彼此。在后一种情形下, 普瑞姆 — 瑞德防御模型很可能是错的。例如, 对多个同一类型目标的普瑞姆 — 瑞德防御模型, 将同等对待所有目标, 不过最佳防御方案可能是舍弃一半目标, 从而为剩余目标构成坚强的防御, 这很像布洛托对策中的做法 (见 6.2.3 小节)。

4.3　针对 ICBM 攻击的多目标防御

针对 ICBM 攻击的一组目标防御已经有过较为深入的研究。1970 年

已经有很多文献引发了一场讨论 (迈特林, 1970), 并且随着指挥控制的进
步催生了更具野心的计划工具, 相关的研究在接下来的多年中一直在继
续。艾克勒和伯尔 (1972) 著作的后 3 章, 专门论述了这一主题, 也是对当
时相关工作进展的有益总结。由普里泽米涅茨基 (2000) 最近撰写的一本
书中, 包括题为 "战略防御" 和 "战区导弹防御" 的相关两章。下面回顾一
下 ICBM 技术的基本事实, 并就先前所提出模型的适用性作出评论。

　　ICBM 的工作周期通常被认为有 3 个阶段, 如图 4-2 所示。

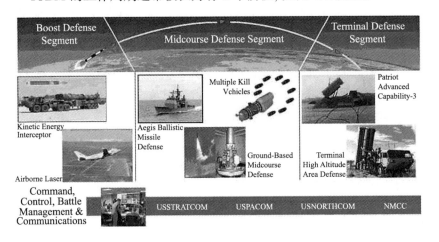

图 4-2　美国弹道导弹防御系统 (来源: 弹道导弹防御组织)

　　(1) 助推阶段 (Boost Defense Segment)。这个阶段 ICBM 较容易受到
攻击, 因为它放出大量热量, 并且属于首选目标, 原因在于毁伤它, 也就同
时摧毁了它所携带的所有重返大气层运载工具。不幸的是, 助推阶段发生
时预警信息很少, 并且持续时间不长, 因而很难将其摧毁。

　　(2) 中途阶段 (Midcourse Defense Segment)。这个阶段发生在大气层
以外, 这意味着可能使用一些轻型但有效的诱饵攻击武器。ICBM 的工作
周期绝大部分处于此阶段。战略防御计划 (SDI) 的 "智能卵石" 部分即在
此发挥作用。

　　(3) 末段阶段 (Terminal Defense Segment)。一旦 ICBM 的有效载荷
重新进入大气层之后, 任何诱饵攻击武器燃尽或减速, 暴露出重返大气层
运载工具。末段阶段虽然非常短暂, 但是对防御系统有利的是目标很清晰,
同时 (拦截兵器) 移动距离相对较短。通常由如 "爱国者" 所发射的小型快
速导弹发挥防御作用。

　　ICBM 的这 3 个阶段总共可能持续大约半个小时, 防御系统有时也按

"阶段"或"层次"组织防御，每个阶段采用各自的防御系统。

几乎总是假设各方知道对方所拥有的总战斗力。如果防御方还知道进攻方怎样向目标分配火力，则防御方会采取 4.2.1 节的方法对每个目标进行防御。库哈林等 (1969) 考察了目标彼此不同的一般化情形。

如果防御方不知道攻击方在目标之间的分配，情况可能马上变得复杂。4.2.2 节 ~ 4.2.4 节分别介绍了缺乏具体信息以预测攻击武器数量的情况下，对单一目标的防御方法。

普瑞姆 — 瑞德防御模型可以看作是在防御手段的组织方式对进攻方可见的情形下，一种保守的反应策略，这对于必须在物理上靠近其防御目标配置的末段拦截兵器而言，可能是一种正确选择。4.2.4 节的分析可以方便地推广至多目标防御的情形，即使这些目标价值互不相同，只需满足所有攻击武器完全相同的前提。沃什布恩 (2005) 描述了一种一般化的普瑞姆 — 瑞德防御模型，其中防御方无法辨别攻击方，而后者属于包括诱饵攻击武器在内的混合类型。

攻击方有可能选择延长攻击时间，在此情形下，防御方可能面临这一局面: 有可能毁伤某个指定攻击武器，但这样做未必明智。例如: 设想有 10 个目标、20 个攻击武器，防御方拥有 10 个完好的拦截兵器，并且有能力确定每个攻击武器的攻击目标。防御方可能遵循这样一条原则: 只要保留有对攻击方的拦截能力，就不会有目标被毁伤，但这样做可能是不明智的。如果采用这一原则，攻击方会首先全部毁伤防御方，而后将每个攻击武器指向一个无防御的目标，从而对全部 10 个目标形成攻击。防御方可以通过只防卫一个目标子集，不管投向子集之外目标的任何攻击武器 (6.2.3 节的布洛托对策模型是对这一思想的形式化)，使若干目标得以生存。在防卫诸如洲际弹道导弹发射井一类目标的情形下，这个策略的优越性有时会得到承认，但是很难想象置一座城市于不顾，因为它不可能碰巧属于某个任意子集。有时所作分析会含蓄地认为可以采用这一原则。例如，梅尔考特和索兰德 (1971) 假设有可能以牺牲可预测数量的攻击武器为代价，全部毁伤敌方区域的防御手段。不应忘记的是，防御方可能有比采用这一原则更好的选择。

进攻方和防御方有可能任何一方都无法预测对方所采取的行动。这种情形下，得出一个二人零和对策，可能是布洛托对策。第 6 章将对这种方式的防御问题进行讨论。

在目标、拦截兵器或攻击武器种类多样化的情形下，防御问题变得尤为复杂。最近的处理这种复杂性的尝试来自博特斯卡斯等 (2000)，他们应用一种近似的动态规划, 其优点是较少受贝尔曼维数灾难的影响; 此外, 还有布朗等 (2005), 他们采用大型混合整数线性规划, 解决了一个双边模型。后者是第 6 章中案例研究的基础。

习 题

4.1 防御系统共有 13 个拦截兵器, 意图实施这样一种防御: 使攻击方毁伤目标的代价最大化, 前提条件是如果拦截不成功, 攻击方毁伤目标的概率为 1。拦截兵器的毁伤概率为 0.5, 而对抗一个攻击武器的所有拦截兵器必须以一个齐射发射出去。最大化代价是多少? 而为对抗第 1 个、第 2 个及第 3 个攻击武器, 又该指派多少个拦截兵器? 请使用工作表 MaxCost 寻找答案。

答案: 最大化代价为 4.28 个攻击武器。对抗前 3 个攻击武器分别应指派 4 个、3 个、3 个拦截兵器。

4.2 攻击武器的毁伤概率为 0.7, 拦截兵器的毁伤概率为 0.6。防御方希望实施普瑞姆 — 瑞德防御, 每个攻击武器的最大毁伤概率为 0.2。请问: 需要多少个拦截兵器?

答案: 5。

4.3 从 $R' = \alpha R - \Delta$ 开始分析, 用归纳法证明式 (4.5) 正确。

4.4 舰船声纳对于来袭鱼雷的最大发现距离为 1950 m。一组反鱼雷鱼雷 (ATT) 能够防御舰船免受以 10 m/s 的速度来袭的鱼雷。ATT 的速度为 5 m/s。为确定任何一次交战的结果, 需要 10 s 的时间, 并且任何接近舰船 2 m 距离内的鱼雷将引爆。

(1) 在不冒引爆风险的前提下, 有可能发射多少次齐射?

答案: 发射距离序列为 1950 m、600 m、150 m、0。在 150 m 距离上发射, 会在 50 m 距离处实现拦截, 发射次数大于 2, 所以可能发射 3 次齐射。

(2) 假设舰船有 8 枚 ATT, 同时有 4 枚鱼雷来袭。如果拦截失败, 每枚鱼雷毁伤舰船的概率均为 0.5。不管齐射指标是多少, 每枚 ATT 毁伤鱼雷的概率为 0.8。如果 ATT 采用最优运用方案, 舰船的生存概率是多少?

答案: 使用工作表 DPDefender, 可得 0.9945。此外, 记住对 12 枚 ATT 和 7 枚鱼雷的 DP 分析, 还可以解决这一过程中所有规模更小的问题。

4.5 *Chapter3&4.xls* 中的工作表 DPDefender 实现了式 (4.4), 规模可达 7 个攻击武器, 12 个拦截兵器和 3 个阶段, 以 4.1 节中参数 p 和 ρ 为输入 (每个阶段都有不同的 p), 最优函数 $F_n(s,t)$ 显示在黄色单元格内, 防御方向目标的最优分配 $x_n(s,t)$ 显示在绿色单元格内。请解决以下几个问题, 并判断当所有阶段 p 值相同时, 下列命题是否正确:

(1) 对于固定的 (n,t), $x_n(s,t)$ 总是 s 的递增函数。"有的越多, 用的越多。"
(2) 对所有攻击武器同等处置; 即 $x_n(s,t)$ 总是 t 的整数倍。
(3) 如果 $s \geqslant t$, 则 $x_n(s,t) \geqslant t$。"如果资源允许, 对每个目标至少攻击一次。"
(4) 对于固定的 (n,t), $x_n(s,t)$ 是 t 的递增函数。"目标越多, 使用的拦截兵器越多。"

此外, 如果最后一个阶段较前 2 个阶段有更高的 p 值 (这可能发生在防御方在近距离上更为有效拦截的情况下), 定性描述所发生的情况。

4.6 假设攻击武器的数目 A 是随机的, 当 $i = 0, 1, 2, 3$ 时, 概率 $P(A = i) = 0.1, 0.3, 0.4, 0.2$。攻击武器无论数目多少, 都逐次来袭, 所以当每个攻击武器出现时, 必须指派拦截兵器去拦截, 每个拦截兵器的毁伤概率为 0.5。如果拦截兵器总数是 4, 请使用式 (4.6), 以确定火力分配方案, 使毁伤所有攻击武器的概率最大。解决此问题的一个办法是建立一个电子数据表, 通常用于求解最多 3 个攻击武器的问题。

   答案: 设 $p = 1$, 理由是这使得生存概率等于毁伤全部来袭攻击武器的概率。而后得 $m_1 = 2, m_2 = 2, m_3 = 0$。毁伤所有攻击武器的概率为 $F(4, 0) = 0.55$。将 4 个拦截兵器全部用在前 2 个攻击武器上, 使得防御方无法抵御可能来袭的第 3 个攻击武器, 但是这样做仍然是最佳的。直觉上, 有 3 个攻击武器的可能性很小, 所以防备这种可能性并不明智。$Chapter3\&4.xls$ 中的工作表 Exercise 6 是一个可行的电子数据表解决方案。

4.7 4.2.3 节包含这样一个例子, $\rho = 0.5, p = 0.8, m = 11$。防御方是否会宁愿采用 4 个完好的 $(\rho = 1)$ 拦截兵器, 而不采用 11 个不完好的 $(\rho = 0.5)$ 拦截兵器?

   (1) 使用效能指标 $c(m)$。
   (2) 使用效能指标 ρm, 即 "平均毁伤数"。

   答案: 依照 (1), 防御方会优先采用完好的拦截兵器, 依照 (2) 则不是。注意 $c(m)$ 高度强调拦截兵器的质量。

4.8 假设 $p = 0.8, \rho = 0.5$, 且最多可以指派 2 个拦截兵器对抗任意一个攻击武器, 请采用式 (4.7) 的改进版本, 计算 $c(8)$。注意: 由于缺少对齐射规模的约束, 工作表 MaxCost 无法用来解决这一问题。

   答案: $c(8) = 3.49$。

4.9 猜测 $\lambda = 0.15$, 继续 4.2.4 节中的样本分析, 你应该发现所需火力分配方案使用 11 个拦截兵器。将计算结果与 4.2.3 节中所得到的 11 个拦截兵器火力分配方案相对比, 两次分析中的资源相同, 但最优化准则不同。

4.10 假设必须在可能遭敌空袭的军需仓库周围配置防空手段。尽管近程防空总能击落敌机, 但那只是在敌机完成投弹之后。在远程防空中, 击毁一架敌机的概率只有 2/3, 但优点在于任何被毁伤的敌机不可能先完成投弹。请合理安排防御手段, 使完成投弹的敌机数量的平均代价最大化。

   (1) 你对准则如何评价?
   (2) 近程防空和远程防空, 哪个更好?

   答案: 采用近程防空, 一次成功空袭的代价是 1 架飞机; 而远程防空时一次成功空袭的代价是 2 架飞机。所以, 远程防空更好。参见例 4.4。

第 5 章

损耗模型

如果要再次战胜罗马人, 我们也不行了。

皮拉斯

5.1 引言

大量战斗都是围绕消灭敌方兵力。本章介绍的模型是忽略所有其他方面 (包括诸如士气和机动等重要方面) 后建立的。胜利是一个比敌人活得更久的问题。

大多数损耗模型属于描述性的, 因为构建它们的目的不是优化任何特定的战术决策。模型只是描述所涉及的各种兵力数量如何随时间而变化, 通常是在递减, 直到符合某个战斗结束标准为止。模型的目的可能是考察战斗的演变如何取决于兵力初始数量和所涉及的各种武器系统杀伤力, 或者用来制定后勤或医疗保障计划。

最简单的聚合损耗模型可以很容易地在电子表格中实现, 如 $Chapter5.xls$ 中给出的例子。更详细的高分辨率模型可以进行剪裁以适应具体地形、识别射手与目标之间是否通视、纳入天气和时间的影响, 并需要在高性能计算机上运行几个小时。在本章中, 我们主要介绍忽略大多数细节的聚合模型。

损耗模型最早应用于第一次世界大战中战斗机之间的空战, 休斯 (2000) 指出, 损耗模型特别适用于海战。然而, 历史上, 损耗模型一直主要应用于地面战斗。

5.2 确定型兰彻斯特模型

定义 5.1 确定型兰彻斯特模型是由一组常微分方程 (ODE) 组成的数学模型。ODE 包含状态变量, 它们表示战斗中各类参战战斗实体的数量, 并且每一个 ODE 表示这些变量之一作为其他变量函数的时间变化率。

兰彻斯特 (1916) 将 ODE 应用于作战双方的损耗在时间上连续发生的情形。他的灵感来自于第一次世界大战中战斗机之间的空战, 他特别想研究集中兵力的重要性。这类基于 ODE 的战斗模型以他的名字命名, 尽管如此, 奥斯波夫 (海尔姆鲍德和雷姆, 1995) 也同样当之无愧。

兰彻斯特模型的总体思想是定义一些状态变量来表示兵力水平, 确定描述每个变量变化率的 ODE, 然后求解, 最后得到以时间为参数的方程。在空战情形下, 令状态变量 $x(t)$ 和 $y(t)$ 分别表示在时刻 t (位于方程两侧) 时, 蓝方和红方剩余飞机的数目, 然后假设每个变量的变化率和其他变量成正比。用符号表示, 有

$$\frac{\mathrm{d}x(t)}{\mathrm{d}t} = -ay(t), \quad x(t) > 0; \quad \frac{\mathrm{d}y(t)}{\mathrm{d}t} = -bx(t), \quad y(t) > 0 \qquad (5.1)$$

比例常数 a 表示在单位时间内, 被每架红方剩余飞机击落的蓝方飞机的数量, 比例常数 b 是相反的意思。每个等式只有当其状态变量 (其时间导数出现在左侧的变量) 是正数时才成立, 一旦变量变到 0, 它就不再减少, 因为对方已经没有目标可射击了。

在 $t = 0$ 时, 给定所有状态变量的初始值, 用一组 ODE 确定随后任意时间的所有状态变量。有时 (如在式 (5.1) 的情形下) 方程可以解析求解, 但一般情况下则有必要进行数值求解。虽然有更为高效的方法, 但本章采用的唯一的数值求解方法是欧拉方法, 在这个方法中, 时间被离散化, 用差分方程取代微分方程。如果时间增量是 Δ, 则与式 (5.1) 相对应的差分方程为

$$x(t + \Delta) = x(t) - a\Delta y(t), \quad y(t + \Delta) = y(t) - b\Delta x(t) \qquad (5.2)$$

由于初始值 $x(0)$ 和 $y(0)$ 已给定, 将其代入式 (5.2) 右侧, 即可确定 $x(\Delta)$ 和 $y(\Delta)$。求出 $x(\Delta)$ 和 $y(\Delta)$ 后, 由式 (5.2) 可确定 $x(2\Delta)$ 和 $y(2\Delta)$, 依此类推, 直至达到终止条件。终止条件可能是经历了某一个时间量, 也可能是兵力比增加或减少到一方或另一方将投降的点。如果任何计算产生

了负的状态变量值, 则状态变量值取为 0。当 Δ 趋近于 0 时, ODE 理论保证了 (至少对此处所考察的全部 ODE) 差分方程的解趋近于 ODE 的真解。

读者不妨用 *Chapter5.xls* 中的工作表 SquareLaw 做一下试验, 它同时演示了式 (5.1) 的数值解和解析解 (解析解在习题 5.14 中给出)。解析解实际上是式 (5.1) 没有非负条件限制的解, 因此必须谨慎使用。例如, 当红方变为负值, 蓝方的剩余兵力数将随着时间而增加, 就好像红在对蓝方进行 "减射击"。通过用 0 代替任何假定的负的剩余兵力数, 就避免了数值求解中这种不受欢迎的可能性。

虽然式 (5.2) 中的时间增量 Δ 意味着一个任意小的数, 但有时更细心的选择可能导致对现实的更有效表达。如果战斗实施是一系列猛烈的离散攻击, 例如在第二次世界大战中途岛海战中, 攻击由一波又一波的舰载攻击机实施, 这一点体现得尤为明显。例如, 休斯在评估海战时, 曾广泛使用了 "齐射方程" (见布莱肯等 (1995), 或者卢卡斯和迈克甘尼格尔 (2003))。在这种情形下, Δ 代表战斗周期的长度, 式 (5.2) 表达了攻击在每个周期内同时展开的思想 —— 齐射在半空中交叉。

如果在每个战斗周期内, 红方先攻击蓝方, 在式 (5.2) 中, 最好基于 $x(t+\Delta)$ 而不是 $x(t)$ 来计算 $y(t+\Delta)$ 的更新。当 Δ 很小时, 在求解 ODE 时产生的差别不大, 但如果 $x(t+\Delta)$ 明显小于 $x(t)$, 对于红方来说就可能是一个很大的优势。同样, 如果蓝方先攻击红方, $x(t+\Delta)$ 的更新可以基于 $y(t+\Delta)$, 而不是 $y(t)$。习题 5.4 显示出更新顺序可能产生重大影响。

由于所有状态变量是时间 (t) 的函数, 而且所有导数都是关于时间的, 所以习惯上将式 (5.1) 那样的 ODE 写成简略形式, 省略式中右侧的时间变量, 在本章的其余部分都将这样写。

当 ODE 只涉及两个状态变量时, 可通过取导数的比来消去时间, 对式 (5.1) 的情形, 结果为

$$\frac{dx}{dy} = \frac{bx}{ay}, \quad x>0, y>0 \tag{5.3}$$

通过分离变量发现, 式 (5.3) 的求解结果为 $y^2 = (b/a)x^2 + (常数)$, 这通过微分可以证实。由于 $t=0$ 时上式也必然成立, 例如, 当已知 x 和 y 为 x_0 和 y_0 时, 则有

$$a(y^2 - y_0^2) = b(x^2 - x_0^2) \tag{5.4}$$

方程 (5.4) 是 x 和 y 之间的关系式, 在两个状态变量都非负的整个区

间都成立, 可用来预测当一场战斗结束时 (某一方的兵力减少到 0), 哪一方将赢得胜利。如果将双方 "战斗力" 分别定义为 bx_0^2 和 ay_0^2, 那么拥有更强战斗力的一方将赢得这场战斗, 并且用式 (5.4) 可以预测剩余兵力的数量。例如, 将 $x = 0$ 代入式 (5.4), 求解 y, 则得出 $ay^2 = ay_0^2 - bx_0^2$, 只要红方比蓝方战斗力强, 就会产生一个正的红方剩余兵力数 (y)。将式 (5.1) 称为 "平方律" 是因为战斗力取决于战斗单位数量的平方。

例 5.1 假设 $x_0 = 100, y_0 = 200, a = 0.03, b = 0.01$, 蓝方和红方的战斗力分别为 300 和 400, 因此红方会获胜。图 5-1 通过绘制由式 (5.4) 所决定的 y 和 x 关系曲线, 展示了战斗进程。红方不仅获胜, 而且当蓝方被消灭时, 红方的剩余兵力为初始兵力的一半。见 *Chapter5.xls* 中工作表 RedBlue 上有其它变化。

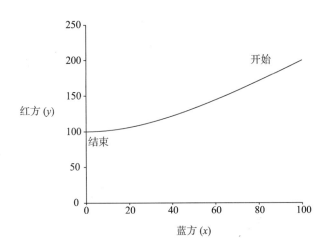

图 5-1　消去时间的平方律战斗进程

在例 5.1 中, 蓝方在兵力数量上被超过 1 倍, 虽然其每个战斗单位的杀伤力是红方的 3 倍, 但蓝方仍然失利。原因在于战斗力和初始兵力数的平方成正比, 却只和杀伤力系数的一次方成正比。一支成员优秀的小部队很可能输给一支成员一般的大部队。重视数量有一个简单直观的解释。直观上, 在平方律战斗中, 蓝方战斗单位汤姆 (译者注: 战斗单位的名称) 希望得到另一个友邻战斗单位迪克 (译者注: 战斗单位的名称) 的支援, 有两个原因。第一个原因是迪克将向敌人哈里 (译者注: 战斗单位的名称) 射击, 有可能在哈里消灭汤姆之前将哈里消灭。第二个原因是, 哈里有可能向迪克射击而不是向汤姆射击, 也就是说, 另一个战斗单位将分散敌人的火力。提高杀伤力系数可以满足第一项职能，而不是第二项，所以 (假定可选择)，最好是增加战斗单位的初始数量。如果平方律确实能反映战斗规律，则这是关于应部署何种兵力的重要建议。

平方律有时称为 "直瞄射击"，因为蓝方损失战斗单位的速率跟蓝方战斗单位的数量 x 没有任何关系。这就好像红方战斗单位从来没有不瞄准蓝方目标而射击。如果蓝方目标很难发现，或者红方没有瞄准任何特定的蓝方战斗单位，而只是向某个区域射击，可以预料蓝方的损失，既跟 y 也跟 x 成正比，由此所得 "间瞄射击" 的 ODE 是

$$\frac{\mathrm{d}x(t)}{\mathrm{d}t} = -axy, \quad \frac{\mathrm{d}y(y)}{\mathrm{d}t} = -bxy \qquad (5.5)$$

没有必要限制式 (5.5) 中 x 和 y 为非负值 —— 因为每当状态变量变为 0 时，其时间导数也变为 0，自动避免了负值的出现。在平方律的情形下，有相对应的差分方程用于式 (5.5) 的数值求解 (见习题 5.2)。

参数 a 和 b 的含义与平方律不相同，所以为了确定一方或另一方的直瞄射击或间瞄射击哪一个更好而比较式 (5.4) 和式 (5.5) 的解，是没有意义的。

通过取导数的比消去式 (5.5) 中的时间，得到方程 $\mathrm{d}y/\mathrm{d}x = b/a$，其求解结果为

$$a(y - y_0) = b(x - x_0) \qquad (5.6)$$

现在蓝方战斗力为 bx_0，红方战斗力为 ay_0，即在所有情形下，每一方的初始战斗人员数和杀伤力系数的乘积。由于只涉及初始兵力数的一次方，因此间瞄模型称为 "线性律"。在线性律中，初始兵力数和杀伤力系数是同等重要的，因此更容易通过增加单位杀伤力来弥补数量劣势。

除了 "平方律" 和 "线性律" 之外，文献中还有很多一般的和不同类的定律。例如，梯曲曼 (1962) 提出游击战模型，其中一方 (游击队) 使用直瞄射击，而另一方使用间瞄射击。有人研究了间瞄射击和直瞄射击之间的情形，这两种类型的射击也没有理由不能同时存在，5.6 节就是这种情形。每一方都可能有多种实体类型 (如步兵和炮兵)。下一个例子就属于此类。

例 5.2 (大西洋海战)   这是第二次世界大战中大西洋潜艇战的一个粗略的实际模型。假设，德国潜艇仅以 "狼群" 形式作战，而所有盟军舰只航行中有舰队护航。当一支由 c 艘护航舰保护的船队被 n 艘潜艇攻击时，莫尔斯和金博尔 (1950) 近似约定商船和潜艇的损失数分别为 $5n/c$ 和 $nc/100$。通过研究此前船队遭遇战的结果，统计得出这些近似值。既然在

舰队交战中, 潜艇和护航舰的损失交换比约为 5/1, 还可以假设护航舰的平均损失数为 $nc/500$。下列其他数值假设都和时间有关。令

$M \equiv$ 累积商船沉没数 (状态变量)

$S \equiv$ 剩余潜艇数 (状态变量)

$E \equiv$ 剩余护航舰数 (状态变量)

$p_c \equiv$ 商船队被一支给定的狼群攻击的概率 $\equiv 0.01$

$t_c \equiv$ 商船队必须得到护送的时间 (双向) = 30 天

$T_c \equiv$ 一艘护航舰从一支船队转到下一支船队的周期时间 = 50 天

$f_c \equiv$ 护航舰队护送船队的时间比例 $= t_c/T_c = 0.6$

$t_s \equiv$ 潜艇巡逻时间 = 20 天

$T_s \equiv$ 潜艇从一支巡逻队转向另一支巡逻队的周期时间 = 50 天

$f_s \equiv$ 潜艇处于巡逻状态的时间比例 $= t_s/T_s = 0.4$

$r \equiv$ 商船队离港速率 = 1/天

$m \equiv$ 商船队规模 = 40

$n \equiv$ 狼群规模 = 4

$P_s \equiv$ 每个周期内, 潜艇由于护航舰队攻击之外的原因损失的概率 = 0.04

$R_s \equiv$ 潜艇更换率 (新建) = 0.7/天

$R_E \equiv$ 护航舰更换率 (新建) = 0.5/天

假设以下三个公式成立:

$Sf_s/n \equiv$ 巡逻中的狼群数

$e \equiv$ 参战率 (计算双向交战) = (商船航速)(p_c)(巡逻中的狼群数) = $2r \cdot P_c \cdot Sf_s/n$

$c \equiv$ 护航舰数/商船 $= Ef_c/rT_c = E/rT_c$

德国海军内部有一场争论, 关于是否应该攻击从英国返回美国的船队, 不攻击的理由是返回的船队是空的。假设交战发生在双向上, 因此式中 e 的系数为 2。给定上述所有假设, 这三个状态变量的 ODE 是

$$\frac{\mathrm{d}M}{\mathrm{d}t} = e(5n/c) = 10r^2 T_c p_c f_s (S/E), \quad M > 0$$

$$\frac{\mathrm{d}S}{\mathrm{d}t} = -e(nc/100) - p_s S/T_s + R_s$$

$$= -S([2p_c f_s/(100T_c)]E + p_s/T_s) + R_s, \quad S > 0$$

$$\frac{\mathrm{d}E}{\mathrm{d}t} = -e(nc/500) + R_E = -S[2p_c f_s/(500T_c)]E + R_E, \quad E > 0$$

这些 ODE 展示出一些新特点: M 起始于 0, 只能增加, 因为商船的累积损失只能上升。M 在 S 和 E 的 ODE 中不起作用, 只能作为战斗进展情况的计数器。注意, 商船损失速率正比于离港速率的平方, 和商船队的规模无关。如果商船队的规模翻倍并且离港速率减半, 则商人的损失将急剧下降, 因为将有更少的交战发生而且每次交战中的损失也更少。正是这一基本的观察结果导致在第二次世界大战中增大了船队的规模。由于潜艇和护航舰既可能被击沉, 也可能被替换, 所以 S 和 E 的 ODE 包含了正项和负项。

狼群的规模未出现在任何方程中, 表面上, 这和战争历史中所描述的由于引入狼群而产生的破坏性效果是相互矛盾的。然而, 虽然遭遇一支狼群对一支不幸的船队而言其影响确实是毁灭性的, 但是在这些方程中, 由于参战率反比于狼群规模, 这一影响效果恰好被抵消了。迈克丘 (1990) 对这个问题进行了更深入的分析。

用时间 (以天为单位) 取代数量, 则有

$$\frac{\mathrm{d}M}{\mathrm{d}t} = 2S/E, \quad M > 0$$
$$\frac{\mathrm{d}S}{\mathrm{d}t} = -S(1.6 \times 10E + 8 \times 10) + 0.7, \quad S > 0$$
$$\frac{\mathrm{d}E}{\mathrm{d}t} = -3.2 \times 10^{-7}ES + 0.5, \quad E > 0$$

图 5-2 显示了这些方程的解, 初始条件为 $M(0) = 0, S(0) = 50, E(0) = 100$, 同时为保持所有曲线在同一比例尺上, 将商船的损失数除以 10。在

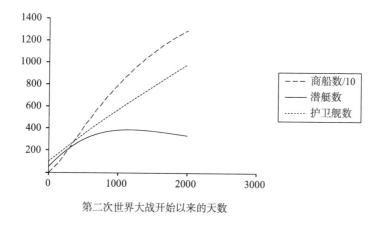

第二次世界大战开始以来的天数

图 5-2　大西洋海战

2000 天期间, 有 $10 \times 250 = 2500$ (艘) 商船被击沉。在整个期间, 由于护航舰的损失可以忽略不计, 护航舰的数量以大约 0.5/天的速度在增加。潜艇的数量最终达到一个峰值并随后下降, 但不像实际发生的那样具有灾难性和快速性。产生这种现象的一个重要原因在于第二次世界大战中 P_s 实际上随时间大大增加, 而此处却保持不变。

*Chapter*5.xls 中的工作表 Atlantic (图 5-2 从中提取) 允许用户以不同的初始条件或参数进行试验, 有可能产生很多变化。例如, 修改 P_c 表示潜艇安装更好的传感器, 修改 R_E 表示从提高护航舰建造能力中获益。

实际的大西洋海战展示了双方随着破解各种密码和引进技术创新而取得成功的时期, 它同时具有强烈的地缘影响意义。简单的兰彻斯特模型漏掉了所有这些有趣的细节, 但它清楚地表明一点: 只要莫尔斯和金博尔的方程能比较好地近似表达船队交战, 计算交战过程中的损失数, 潜艇注定将最后毁灭, 原因在于潜艇无法以足够快的速度击沉护航舰。

兰彻斯特模型可以有数百个状态变量, 如 5.6 节所示。它们还可以嵌入优化问题 —— 蓝方炮兵应该射击红方步兵还是炮兵? 泰勒 (1983) 比较全面地介绍了 ODE 范例所支持的多种可能性选择。本章, 我们的目的不是要面面俱到, 所以下面将介绍随机模型。

5.3 随机型兰彻斯特模型

采用欧拉方法求解兰彻斯特 ODE (式 5.2) 时, 时间增量 Δ 是一个理想的很小的数。如果 Δ 很小, 在一个时间增量内所增加的伤亡人数可能同样很小, 如 0.1。有 0.1 人伤亡意味着什么? 所要建模的原型事物必须取一个整数, 却要用一个实数来表达, 这个实数有充分理由可能是小数。如使用 ODE 的情形, 这似乎不合逻辑。在实践中, 如果所攻击的兵力数量足够大, 则可能无碍大局, 但如何知道多大规模才是 "足够大", 除非首先能够用整数构建战斗模型。事实上, 为什么用任意一种确定型模型对充满偶然事件的战斗进行建模呢? 所有这些问题导致采用随机模型。

用兰彻斯特常微分方程进行战斗建模的吸引力之一, 就是它允许给出随机型解释, 以解决前文所述的矛盾。令 $X = (x_1, x_2, \cdots, x_k)$ 代表 k 个状态变量的向量, ODE 的一般形式为

$$\frac{\mathrm{d}x_i}{\mathrm{d}t} = -f_i(X), \quad i = 1, \cdots, k \tag{5.7}$$

到目前为止所考察的大部分例子中取 $k = 2$, 但这一限制并无必要。

确定型解释是 $f_i(x)$ 为 x_i 减少的速率。与此相反, 随机型解释是 x_i 在一小段时间 Δ 内减少一个单位, 如果全然如此, 该事件的概率为 $\Delta f_i(x)$。为了更准确地表述随机型解释, $f_i(x)$ 被理解为连续时间马尔可夫链的转移率 (罗斯, 2000)。

这两种解释都以同样的函数为依据, 所以随机型解释并不要求新的数据。因为这两种解释以同样的数据为依据, 所以用术语 "兰彻斯特模型" 来命名任意一个。在随机型模型中, x_i 在时间 Δ 内的平均损失为 $1(\Delta f_i(x)) + 0(1 - \Delta f_i(x)) = \Delta f_i(x)$, 这与确定型模型一致。因此, 可以看到, 通过期望值分析, 即可由随机型模型得到确定型模型, 如第 1 章所述。事实上, 比较两种模型, 是研究期望值分析效果的好机会。

例 5.3 考察一场平方律战斗 (5.2 节), 其中 $x_0 = 10, y_0 = 8, a = 0.9, b = 0.8$。确定型理论预测, 蓝方将永远获胜, 并有大约 5.29 个幸存者。根据随机型解释, 红方大约有 1/4 的时间取胜, 条件通常是红方提前走运。这一点可以用蒙特卡洛模拟 (附录 C) 来证明, 其中时间反复地增加 Δ, 直到一方或另一方被消灭为止, 每一步所减少的幸存人数由所产生的任意随机数来确定。请参阅 *Chapter5.xls* 中的工作表 SquareLawRnd 上的演示程序。如果使用 *SimSheet.xls* (附录 C) 大量重复执行, 你会看到, 幸存者净人数 $(x - y)$ 的分布是双峰的, 分别为蓝方获胜的正模式和红方获胜的负模式。双方都几乎被消灭的战斗是罕见的。蓝方幸存者平均净人数约为 3.4。

例 5.3 显示出, 小型兰彻斯特模型的确定型模型和随机型模型有可能大不相同。显然, 期望值分析法这一捷径在描述小规模战斗时可能出现明显错误。

虽然蒙特卡洛模拟法是利用随机型解释的一种途径, 基于查普曼 — 柯尔莫哥洛夫方程 (莫尔斯和金博尔, 1950; 罗斯, 2000) 的解析计算也是可行的。考察每一方都由一个状态变量来表达 ($K = 2$) 的任何战斗。为了强调所有状态变量的整数性质, 称状态为 (m, n), 而不是 (x_1, x_2)。如果当前状态为 (m, n), 则紧前状态必然为 $(m, n + 1)$ 或 $(m + 1, n)$, 而且紧后状态必然为 $(m - 1, n)$ 或 $(m, n - 1)$。图 5-3 是状态转移图的一部分, 显示了状态转入 (m, n) 的两个途径, 以及转出状态 (m, n) 的两个途径。这些状态之间的转移概率已知。举例来说, 从状态 $(m, n + 1)$ 至 (m, n) 的转移概率为 $f_2(m, n + 1)$ 是第二个状态变量由 $(m, n + 1)$ 减小的概率。查普曼 — 柯尔莫哥洛夫方程就是包含这些转移概率的 ODE, 以 t 时刻处于各种状态

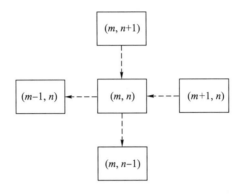

图 5-3　转入和转出状态 (m, n)

的概率作为状态变量。具体地说, 即关于 $P(m, n, t)$ 的方程, $P(m, n, t)$ 为 t 时刻处于状态 (m, n) 的概率, 有

$$\frac{\mathrm{d}P(m, n, t)}{\mathrm{d}t} = f_1(m+1, n)P(m+1, n) + f_2(m, n+1)P(m, n+1)$$
$$-(f_1(m, n) + f_2(m, n))P(m, n, t) \tag{5.8}$$

方程 (5.8) 指出, 在 t 时刻处于状态 (m, n) 的概率随着向这一状态的转移 (方程右侧的前两项) 而增加, 随着转出状态 (m, n) (最后一项) 而减少。对每一个可能的状态, 都有一个类似的方程。状态 $(0, 0)$ 将永远不会出现, 因为只要一方或另一方减少到 0, 则战斗立刻结束。因此, 如果战斗开始时蓝方有 m_0 个战斗单位, 红方有 n_0 个战斗单位, 则总共有 $m_0 n_0 + m_0 + n_0$ 个方程。有些方程省略了式 (5.8) 中的某些项, 例如, 状态 $(m_0, 0)$ 的概率方程中要缺少第一项, 原因在于状态 $(m_0 + 1, 0)$ 是不可能出现的。

在 $t = 0$ 时刻, 除了 $P(m_0, n_0, 0) = 1$ 之外, 其余所有 $P(m, n, 0) = 0$。因为在 $t = 0$ 时刻所有概率已知, 所以用欧拉方法可计算出 $t = \Delta$ 时刻的所有概率, 然后计算 $t = 2\Delta$ 时刻, 依此类推。在默认为漫长的计算过程结束时, 我们将知道在任一时刻处于任一状态的概率。通过与简单的确定型模型相比较, 对确定型模型, 只要求解两个常微分方程, 就可以看出系统状态是如何演变的。显然, 随机型解释跟确定型解释相比, 会导致需要更多的计算。然而, 虽说计算有难度, 对规模不是太大的问题, 查普曼 — 柯尔莫哥洛夫方程是可以求解的。

例 5.4　考察一个较例 5.3 规模稍微大一点的平方律战斗, 其中 $m_0 = 20, n_0 = 40, a = 0.01, b = 0.02$。从而 $f_1(m, n) = 0.01n, f_2(m, n) = 0.02m$。

在确定型模型中, 红方在 $t = 62.32$ 时刻取胜, 剩余兵力为 28.28。图 5-4 ~
图 5-6 分别显示了处在时刻 20、40 和 60 时各种状态的实际概率。$t = 20$

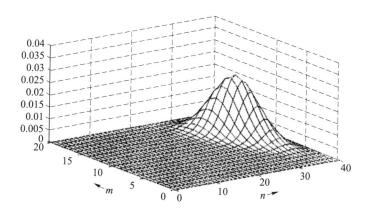

图 5-4   平方律战斗 $t = 20$ 时刻的概率图

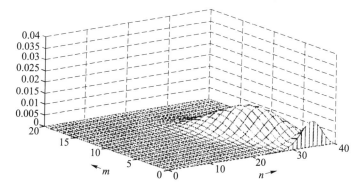

图 5-5   平方律战斗 $t = 40$ 时刻的概率图

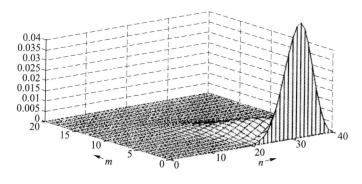

图 5-6   平方律战斗 $t = 60$ 时刻的概率图

时刻, 状态大约为 (14,35), 战斗在当时结束的机会不大。$t = 40$ 时刻, 某些概率已经向 $m = 0$ 轴 (意味着红方已经获胜) 转移。$t = 60$ 时刻, 大部分的概率位于该轴之上。$t = 80$ 时刻, 几乎所有的概率都位于该轴之上, 红方的剩余兵力大约为 30。这一系列图形产生了这样一种印象, 一个概率质量由 (20,40) 开始, 随着向 $m = 0$ 轴前进而展开, 最后保持在那里。在所有时刻上, 总质量 (凸出部分下方的体积) 为 1。

一旦概率分布 $P(m,n,t)$ 已知, 各种导出量就很容易计算, 例如 t 时刻红方剩余兵力的期望值。

正如确定型情形, 在只有两个状态变量的模型中, 消去时间可能是有用的。关键的观察结果是状态 (m,n) 最终将继之以状态 $(m,n-1)$ 或状态 $(m-1,n)$。根据马尔可夫链理论 (附录 A), 后者的概率是

$$Q(m,n) = \frac{f_1(m,n)}{f_1(m,n) + f_2(m,n)} \tag{5.9}$$

前者的概率是 $(1 - Q(m,n))$。这些概率是不包含时间的马尔可夫链的基础。如果分析目标是计算只取决于战斗终结状态的效能指标 (MOE), 这些状态就特别有用。这些指标包括 "蓝方的剩余人数" 和 "战斗结束时蓝方获胜的概率"。令 MOE(m,n) 表示终点指标的预期值, 给定当前状态为 (m,n), 那么, 下面的方程将 MOE(m,n) 与其每个紧后状态的相应值联系起来:

$$\text{MOE}(m,n) = Q(m,n)\text{MOE}(m-1,n) + (1-Q(m,n))\text{MOE}(m,n-1) \tag{5.10}$$

现在, 假设终点状态的 MOE(m,n) 已知。例如, 如果 MOE(m,n) 是战斗结束时蓝方获胜的概率, 则 MOE$(m,0) = 1$ 并且 MOE$(0,n) = 0$。由于 MOE(m,n) 在终点状态下已知, 因此可以用方程 (5.10) 首先计算只通向终点状态的紧前状态所对应的方程。只要对方程 (5.10) 进行足够多的迭代计算, 就可以计算出任何状态下的 MOE(m,n)。相对于蒙特卡洛模拟和首先利用查普曼 – 柯尔莫哥洛夫方程来计算在能够保证战斗结束的某个足够远时刻 (例 5.3 中也许是时刻 100) 的状态概率, 这种计算是高效的。它们可以很容易地在一个电子表格中构造出来。

例 5.5 再次考察例 5.3, 但现在的目标是计算出蓝方获胜的准确概率和蓝方剩余兵力的平均净盈余。为了找到这些量, 采用 *Chapter5.xls* 中的工作表 Endgame, 此表用于计算一直持续到一方被彻底歼灭的平方律战斗。首先输入 0.9 和 0.8 来代替 a 和 b (或 α 和 β, 按表中的名称)。

接下来在计算矩形的绿色边缘 (终点) 单元格中填入适当的数值。为了算出蓝方获胜的概率, 在蓝方获胜的那一行填入 1, 并在红方获胜那一列填入 0。对矩形区域的内部不作任何改变, 因为它完全是按式 (5.10) 组成的。在这些内部单元格中, $Q(m, n)$ 称为 leftprob(m, n), 因为当蓝方失去一个战斗单位时, 状态向左移动 (模块 1 中的 VBA 代码实现了如式 (5.9) 的 leftprob(m, n) 函数)。以状态 $(10, 8)$ 为起点, 蓝方获胜的概率将是 0.78。为了计算蓝方的净盈余, 在蓝方获胜的行内填入 m, 在红方获胜的列内填入 $-n$。以状态 $(10, 8)$ 为起点, 蓝方剩余兵力的净盈余为 3.38。这些确切的数字和前文例 5.3 中用蒙特卡洛模拟计算出的数字相当。

在例 5.3 和例 5.5 中, 确定型解与随机型解不是很近似, 因为赢得战斗极易受机会的左右。与图 5-4、图 5-5 和图 5-6 相对应的图将显示出在两条轴上的概率累积, 而不是只有一条轴。正如预计的那样, 在例 5.4 中确定型模型的效果更好一些, 这是由于交战单位的数量大了很多, 但即使在例 5.4 中, 红方的剩余兵力数也是明显随机的, 而不是确定型模型所预测的一直是 28.28 (事实上, 它从来不可能是 28.28, 因为它始终是一个整数)。

那么, 在何种意义上确定型模型和随机型模型相近似呢? 基于目前为止所讨论的例子, 可以得到以下的答案: 在交战双方都有大量兵力单位参战, 并且一方实力明显强于另一方的情形下, 确定型模型中的剩余兵力数差不多等于随机模型中剩余兵力数量的期望值。这并不是一个完全令人满意的答案, 因为像 "大" 和 "差不多" 等词没法明确限定, 但它至少解释了为什么确定型模型所预测的剩余兵力数不是一个整数。它的优势还在于与经验一致。泰勒 (1983, 4.16 节) 总结了经验, 并列出一些其他参考资料。

确定型兰彻斯特模型能产生随机型模型期望值的这种说法也仅仅是近似正确的。在某些情形下, 近似值要好于其他情形, 但至少误差是可以量化的。还有其他确定型模型 (不属于兰彻斯特类型), 在求解包含离散参与者的问题时, 会产生分数答案, 但不存在相关的随机型解释, 作为对最终真相的检验。如果必须用这种模型, 应谨慎。

我们已经讨论了兰彻斯特模型的两个不同解释。还有第三种解释, 但这种解释应该避免。这就是用欧拉方法求解确定型模型, 但每个时间步长后, 剩余兵力的数都四舍五入为整数。这种方法以损害确定型解的完整性为代价, 达成看似完美的目标。我们的目的应该是准确求解 ODE, 而不是强求不恰当的整数属性 (在确定型模型中)。

5.4 兰彻斯特模型的数据

兰彻斯特模型需要分析人员知道各类损耗系数。在平方律和线性律这类简单的情形下，可能只有两个这种参数，但这种参数的数量会随着状态变量的数目而快速增长。基本上有两种方法曾被用于获取此类数据，即工程方法和统计方法。这两种方法并不互相排斥，大西洋海战 (例 5.2) 中两种方法都用到了。在本节中，将详细讨论这些方法。

5.4.1 工程方法

在这种方法中，依据对战斗所作的假设，将未知参数表示为其他已知或更容易测量的参数的函数。

在兰彻斯特线性律 — "间瞄射击" 律中，参数 a 表示由红方每个战斗单位所造成的蓝方每个战斗单位的伤亡率。为了估算 a，可以推理，红方不知道蓝方任一战斗单位的确切位置，而是向一个面积为 A 的区域射击。如果红方每发弹的杀伤面积 (式 (2.3)) 为 L，如果在区域 A 内有 x 个蓝方兵力单位，则由每发随机射击的弹造成的平均伤亡数为 $x(L/A)$。如果每个红方兵力单位以速率 r 射击，且有 y 个兵力单位，则蓝方的总损失概率为 $rxy(L/A)$。因此，损耗系数 $a = r(L/A)$ 是 xy 的系数，单位为时间的倒数。这样参数 a 已经表示为三个更容易测量的量。

另外，可以假设红方的确瞄准了单个蓝方战斗单位，但每个红方单位必须在区域 A 内随机搜索来寻找下一个目标。如果每个红方战斗单位以速率 S 搜索区域，则红方发现蓝方目标的概率为 xS/A。因此，红方全部兵力发现蓝方目标的合并概率为 xyS/A。如果毁伤蓝方单个战斗单位的时间可以忽略不计，则可以得到兰彻斯特线性律，其中参数 $a = S/A$，单位也为时间的倒数 (这说明，抽象的叫法 "线性律" 比形象的 "间瞄射击" 更贴切。理由是在这个例子中，线性律适用于直瞄射击)。如果毁伤时间不可以忽略，称为 τ。因为发现一个蓝方战斗单位的平均时间是发现蓝方战斗单位概率的倒数，所以红方一个战斗单位消灭一个蓝方战斗单位的总时间，算上搜索和毁伤时间，即为 $\tau + A/(xS)$。则总损耗概率为 $y/\tau + A/(xS)$ 或 $xyS/(A + x\tau S)$。该表达式当 x 很大时 (损耗受毁伤时间的限制) 效果就像线性律，当 x 很小时 (损耗受搜索时间的限制)，效果就像平方律。这既不是平方律也不是线性律，而是一个新的、更一般化的规律。无论这种规律叫什么，损耗概率依然可通过测量更基本的参数来确定其数量。布莱

克内伊 (1959) 详细探讨了这一模型的行为 (状态变化)。

如果研究兰彻斯特模型的首要目的是确定某些参数的重要性, 工程方法是非常适合的。现役坦克是否应该进行升级, 加装一个先进的目标捕捉系统以缩短摧毁一个目标所需时间 τ? 我们可能提出具体问题:"是对库存的现役坦克升级获得更好 (更小) 的 τ 值好, 还是花同样多的钱购买更多新型坦克好呢?" 这是一个数量对质量问题的变体, 兰彻斯特在第一次世界大战中探讨了这个问题。

例 5.6 设 τ 是坦克摧毁目标的平均所需时间, 并区分为命中目标和毁伤目标。每发命中毁伤目标的概率为 P_K。持续射击直到目标最终被毁伤, 但是在毁伤之前可能有多次命中 (假设, 如果命中但未消灭目标, 则认为目标没有毁伤)。首次射击时间和首次射击就命中目标的概率分别为是 τ_1 和 P_1, 未命中目标的紧后射击时间和该射击命中目标的概率分别为 τ_m 和 P_m, 命中目标的紧后射击时间和该射击命中目标的概率分别为 τ_h 和 P_h。这是一个具有 7 个输入的复杂情形 —— 在最后一次命中并最终毁伤目标之前, 这可能是一个长长的命中和射偏序列。尽管如此, 完成这一过程的平均时间是可知的。根据巴弗特理论 (1969), 毁伤目标的平均所需时间可表示为

$$\tau = \tau_1 + \frac{1-P_1}{P_m}\tau_m + \frac{1-P_k}{P_k}\left(\tau_h + \frac{1-P_h}{P_m}\tau_m\right) \tag{5.11}$$

这里, 我们越过了整个推导过程, 但式 (5.11) 可以看作三项的和。第一项是首发射弹抵达目标的时间; 第二项是首次命中目标的附加时间 (注意, 可能为 0, 因为如果 $P_1 = 1$, 则此项化为零); 第三项是首次命中和最后 (毁伤) 命中之间的附加时间, 也可能是 0。假设发现下一个目标的时间可以忽略不计, 或者是一个已经包含在 τ_1 中的常数, 则相应的损耗概率系数就是 τ 的倒数。$Chapter5.xls$ 中的工作表 Tanks 包含了在平方律战斗背景下以上公式的计算, 可以改变决定蓝方对红方损耗概率的 7 个参数。给定一项预算, 可以决定是把钱花在质量上还是数量上。

5.4.2 统计方法

工程方法有其优点, 但也有很多犯错误的可能性。重新考察当一辆坦克向另一辆开火时会有什么发生。下一发弹是否射偏可能取决于前一次射偏距离的大小, 而不是一个简单的射偏事实, 也可能取决于坦克之间的距离和其他变量 (甚至是式 (5.11) 未考虑到的)。毁伤可以累积, 所以即使没

有单发命中可构成杀伤, 多次命中也可以杀伤目标。一个坦克目标的机动力可能遭到破坏, 但依然能够射击, 尽管一旦它不能移动, 理所当然会更易受攻击。详尽的高分辨率坦克战模拟可以确认这些现象, 但是式 (5.11) 所依据的简单模型做不到这一点。即使模型从根本上是正确的, 在估算所涉及的 7 个参数之一时, 依然有犯错误的可能性。

如果可获取关于坦克战的数据 (包括损耗数据), 直接用来估算损耗概率系数是很有吸引力的。我们不去试图解释损耗是如何发生的, 而是把损耗过程当作一个黑盒, 只考虑现象本身。这就是统计方法。它适用于所有类型的损耗过程, 而不仅仅是坦克战。

这种方法的一个经常引用的例子是恩格尔 (1954) 对硫磺岛战例的分析, 其中日军初始兵力约为 2 万, 在战斗持续大约 1 个月之后, 最终被美军彻底歼灭。由于日军更详细的记录没有保存下来, 所以只知道日军的初始兵力, 但是美军每天参加战斗的兵力数量都是已知的。恩格尔的想法是除了考虑美军多次登陆所需要增加的一个修正项之外, 约定战斗服从平方律来进行建模。只有两个未知参数, 那么, 为什么不寻找和已知的美军水平最匹配的一对参数呢?

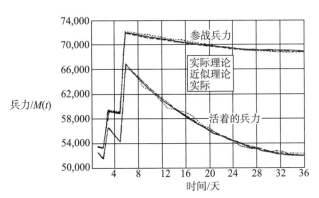

图 5-7　恩格尔平方律匹配结果

图 5-7 显示了恩格尔的匹配结果。为了拟合美军参战部队, 这两个参数为: $a = 0.0544$ (每个日军士兵每天毁伤的美军人数), $b = 0.0106$ (每个美军士兵每天毁伤的日军人数)。这两个损耗概率之间的不同可以用以下事实来解释 —— 日军是在准备充分的防御陆地上战斗, 但是在双方身份[①]难以如此明显界定的战斗中, 也发现有类似的不同 (如下文讨论的库尔斯克

[①]指进攻方或防御方,译者注。

会战)。尽管存在这一差距，但双方的人员伤亡数大体相等。基本上 2 万日军被全部歼灭。美军尽管只有大约 1/4 阵亡，也有大约 2 万人伤亡，由于在战斗的第一周，美军兵力约为日军的 3 倍，既然 3 的平方大于 5(损耗概率比)，兰彻斯特平方律准确预测出了美军的胜利。图 5-7 所示的拟合效果也相当不错。*Chapter*5.*xls* 中的 Iwo Jima 工作表使用恩格尔的估计系数，复现了硫磺岛战役 (见习题 5.7)。

由图 5-7 看出，恩格尔平方律适用于第二次世界大战中的硫磺岛战役。增加的部分对应于美军登陆部队。实际上有两条拟合曲线，有不同的损耗概率，取决于是否计算仍然活着的美军部队或仍然参战的美军部队。在任一情形下，都可以看出兰彻斯特平方律在跟踪美军人数方面表现得非常好。

恩格尔的分析在模拟战斗方面表现很好，但基本上，适用于硫磺岛战役的相同损耗系数可能曾被猜想也适用于第二次世界大战中另一场类似的会战。事实上，对第二次世界大战中其他会战的分析也显示出系数是相当一致的，即使是在不同的战区之间。参见威拉德 (1962) 队 1618 年战斗的分析。

目前大部分研究工作在拟合方程与战斗方面，并不像恩格尔那样，特别支持兰彻斯特理论。这方面的一个例子是库尔斯克会战。

例 5.7 库尔斯克会战是第二次世界大战中持续 2 周的一场规模宏大的会战，它见证了苏联境内的德国军队大约在第 8 天时由进攻战术转变为防御战术。双方均记录了每天的可用人数和伤亡人数，这些数据已经收集进 CAA(1998)。表 5-1 显示了一部分数据。由于援军并未显示出来，所以部队人数有时令人惊讶 —— 例如第 9 天，德国部队人数比第 8 天还多。然而，如果战斗总体上具有兰彻斯特模型试图探讨的可预测性，我们应该能够应用一个基于部队数量的简单公式来预测部队每天的损失。恩格尔取得如此成功的平方律仅仅包含两个参数，并且有足够多的数据可用来估计这两个参数。

但是，拟合一个简单的公式并不容易。例如，注意到第 8 天苏军的损失很大。只考虑参战兵力数，它和第 7 天或第 9 天的参战兵力数相差不多，这将难以解释如何会发生这样的情况。历史的解释是，第 8 天，德军发动了习惯性的装甲攻击，意在收紧针对库尔斯克突出部的钳形攻势。虽然这次进攻最终失败了，但只是在意志坚定的苏联人牺牲了必要的阻击兵力之后。当天双方也都蒙受了巨大的装甲力量损失。统计法的一部分问题

表 5-1 在 14 天的库尔斯克会战中, 德国和苏联部队的兵力数和损失数

时间/天	德国兵力数	德国损失数	苏联兵力数	苏联损失数
0	307365	800	510252	130
1	301341	6192	507698	8527
2	297205	4302	498884	9423
3	293960	3414	489175	10431
4	306659	2942	481947	9547
5	303879	2953	470762	11836
6	302014	2040	460808	10770
7	300050	2475	453126	7754
8	298710	2612	433813	19422
9	299369	2051	423351	10522
10	297395	2140	415254	8723
11	296237	1322	419374	4076
12	296426	1350	416666	2940
13	296350	949	415461	1217
14	295750	1054	413298	3260

注: 第 0 天始于 1943 年 7 月 4 日 18:00[①], 表中所列每天损失数对应开始时刻之前 24 h。兵力数对应开始时刻

在于, 像第 8 天那样的大规模进攻压缩了时间, 其解释是某一天跟其他天相比, 发生了多得多的战斗行动。德国在第 1 天惊人的重大损失也是不同寻常的, 并且双方此前的微小损失进一步证明了有必要承认某种战斗 "节奏" 的概念。

还有必要研究其他建模问题:

(1) 表中所列的损失数对应此前 24 h, 所以每天的损失数也许应基于此前一天的兵力数量。

(2) 在这样的会战中, 装甲兵和炮兵的补充极为关键, 所以也许应该扩展数据库, 并且对每个不同的兵力成分 (兵种) 赋予独立的损耗系数。例如, 可能有一个苏联炮兵对德国装甲兵的损耗系数。5.6 节将描述一个涉及双方多种兵力力量的应用, 相应具有大量的损耗系数。

(3) 表中所列的损失数是 "总数", 意思是包括非战斗减员。我们可以预料非战斗减员和敌方兵力数量无关, 而不能由平方律来预测。我们是否应该把损失分为战斗减员和非战斗减员, 并且每种都有单独的预测公式?

*Chapter*5.*xls* 中工作表 Kursk 表明有可能对上述问题加以处理。该工

---

① 原文为1, 800, 有误, 译者注。

作表包括表 5-1 的数据以及一些拟合它所需的函数。假设时间 $t-1$ 和时间 t 之间的损失 (第 t 天的损失) 与第 $t-1$ 天和第 t 天的平均兵力数有关。可变参数包括每天的 "节奏" 参数, 衡量相对于第一天的战斗节奏。这些参数与双方当天的损耗是倍增关系。有 13 个这样的节奏参数, 另外还有两个限定平方律的损耗概率参数。思路是调整这 15 个参数, 使得预测损失和会战中实际发生损失之间的失配指标最小化。

在任何给定的一天, 令预测损失为 μ。根据 5.3 节的随机思想, 实际损失 X 应该是一个以 μ 为均值的泊松随机变量。由于 X 理论上服从泊松分布, 其方差也是 μ, 所以 $(X-\mu)^2/\mu$ 应该是一个平均值为 1 的随机变量。从而, 可以令失配指标为 28 个这种随机变量 (每方每天一个量) 的和, 然后调整 15 个参数来使失配指标最小化。如果关于损耗的假设都是正确的, 它应该 (当最小化时) 大约为 28。在 *Chapter5.xls* 工作表 Kursk 中, 应用 Excel 求解器实现了此项工作。

最小化的结果是, 德军损耗参数 (苏军每人每天造成的德军伤亡数) 为 0.008, 苏军损耗参数 (德军每人每天造成的苏军伤亡数) 为 0.038 (注意, 这些损耗概率和恩格尔所估算的硫磺岛战役大体一致)。最小失配值是 5581, 远大于期望值 28。两个最严重的误差项是由于德军第 1 天的高伤亡数和第 8 天的低伤亡数 (相对于苏军), 加在一起几乎占了失配值的一半。显然, 在我们的问题中, 一个泊松随机变量和其平均值之间的差值是最小的; 即使在调整了可变会战节奏之后, 平方律拟合得也不是很好。请读者在习题 5.8 中找到更适合表 1 中数据的拟合, 但请注意: 库尔斯克数据已经被其他人 (特尔其斯, 2000; 卢卡斯和特尔其斯, 2004) 详细验证过, 但没能成功找到一个令人满意的拟合。

也有人用兰彻斯特的观点研究过第二次世界大战中的其他战斗, 如弗里柯 (1998)。不只库尔斯克会战是难以拟合的。研究者们投入了大量精力试图用简单的损耗模型拟合历史战例, 但结果大部分是令人失望的。一部分问题在于, 无法从统计学的角度合理地设计实战。在库尔斯克会战中, 一个重要的问题是在整个会战期间德军数量几乎保持不变, 甚至苏军数量波动也不剧烈。从统计学的角度讲, 战斗临近结束时拟合得更好 (如硫磺岛), 但并不多见。也许更重要的是, 微妙的细节对历史战役产生了巨大影响, 而这些细节很难用一个简单的公式来体现, 可能只有发起战斗的一方心中有数。地形实际上是重要的, 但在兰彻斯特方程中体现不出来。通常也不体现后勤和士气, 但是在实战中这些因素经常是至关重要的。如果战斗像兰彻斯特所处理的那样简单, 那么总参谋部将实属不必了。

但是, 不能从上述挫折中得出结论: 认为兰彻斯特方程或估计参数的统计方法都毫无用处。对库尔斯克会战的每一项研究都证实参战德军具有强大的杀伤力, 这在第二次世界大战中德国陆军参加的其他战斗中已成为普遍的趋势。数量的极大重要性被硫磺岛战役所证实。给定战争牵扯多方和充满偶然性的性质, 可以预料任何战斗模型和实战相比都会明显不一致。然而, 模型, 一种近似方法, 仍然是思考的前提。

顺便说一下, 尽管德军拥有强大的杀伤力优势, 在数量上处于劣势的德国人最终输掉了库尔斯克会战。这也是德军在东线的最后攻势行动。

5.5 聚合与赋值

战斗模型有时被描述为 "聚合" 或 "高分辨率", 但聚合度确实应该在连续的尺度上来衡量。任何计数事物的战斗模型都判定两件事物是如此地相似, 以至于可以安全地把它们看作是相同的。当把不同事物在某种程度上当作相同事物来处理时, 就认为该模型或多或少是聚合的。

本章先前介绍的兰彻斯特模型只是计量了每方的一类实体, 因此它是聚合。这个聚合可能没什么损害, 当更仔细地观察真实世界时, 就会发现实体之间的重要差别。例如, 设想我们最初有一个平方律模型, 其中损耗概率为 a 和 b, 蓝方初始兵力为 x_0, 红方初始兵力为 y_0。进一步假设, 蓝方兵力由一半射手和后勤保障人员组成。保障人员从事某种蓝方认为有价值的职能, 但不向红方射击。如果不把保障人员计入战斗中, 而是只记录蓝方的射手, 简单地令 b 加倍, a 减半, x_0 减半, 则兰彻斯特方程在任何时候预测的红方剩余兵力数都是相同的。因为蓝方兵力数减少了一半, 但剩余兵力的杀伤力倍增, 因此红方损耗不变 (回顾方程 5.1)。由于红方的杀伤力系数减半, 蓝方的损耗也减半, 但那样蓝方只有一半兵力承受损耗, 所以战斗本质没有任何改变。只要我们小心对待杀伤力系数的含义和大小, 不管我们是否计数保障人员, 这只是一个求解的问题。在此情形下聚合并不危险。

另一方面, 假设在经过修正的战斗中, 红方能够辨别出蓝方的保障人员和射手, 并将所有火力集中到蓝方射手身上。这相当于 b 加倍, x_0 减半, 而 a 不减半 (因为红方火力都集中到蓝方射手身上)。修正后的战斗现在不同于原来的战斗, 蓝方可以很有把握地在原本的战斗中获胜, 却要在修正后的战斗中失败 (见习题 5.9)。在这种情形下, 聚合会产生严重的误导。

显然, 聚合中要考虑的一个重要因素应该是: 预料对方能否辨别出被聚合的事物。

关于经过聚合会有多少信息 (如果有) 丢失, 还有更多问题有待讨论 (戴维斯, 1995), 但有时也别无选择。例如, 恩格尔 (1954) 只知道硫磺岛上日军初始兵力的总数, 在辨别日军不同类士兵的基础上构建模型根本是行不通的。

以作者的经验, 在实践中唯一使用的聚合方法就是加权求和。如果 x_{ij} 是 i 类 j 子类实体的数量, 则等价的 i 聚合类实体的数量被认为是 $x_i = \sum_j w_{ij} x_{ij}$, 其中 w_{ij} 是 j 子类在 i 类中的 "权重"。每一项权重的选择通常要保持一致性, 从而 x_i 所表达的意思为 "所选择子类单位的等价数量"。有时认为所有的权重都是一致的, 反映了这样一个判断, 即就所关注的战斗而言, 所有子类都同等重要。库尔斯克数据 (CAA, 1998) 包含双方坦克的数量, 实际上在这场战斗中有多种坦克参战, 所以简单地计算坦克数量就是一个对所有子类采用一致权重的例子。库尔斯克数据包括战斗力的四类基本要素: 战斗兵力、装甲输送车、坦克和火炮 (表 5-1 只给出了兵力数据)。在 5.4.2 节的讨论中, 由于除了兵力数据之外, 所有数据都被忽略, 因此实际上使用了四类要素的权重 $(1, 0, 0, 0)$。为了构建一个更合理的整体战斗力标量测度, 应该使用更切合实际的权重。聚合库尔斯克模型有时对四类要素使用权重 $(1, 5, 20, 40)$ (特尔其斯, 2000), 其军事判断认为增加 1 辆坦克等效于增加 20 个士兵, 等等。不管权重来源如何, 使用权重的目的总是通过聚合来达成简化, 即使在这一过程中会丧失某些有效性。

一个要素加权和是整体战斗力的一个总计的量度。考察两个蓝方实体, 每一个都通过杀伤不同的红方实体来消耗红方的聚合战斗力。如果第一个蓝方实体消耗红方战斗力的速度是第二个实体的 2 倍, 则得到一个合适的情形, 即第一个蓝方实体的权重应该是第二个实体权重的 2 倍。更一般地, 可以采用这一原则: 如果每个实体的权重和它消耗对方加权战斗力的速率成正比, 则双方的权重集合一致。在平方律战斗中, 所有火力都是 "直瞄" 射击, 利用一致性原则可推导出一个线性方程组, 对此方程组求解, 可得出一个几乎唯一的权重集 (霍伊斯和斯劳, 1973)。在推导这些权重时, 根本的数学问题在于找出一个矩阵的特征值, 因此该方法通常称为特征值方法 (还有一种 ATCAL 方法, 见 CAA, 1983)。这种方法的优点在于分析人员不需要做出先验的军事价值判断, 因为方程本身确定了合适的权重。

尽管一致性原则有其自身优势, 但必须小心使用。特征值方法只适用于平方律战斗, 在任何时候, 如果某一兵力成分减少到 0, 它的逻辑基础就会出现问题。此外, 一致性原则下卡车的战斗价值为 0, 因为卡车实际上无法射击。然而在真实世界中, 如卡车之类的后勤实体经常成为敌方火力的目标, 这是非常合乎情理的。根据不同目的和情形, 军事判断可能会提供一个更合适的权重集。

5.6 快速战区模型 (FATHM)

美国国防部在国防规划过程中采用了很多战斗模型, 其中之一就是 FATHM。虽然从使用角度来说 FATHM 是一个小模型, 但它具有结构简单的优势, 并且使用了前文描述的很多特征, 所以它值得进行专题分析。本节提供了一个简明的描述。更多细节可参阅布朗和沃什布恩 (2007)。

FATHM 是一个大规模确定型空对地战斗模型。它实际上没有涉及任何地理 —— 没有前线, 也不涉及武器系统的有效射程, 也没有任何地形的表达, 从这个意义上来说, 它是一个简单的模型, 但它仍然包含大量的细节。FATHM 包含多种平台类型 (各种坦克、火炮等) 的数据, 其目的是确定这些输入的重要性。在 FATHM 的每个 3 天时间步长内, 会依次发生三件事情:

(1) 红蓝双方地面部队之间发生战斗, 这就是 "地面" 战斗。

(2) 蓝方空军和红方地面部队之间发生战斗 (假设蓝方掌握制空权, 所以没有红方空军), 这就是 "空地" 战斗。

(3) 增援部队抵达, 并定下阶段转换决心 (假设战斗有若干阶段, 并且阶段影响地面战斗的性质)。

在现实中, 空中和地面战斗是交织在一起的, 但是出于操作的考虑, 在 FATHM 中设想它们是按顺序发生的。具体来说, FATHM 试图利用业已存在的作战样本发生器 (COSAGE, 一个地面战斗模型), 以及常规兵力评估模型 (CFAM, 一个空中模型) 将这两个模型集成为一个在计算机上高速运行的空对地模型。由于预期的使用要比较蓝方不同的战斗序列, 所以速度是重要的。通过缩短时间步长, 模型可以更好地体现空中和地面战斗互相交织的思想, 但这会导致 FATHM 变慢。选择时间步长为 3 天是在正确性和效率之间的折中。

空中和地面模型都广泛采用了期望值分析 (EVA)。在每个周期内的每场战斗中, 首先采用一个方法计算出剩余作战平台数, 可以证明这种方法是一个计算剩余作战平台数期望值的精确方法, 但随后这一期望值被简单地作为实际数值输入下一场战斗, 即使它不是一个整数。

5.6.1 FATHM 的地面模型

COSAGE 是一个地面战斗的高分辨率蒙特卡洛模拟, 时间间隔一般为 2 天, 涵盖了 FATHM 中所缺少的所有地理特征。由于其真实性, 它实在太慢, 以致没法考虑直接集成。相反, FATHM 和带有确定型兰彻斯特模型的 COSAGE 相似。就 FATHM 所关注的范围而言, COSAGE 就是兰彻斯特模型必须要模仿的现实。

COSAGE 的输出包括一个 "杀手 — 猎物" 记分牌, 它记录了蓝方每种作战平台杀伤的红方每种作战平台的总数, 以及这些杀伤是否来自瞄准 (直接) 火力或非瞄准 (间接) 火力, 间接火力通常为炮兵。令 I_{br} 为所报告的蓝方 b 类作战平台间接杀伤的红方 r 类作战平台数, 另假设蓝方 b 类作战平台的初始数为 B_{b0}, 而红方 r 类作战平台的初始数为 R_{r0}。如果将 COSAGE 的间接火力视为等同于兰彻斯特线性律 (方程 (5.5)), 那么蓝方的损失数应该与红方作战平台数和蓝方平台数成正比。因此, 如果 indir_{br} 为间接火力系数, 假设 COSAGE 战斗持续 2 天, 应该有

$$\mathrm{indir}_{br} \cong \frac{I_{br}}{(2\text{天})B_{b0}R_{r0}}$$

此公式计算损耗概率, 将作为某些量 (显示在 COSAGE 的猎手 — 猎物记分牌上) 的函数, 应用到兰彻斯特模型中。使用 "$\cong$" 号的原因在于 2 天并非兰彻斯特理论所要求的无穷小时间量。我们将很快回到这个问题, 但暂时假设蓝方对红方的所有间接火力系数都由这个公式给出。将 b 和 r 位置对调, 可由同样的公式算出红方对蓝方的间接火力系数 (COSAGE 输出中包括红方和蓝方的损耗数据)。

由于直接火力造成的红方损失正比于蓝方兵力数, 和红方兵力数无关, 则相应的直接火力系数为

$$\mathrm{dir}_{br} \cong \frac{D_{br}}{(2\text{天})B_{b0}}$$

式中: D_{br} 为根据猎手 — 猎物记分牌, 蓝方直接火力造成的红方损失数。同样, 将 b 和 r 互换, 可以得到红方对蓝方的直接火力系数。

有了全部已经确定的系数, 现在可以建立战斗的兰彻斯特模型。令 B_{bt} 为 t 时刻蓝方 b 类作战平台的数量, R_{rt} 为 t 时刻红方 r 类作战平台的数

量, 则有

$$\frac{\mathrm{d}R_{rt}}{\mathrm{d}t} = \sum_b \left(\mathrm{indir}_{br} B_{bt} R_{rt} + \mathrm{dir}_{br} B_{bt}\right)$$

其中, 通常的附带条件是只有当 $R_{rt} > 0$ 时, 方程才成立。这个方程与相对应的蓝方损耗概率方程相结合, 实质上就构成了 FATHM 的地面战斗模型。然而, 有一个问题, 如果使用和 COSAGE 中相同的初始兵力数来求解这个周期为 2 天的地面战斗模型, 将无法计算出相同的损耗数。产生这种现象的原因在于, 求解兰彻斯特方程时使用的是一个无限小的时间增量, 而不是 2 天的时间增量。因此, FATHM "润色" 了迭代方案中的原始损耗率, 当兰彻斯特战斗和 COSAGE 战斗所计算出的损耗数相同时, 迭代停止。经过 "润色" 的损耗概率和原始损耗率很少相差太多。随后这些 "润色" 过的损耗概率用于 FATHM 地面战斗的全过程, 这些战斗可能会持续 100 天或更长。在这个过程中有大量的算术要做, 但是常微分方程可以非常容易地进行数值求解, 所以 FATHM 中的 "快速" 一词依然是合乎道理的。

COSAGE 战斗时间很短, 以致没有哪类作战平台被彻底消灭, 但 FATHM 战斗时间是足够长的, 所以就这种可能性一定要做一些约定。假设蓝方 b 类作战平台减少到 0, 没有必要对间接火力模型做出任何改变, 但现在直接火力系数 dir_{br} 表示红方每一个 r 类作战平台致命性地瞄准蓝方某类已不复存在的作战平台的概率。这个想法是荒谬的, 所以在 FATHM 中, 对直接火力系数进行了调整, 按比例修正了火力计划, 使这种红方直接火力指向蓝方其他类目标。当红方某类作战平台被全歼时, 也要做类似的修改。

FATHM 允许初始作战平台的数量和 COSAGE 战斗中使用的数量不同。假设 FATHM 的所有输入都是 COSAGE 的 2 倍。那么, 直接火力损耗将增加一倍, 这是合理的, 但间接火力损耗将翻两番, 因为间接射击损耗和双方兵力数成正比。如果像 COSAGE 战斗中那样, 所有部队在同一区域内, 四倍是理想的结果, 原因在于单位面积内的目标密度将和射击速率一起增加一倍, 但是 FATHM 用户也可能试图建立更大区域战斗的模型。出于这个原因, FATHM 用户需要输入一个参数 w, 表示战斗区域的正面宽度。为便于比较, COSAGE 的输出也包含 COSAGE 战斗的宽度 w_c。然后通过各乘以 w_c/w, 调整所有间接射击损耗概率。这样, 如果正面宽度和所有作战平台数量都翻倍, 间接射击损耗也只会增加一倍。

总之, FATHM 地面战斗模型是一个利用 COSAGE 猎手 — 猎物记分牌上数据的兰彻斯特模型, 同时仍然能够复现 COSAGE 战斗的结果。调整系数的目的是表达典型 FATHM 战斗的不同时间和空间比例。

如前所述, 地面战斗分阶段, 这些阶段依据交战双方的防御/攻击性质而定。在每个阶段, COSAGE 都有一个单独的运行, 伴有单独的隐含损耗系数集合。当满足相应的标准时, FATHM 通过代入相应的损耗系数集来切换阶段。

5.6.2 FATHM 的空战模型

FATHM 的空中战斗相当于蓝方飞机出动架次对红方目标 (敌方平台类型如 T-72 坦克) 的分配。只有在数据库能识别出飞机损耗概率 (取决于目标类型) 的情况下, 目标才会还击。

尽管在现实世界中许多关系基本上是非线性的, 但仍然使用线性规划 (附录 B) 来优化飞机对目标的分配方案。例如, 假设一个给定目标受到 n 架次攻击, 每架次对目标的毁伤概率为 P_K。如果各架次相互独立, 则 "幂和" 将导出目标毁伤概率为 $1 - (1 - P_K)^n$, 它是一个关于 n 的非线性函数。而 FATHM 却代之以线性公式 nP_K, 并增加了总体毁伤概率不得超过 1 的约束。这相当于使用 3.4.2 节中所讨论的上界来近似杀伤目标数。因此, 如果目标毁伤概率为 2/3, 至多可以将 1.5 架次分配给这个目标, 并且如果将这些攻击架次分配给目标, 则目标一定会被杀伤。

FATHM 之所以强制数学模型为线性的, 是因为其追求速度更快。线性规划是求解最简单的类型, 即便如此, 求解线性规划也是一项繁重的工作, 原因在于变量个数很多。FATHM 线性规划有可能涉及大约 80000 个变量! 为什么有这么多? 假设 100 种目标中的每一种都有可能被 100 种攻击方式中的每一种攻击, 那么必然有 10000 个变量, 因为每个双下标变量都代表以某种方式攻击的某种目标的数量。FATHM 的分配变量实际上有 6 个下标, 所以变量个数很大并不令人意外。也有类似数量的约束条件。主要的约束条件是出动架次不得超过 3 天内所能产生的可出动架次, 但也有和附属目标相关的约束, 如杀伤足够多的红方某种特定类型目标, 从而使战争阶段可以向前推进, 还有其他更多的约束。就算是求解一个如此规模的线性规划也够不容易了, 而且每 3 天时间段内的空战就需要一个单独的线性规划。在这种情形下, 非线性规划的求解实在过于耗时。

空中战斗的目的是尽可能多地杀伤红方的目标价值, 因此必须对红方目标赋值。FATHM 采用了介于军事判断和一致性原则 (5.5 节) 之间的混合方法来做这项工作。首先给双方所有平台都指定一个静态价值。这个静态价值常用的一个尺度是以美元计算的重置成本 —— 军事价值和重置成本的差异应该不大,因为重置过程本身受预算的约束。在每 3 天时段内,每个存活的红方平台将杀伤一定数量的蓝方静态价值。该红方平台的动态价值就视同于这一蓝方静态价值,但是要乘以一个表示时间跨度的时间单位常数,那么,红方平台的总价值就等于其静态价值和动态价值的总和。地面模型以这种方式告知空战模型,哪一个红方目标是特别关键的有待杀伤的目标。一辆红方卡车的总价值只是它的静态价值,而一辆红方坦克的总价值还将包括动态价值,动态价值和当前红方坦克杀伤蓝方静态价值成正比。不必要得出蓝方平台的一个类似总价值,因为 FATHM 是决策方面的单方模型。

5.6.3　实现和使用

FATHM 是编译的 FORTRAN 代码,它利用 Excel™ 工作簿的功能进行输入和输出。在一个多页的工作簿中,用户调整兵力数量和目标静态价值等,然后输出以逗号分隔的文件供 FATHM 随后使用。FATHM 读取这些文件以及先前由 COSAGE 运行过程中输出的猎手 - 猎物记分牌来计算上文所描述的兰彻斯特损耗系数,展开多阶段战斗,然后输出总体损耗结果到另一个以逗号分隔的文件中。这个输出文件随后可以输入到 Excel™中,按照用户的意愿加以显示或处理。图 5-8 是一个图形输出示例,显示

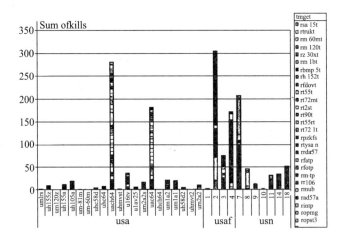

图 5-8　一个 FATHM 战斗的损耗结果

了那些造成最多损耗的蓝方平台。使用 Excel 数据透视表, 能以其他方式显示这些数据。

图 5-8 中, 每个分段垂直条显示每类蓝方作战平台杀伤的红方作战平台数, 各段分别对应右侧显示的代码 (以颜色相区别)。显示的是 21 个陆军平台 (美国陆军)、4 个空军平台 (美国空军)和 7 个海军平台 (美国海军)。注: 所有的结果 (包括平台数) 都是虚构的。

习 题

5.1 当兰彻斯特平方律成立, 并且战斗持续到一方被彻底消灭时, 推导出获胜方剩余兵力数的公式。

    提示: 首先判断哪一方获胜, 进而求解一个二次方程式来确定剩余兵力数。用 $Chapter5.xls$ 中 SquareLaw 工作表检验答案。

5.2 假设兰彻斯特线性律成立, 其中 $x_0 = y_0 = 100, a = 0.01, b = 0.02$。

  (1) 如果战斗持续到一方被彻底消灭, 哪一方将获胜? 剩余兵力数是多少?

  (2) 作为时间 t 的函数, 计算前 50 个时间单位内每一方的剩余兵力数并绘图。使用欧拉法, 其中时间增量为 0.5。

    答案: 在 (1) 中, 蓝方获胜, 剩余兵力数 50。线性律成立时, 任何一方都不能被完全歼灭, 所以 (2) 中的两条曲线应该逐渐接近水平轴, 而不是向下穿过它。请确保 (2) 的答案和 (1) 一致。

5.3 兰彻斯特 (1916) 为了强调集中兵力的重要性, 考察了一个平方律例子, 其中 $a = b = 1$, 双方初始兵力均为 1000 个战斗单位。如果只发生一场战斗, 那么双方将在同一时刻损耗完所有兵力。如果蓝方将兵力分成两部分, 那么蓝方 500 个战斗单位和红方 1000 个战斗单位进行第一次战斗, 随后蓝方另外 500 个战斗单位和红方第一次战斗后剩余的战斗单位进行第二次战斗, 会发生什么情况?

    答案: 红方获胜, 剩余战斗单位数为 707。

5.4 令 $a = b = 0.1, \Delta = 1, x_0 = y_0 = 1000$, 并考察差分方程 (5.2) 的解。这是双方完全势均力敌的休斯齐射方程特例。如果按给定条件求解式 (5.2), 那么双方将在同一时刻损耗完所有兵力。如果红方在每个周期内都先行射击, 会发生什么情况? 也就是说, 如果在更新公式 $y(t + \Delta)$ 中用 $x(t + \Delta)$ 来代替 $x(t)$, 会发生什么情况? 这种情形下红方的优势是多少? 使用电子数据表来计算红方剩余兵力数, 给出量化答案, 为了更精确, 在蓝方剩余兵力数仍然为正的最后一个周期之后, 得出红方剩余兵力数。

    答案: 红方剩余兵力数为 316。

5.5 在例 5.5 中, 使用 $Chapter5.xls$ 中 Endgame 工作表求解蓝方剩余兵力的平均净差额 (3.38)。使用相同的工作表求解蓝方平均剩余兵力数和红方平均剩余兵力数。它们之间的差额是否为 3.38?

    答案: 蓝方剩余兵力数为 4.6, 红方剩余兵力数为 1.22, 所以差额确实是 3.38。

5.6 例 5.6 引用了 $Chapter5.xls$ 中 Tank 工作表。在这场战斗中蓝方坦克的初始数量为 20, 可以通过改变初始单元格来体现这一想法 —— 如果你愿意采用更便宜的指挥系统, 在上一次射偏后需要更长的时间才能再次射击, 即 τ_m 更大, 则可以拥有更多的坦克。特别地, 令坦克的初始数量为 $19+\tau_m$。对 $0.5 \leqslant \tau_m \leqslant 2$, 最好的 τ_m 值是多少?

答案: 如果 $\tau_m = 0.5$, 此时蓝方剩余坦克数为 7.7, 否则剩余数会更少。在这种情形下, 19.5 辆高性能坦克好于数量更多但射击时间更长的坦克。

5.7 使用恩格尔所估计的损耗概率, $Chapter5.xls$ 中 Iwo Jima 工作表复现了硫磺岛战役。以日军部队的初始数量作试验。经过 60 天战斗后, 能使美军参战部队数变为 0 的日军最小初始兵力数是多少? 可以使用 Excel 的工具 / 目标搜索函数。

答案: 34732。

5.8 $Chapter5.xls$ 中 Kursk 工作表的制作目的是使例 5.7 中所介绍的失配值最小化。能否不使用太多参数, 找到一个比当前所描述的更好拟合, 或者使用更少参数, 找到一个略差的拟合? 例如, 可以尝试线性律, 甚至对数律 (损耗和己方兵力数成正比, 而不是敌方兵力数)。要是强制所有节奏参数都等于 1, 又会怎样? 拟合是否会受很大影响?

5.9 对比 2 场发生在蓝方 (x) 和红方 (y) 之间的平方律战斗。在原本的战斗中, $x_0 = 200, y_0 = 300, a = 0.04, b = 0.01$。在修正后的战斗中, $x_0 = 100, y_0 = 300, a = 0.04, b = 0.02$。修正后的战斗思想为, 红方已经弄清了蓝方的 200 个战斗单位中实际上仅有 100 个单位射击, 并将己方所有火力都集中于这些射手。比较这两场战斗。

答案: 到战斗结束, 蓝方将在原本的战斗中获胜, 其剩余单位数为 132, 在修正后的战斗中红方将获胜。

5.10 y 方的几座堡垒中, 每座驻有 1000 人, $a = 0.02$。x 方有 4100 人编为同一群, $b = 0.01$。x 方连续攻击堡垒, 上一波战斗剩余兵力全部投入到下一波战斗。假设每波战斗都持续到一方被彻底歼灭, 请问在 x 被彻底歼灭之前有多少座堡垒被占领? 首先假平方律成立, 然后假设线性律成立。

答案: 平方律成立时, 有 8 座堡垒被占领。线性律成立时, 有 2 座堡垒被占领。

5.11 方程 $dx/dt = -k_1, dy/dt = -k_2, x, y > 0$ 假设在 "角斗士" 战斗中成立, 并进行连续的一对一战斗。当 $k_1 = k_2 = 1, (x_0, y_0) = (3, 2)$ 时, 比较确定型解和随机型解。

5.12 考察一场平方律战斗, 其中 $(x_0, y_0, a, b) = (6, 5, 0.8, 0.9)$, 采用随机型解释。计算战斗结束时剩余兵力的平均净差额 $x - y$。使用 $Chapter5.xls$ 中的 Endgame 工作表解析计算差额, 结合 SquareLawRnd 工作表和 $SimSheet.xls$, 通过蒙特卡洛模拟法进行计算。结果可能不完全一样, 但应该相近。

5.13 在 Ein-A-Tinna 战斗中 (黎巴嫩战争, 1982), 战区在黎巴嫩南部, 这里属于山地, 狭窄、陡峭、蜿蜒的道路纵横交错。机械化部队不得不成一列纵队运动。一个以色列坦克营从南面接近 Ein-A-Tinna 村, 认定村中没有叙利亚军队。当纵队中的第一辆坦克在道路上的马蹄形弯道掉头时, 被村子里的猛烈火力击中而失去战斗能力, 纵队中的第二辆坦克超过第一辆, 接替了先头位置, 重新开始格斗。当它也失去了战斗能力, 第三辆坦克再向前运动, 也遭遇了同样的命运。后来, 战斗态势变得更加复杂, 当另外一支以色列部队从东北方向接近村庄时, 由于误判了态势, 和位于南面的以色列部队发生了交火, 造成了很严重的误伤。就战斗的第一部分所涉及的范围, 一支叙利亚小分队 (约 6 辆坦克), 设法阻止了以色列一个营, 原因在于它能够运用所有的火力, 而以色列部队的火力则由于地形的原因, 缩减为一辆坦克。

为了构建这种情形的兰彻斯特模型, 令 m 为以色列剩余坦克的数量, n 为叙利亚剩余坦克的数量, 并假设所有的叙利亚坦克可以向以色列坦克开火, 而以色列只有一辆坦克 (排头) 可以回击。另外假设, 所有坦克的效能都相同, 而且战斗持续到失败方被全部歼灭。除了对以色列火力的限制, 兰彻斯特平方律将适用。如果每方初始都有 2 辆坦克, 以色列获胜的概率是多少? 另外, 如果一部分叙利亚火力指向不处于排头的以色列坦克, 是否有影响?

答案: 由于不用考虑战斗持续时间, 可以使用马尔可夫方程 (5.10), 其中

$$Q(m,n) = \frac{n}{(1-n)}$$

如果 MOE(m,n) 是以色列获胜的概率, 则 MOE$(m,0) = 1, m > 0$; MOE$(0,n) = 1, n > 0$。使用式 (5.10) 几次之后, 答案为 MOE$(2,0) = 0.36$。如果用正确的转移概率来代替工作表上的 leftprob 函数, $Chapter5.xls$ 中 Endgame 工作表可用来计算。只要叙利亚部队的火力全部瞄向以色列坦克, 不管指向哪一辆, 都不产生影响。

5.14 两个状态变量均为正数时, 方程 (5.1) 在时间周期内的解析解为

$$x(t) = \frac{1}{2}\left(x_0 - y_0\sqrt{\frac{a}{b}}\exp(t\sqrt{ab})\right) + \frac{1}{2}\left(x_0 + y_0\sqrt{\frac{a}{b}}\exp(-t\sqrt{ab})\right)$$

$$y(t) = \frac{1}{2}\left(y_0 - x_0\sqrt{\frac{a}{b}}\exp(t\sqrt{ab})\right) + \frac{1}{2}\left(y_0 + x_0\sqrt{\frac{a}{b}}\exp(-t\sqrt{ab})\right)$$

式中: x_0 和 y_0 表示给定的初始值 $x(0)$ 和 $y(0)$。通过微分证明, 这些解析解确实满足方程 (5.1)。

第 6 章

对策论和对抗模拟

博弈正在进行!

夏洛克·福尔摩斯

6.1 引言

军事行动是在不确定背景下进行的,其中大部分不确定性源于敌人行动的不可预知性。这种不确定性与不知道一枚火箭能否击中目标是两回事。就火箭的情形而言,我们面对的是对后果既不怀有感情,也不怀有期望的一种装置。无论在军事还是民用领域,都有许多这类不确定性的来源,它们都归结于"自然力量"的选择,这个虚构的决策者令其选择无从预测,但从不关心其后果如何。我们经常用赋予其选择一个概率分布的方法对"自然力量"的行动加以量化,就像本书前几章所讨论的那样。

鉴于敌人从本质上对战斗结果怀有强烈的感情,因此关于敌方行动的不确定性应该区别对待。应对敌人的决策与应对"自然力量"的决策性质上不是一回事。军舰在穿过潜艇出没的水域时,有时会选择走一条随机的Z 字形路线,其想法是使潜艇水雷难以精确瞄准。军舰在穿过遍布浮冰的海域时也同样面临着危险,但是它们既不选择走 Z 字形路线,也不尝试以任何方式采取随机行动。这两种情形都涉及不确定性,但是当为了要对付一个有感觉能力的敌人而采取行动时,会有一些根本性的不同。

分析家们在处理多方决策情形时,遵循的是两条不同的思路。一条思路是理论性的,引出对策论 (6.2 节)。另一条是实验性的,引出对抗模拟

(6.3 节)。我们会发现这两条思路各有其优点和缺点。缺点是非常明显的，它们某种程度上解释了为什么大多数战斗模型实际上为单方模型。同样，其优点也不容忽视。

多方模型的一个优点跟使用战斗模型评估新战术或新装备的效果有关。单方战斗模型不得不或多或少地依赖复杂决策规则来表示除了创意一方之外的所有参与者，而这些决策规则典型地试图效仿以往对手的行为，在单方模型中，由于其规则中缺乏足够的适应性，创意的效果有可能被放大。现代机枪会对美国内战期间出现的那种集群步兵冲锋构成毁灭性的杀伤，机枪的效果最终会改变步兵战术的性质，以减缓机枪的效果。但是在内战期间的单方模型规则中，这种变化是难以提前预知的。多方模型提供了更好的机会来预测对此类创意的相应战术响应，或是通过人类天生的智慧 (对抗模拟)，或是通过优化 (对策论)。

6.2 对策论

不要被名字误导 —— 这套理论不仅仅旨在指导下棋或剪刀石头布等这类室内游戏，尽管经常用这类游戏来举例。其整套理论是第二次世界大战结束时由冯·诺依曼和摩根斯特恩 (1944) 提出的，在其开创性的著作中，清晰地阐述了这套理论，他们希望运用对策论来分析军事和经济问题，也包括室内游戏。所有这些问题的核心特征是对策的结果取决于多方决策者的行动，并且这些决策者不是都渴望同一结果。通过将每个局中人的效用作为所有局中人的策略选择的函数加以确定，对问题进行形式化表示，就得到了冯·诺依曼和摩根斯特恩所说的一局对策。

二人零和 (TPZS) 对策是一类特殊的对策，恰好有两个完全对立的局中人，诸如国际象棋、十五子棋、井字游戏和剪刀石头布等大多数室内游戏，就是这类例子。棒球也属于此类 —— 尽管在棒球比赛中每一方或每个"局中人"由多人组成，重要的是每方的所有人员其目标是完全一致的。垄断 (当有两个以上局中人加入时) 就不属于 TPZS 对策。

本章全部围绕 TPZS 对策展开。做此限制主要有两个原因：

(1) 战斗通常涉及敌对双方；

(2) TPZS 理论比一般形式对策论有更好的形式。

对于第二个原因，好奇的读者可以在互联网上搜索一下"囚徒困境"，这是一个引人入胜的二人非零和对策的例子，这种对策曾经是并且依然是很多分析问题的对象。尽管它既简单又包含许多中肯的思想，还是没有公认"最优"的方法来用于对策。我们的意思并不是要否定一般对策论的重要性，它们正在越来越多地用于构建经济形势模型，如拍卖模型，并且的确具有潜在的军事应用价值。不过，TPZS 对策这部分理论完全可以满足此处的研究目的。

6.2.1 矩阵对策和决策论

任何对策规则都必须明确规定各方可用的可能行动或"策略"，和以这些行动为参数的每个局中人的支付。在 TPZS 对策情形中，由于局中人完全对立，只要一个支付函数就足够了。习惯上定义局中人 1 为最大化局中人，局中人 2 为最小化局中人，在这种情形下，支付函数本质上是以局中人 1 的效用作为对策的结果。如果每个局中人只有有限数目的策略，对策规则可以通过一个单一的矩阵表示，它代表的是局中人 1 的支付，其中一行代表局中人 1 的一个策略，一列代表局中人 2 的一个策略。第 i 行和第 j 列的元素通常称作 a_{ij}。这是局中人 1 想要使之最大化的支付，同时也是局中人 2 想要使之最小化的支付。

同样的矩阵符号恰好也可以用来描述局中人 2 被"自然力量"所代替的决策问题。在把这样的矩阵视为对策之前，让我们来回顾一下传统决策问题的理论解。自然力量选择其中一列，决策者选择一行，并且不知道自然力量的选择。为了量化自然力量的行动，引入一个概率分布 y，y_j 表示自然力量选择第 j 列的概率。当决策者选择第 i 行时，平均支付为

$$\mathrm{avg}_j \equiv \sum_{j=1}^{n} y_j a_{ij}$$

式中：n 代表自然力量可能的选择数。局中人 1 应该选择 i 使 avg_j（其期望效用）最大化。

例 6.1 在第二次世界大战中，曾经一度有携带深水炸弹的飞机起飞试图去击沉潜艇，在飞机起飞之前，每枚深水炸弹可以设置为在深水还是浅水爆炸。而潜艇目标可能在浅水位，也可能在深水位，这取决于潜艇获得多少关于迫近攻击的警告。希望将这种情形作为一个决策问题来建模，其中飞机决定如何设置深水炸弹的爆炸深度。在设定深度时，飞机并不知道待攻击潜艇的深度，但是知道表 6-1 中所列的支付值，显示了击沉潜艇的条件概率，它是一个关于深水炸弹设定值（浅或深）和潜艇深度（浅或深）

的函数。

在表 6-1 中, 对付浅水潜艇的最佳设置值是浅水, 对付深水潜艇的最佳设置值是深水。但是飞机在设定时, 并不知道将要遇到的情形是浅水潜艇还是深水潜艇。这个难题的传统解法是引入一个浅水或深水的分布 y, 这里取 $y = (0.4, 0.6)$。这样, 在飞机实际投掷深水炸弹时, 大多数潜艇已经设法位于深水, 在攻击发起时, 仍有 40% 潜艇位于浅水。在第二次世界大战中, 这种特定的概率分布源自作战经验。由于 $\text{avg}_{sh} = 0.4 \times 0.5 + 0.6 \times 0.1 = 0.26$, 并且 $\text{avg}_{dp} = 0.17$, 深水炸弹的最佳设定值为浅水。这两个平均数是根据全概率理论得出的无条件击沉概率, 因此, 当将深水炸弹设定为浅水时, 飞机应期望其 26% 的攻击取得成功。在这个例子中有三个情况是真实的:

(1) 遭遇时, 大多数潜艇位于深水;

(2) 对于深水潜艇, 最佳深水炸弹设定值为深水;

(3) 最佳深水炸弹设定值为浅水。

除了假设数据的精度外, 这个例子实际上是一个真实的故事。它常用来说明基于决策论的定量方法的优点 (莫尔斯和金博尔, 1950, 第 3.4.8 节)。在战斗的压力下, 很容易得出前两个观察结果, 并得出 “符合逻辑的” 结论, 即最佳设定值为深水。然而经过更仔细的分析却得出了相反的结论, 并且效能得以大幅提升。

表 6-1　在 4 种情形下击沉潜艇的条件概率

	浅水潜艇 (SH)	深水潜艇 (DP)
深度为浅水 (sh)	0.5	0.1
深度为深水 (dp)	0.125	0.2

在例 6.1 中, 假设 $y = (0.4, 0.6)$ 是分析的关键。潜入深水是当时德国潜艇在看到飞机时习惯的响应, 但偶尔也会令人惊讶的浮出水面, 受到攻击时在浅水位被击沉。从而处于浅水位的时间段实质上是 “令人惊讶的时间段”, 在这段时间内, 潜艇处于失控状态。假设去除这一难题, 这是当时装备所特有的不足, 赋予潜艇指挥官关于潜艇深度的自主选择权, 再次提出深水炸弹的设定值应为多少的问题。我们无法再假设 $y = (0.4, 0.6)$, 但仍然有必要就潜艇的选择做出某种假设。

这样一个假设是最坏情形分析的 “保守” 假设。这相当于假设如果设定值为浅水, 潜艇将位于深水位, 反之亦然。则我们的结论是最佳设定值为深水, 潜艇将有 0.125 的时间会被击沉 (如果设定值为浅水, 潜艇的击沉概率仅仅为 0.1)。忽略战术上的问题, 如果深水炸弹一直设定为深水, 潜艇将会至少有 0.125 的时间会被击沉。

最坏情形分析就局中人 2 的行为做出两种假设。一是他与局中人 1 完全对立。另一个假设是局中人 2 无所不知, 原因在于实际上假设局中人 2 是在完全知悉局中人 1 选择的前提下做出自己的选择。对策论思想保留第一个假设, 而不是第二个假设。当然第二次世界大战时期的德国潜艇都不是无所不知的 —— 潜艇指挥官怎么会知道深水炸弹的设定值呢? 正如飞机不知道潜艇的深度一样, 潜艇也不知道深水炸弹的深度设定值。在决策论中, 两个局中人被对称看待, 彼此都不知道对方的选择。

假设每个局中人是在不知道对方选择的前提下采取行动的, 问题在于这一假设首先看起来毫无结果。如果飞机认为潜艇更愿意处在深水位, 那么它将把炸弹深度设定为深水。同时如果潜艇想到飞机可能会认为艇潜将选择深水位, 那么它可以实际选择浅水位。"如果他认为我认为他认为 ……" 这种回归显然没有尽头, 并且也不能作为行动理论的依据。TPZS 对策也不是基于这种回归。

双方的解决方案就变成只是简单地随机采取行动, 即使它是经过某种精心选择的随机性。冯·诺依曼 (1928) 提出如果采用此类随机的或是混合的策略, 所有二人有限零和对策将有一个令人满意的解的概念。下面是我们 "满意" 的解释。

定义 6.1 给定支付矩阵 (a_{ij}), 如果存在一个 x 和 y 的概率分布, 以及数值 v 满足公式

$$\sum_{i=1}^{m} x_i a_{ij} \geqslant v, \quad j=1,2,\cdots,n$$

并且

$$\sum_{j=1}^{n} y_j a_{ij} \leqslant v, \quad i=1,2,\cdots,m$$

则一个 $m \times n$ 的 TPZS 对策有一个解。如果满足所有条件, 则该概率分布称为 "最优混合策略", 数值 v 则称为 "对策的值", 并且 (x,y,v) 叫做对策的解。

在定义中, 第一个不等式条件表明如果局中人 1 根据 x 选择一行, 不管局中人 2 如何选择, 即使他知道 x, 其平均支付最少为 v。第二个条件保证, 如果局中人 2 根据 y 采取行动, 即使局中人 1 知道 y, 其支付永远

不会超过 v。接受这两个条件, 则可以确定每一方都可以保证得到 v, 而不管对方如何行动, 因此 v 应该称作对策的值。在这里不要因为 "平均" 这个词而分心, 这并非暗示对策必须反复进行。即使只是赌一次, 那也要挑赢的概率最大的赌法。

深水炸弹对策问题有一个解, 它的值为 $7/38$ (≈ 0.18)。局中人 2 能保证通过选择 $y = (4/19, 15/19)$, 击沉概率不会超过这个值。为了验证这一结论, 用这一分布代表常规决策论问题中 "自然力量" 的选择 (习题6.1)。局中人 1 有两种选择, 都会导致击沉概率为 $7/38$。事实上, 这个对策论的求解可以认为是最坏情形分析, 其中的 "情形" 指自然力量的概率分布 —— 没有比 y 更糟糕的概率分布了。飞机采用 $x = (3/19, 16/19)$, 可以保证能得到同样的值。如果每枚深水炸弹都根据这一分布来设定为浅水或深水, 那么潜艇就没有任何办法阻止有 $7/38$ 的时间被击沉。即使 x 通过在深水炸弹中加入一个随机数产生器来实现, 从而使飞行员不必要采取任何行动, 即使其中一枚深水炸弹被潜艇部队捕获并加以研究, 仍然没有办法阻止潜艇有 $7/38$ 的时间被击沉。任一方都不必对其最优混合策略保密, 尽管对于进行任何特定的对策而言, 由分布中所作的选择毫无疑问都不应该泄露出去。双方的混合策略都具有使平均支付相等的性质, 这在对方而言也是一目了然的, 每个值都可以通过构造两个符合那项要求 (习题6.2) 的线性方程推导出来。

所有二人有限零和对策都有一个解, 正如冯·诺依曼 (1928 年) 所证明的那样。他的证明并非构造性的, 但是目前已经有计算求解的高效方式。一种方式是求解一个优化问题, 其中某个局中人对变量 v 进行最优化, 前提条件是服从上述定义中的约束。例如, 对于局中人 2, 目标是求最小化的 v, 前提条件是服从如下约束条件: y 必须是一个概率分布 (总和是 1, 没有负值)。并且对于所有 i, 都满足 $\sum_{j=1}^{n} y_i a_{ij} \leqslant v$。$Chapter6.xls$ 中的 GameSolve 工作表中有一个实现程序, 用户向其中输入任意一个对策矩阵, 求解器就会求出解, 包括最优的 y。最优的 x 可以由与局中人 1 相对应的优化问题来确定, 并且可以保证产生相同的对策值。然而, 局中人 1 的混合策略原来就是局中人 2 的最小化问题的两个变量, 因此, 只一个最小化问题就可以求解出全部混合策略。GameSolve 探讨了这一现象, 用一个单独的最小化问题, 提出了双方的最优策略。

冯·诺依曼的存在定理约定: 策略的数量必须是有限的。有些对策有无限多个可能的策略, 也有解, 但有些则无解。一个后者的例子是 "挑最大数"。两个局中人各在一张纸上偷偷地写下一个数字。然后比较数字, 当且仅当局中人 1 的数字大于局中人 2 的数字时, 局中人 1 赢。这套规则的定义无懈可击, 但显然找不到最优化的方法玩这个游戏, 无论有没有一个随机数发生器。

到此为止, 本节总结了大约一个世纪以来, 关于如何求解竞争性决策问题的思想, 在 1928 年以前, 其结果一点也不清楚 —— 冯·诺依曼的理论一度被一些有影响力的数学家认为是错误的。然而事实是, 如果允许采用混合策略, 则就目前所知, 所有的二人有限零和对策都有一个解。你会发现这一胜利是不令人信服的。大多数人并不会受到随机性决策这一思想的吸引, 无论其必要性看起来多么合乎逻辑。作者的经验是, 作为军官, 对于碰到诸如 "上尉, 我们应该向左转还是向右转?" 这类问题时, 回答以 "抛硬币" 这种想法是极为反感的。而基于对对手选择的猜测采取行动的想法更让人满意, 当然, 尤其是当事实证明这一猜测是正确的时候。尽管冯·诺依曼已经证明, 从头到尾经历试图猜透对手的整个过程的做法既非必要, 可能也是不明智的, 但事实是大部分人仍然宁愿一试。这个事实的证据就是世界猜拳协会的存在, 它举办猜拳专家相互竞争的锦标赛。很容易证明, RPS 是一个二人有限零和对策, 其中每一方的最优策略是以 1/3 的概率选择各种出拳手法 (习题 6.3), 因此, 任何带着随机数发生器的新手都可以通过简单的随机选择策略以避免输给世界上最伟大的 RPS 选手。该协会的会员固然对这一点心知肚明, 但仍然乐此不疲。

尽管试图去猜透对手的心思是人类的嗜好, 冯·诺依曼的定理依然成立。如果没有其他的值得注意, 至少要注意到, 对策值 v 是一个用单一的相同数值来概括一个复杂局面的方法。在战斗模型中, 可以说每一次飞机和潜艇遭遇, 飞机会以 7/38 的概率击沉潜艇, 而不用在乎细节如何, 只要两个局中人都是理性的。这样的简化通常是有价值的。

例 6.2 布洛托上校有三个团可用于攻击两座要塞, 并且必须决定用几个团攻击每座要塞。他的对手有四个团可用来防守, 而他也必须在两座要塞之间分配兵力。每一方都知道对方的总兵力, 但是都不知道对方如何分配兵力。当且仅当所分配的兵力严格大于防御方时, 布洛托能够攻取一座要塞, 而且他的目标是攻占尽可能多的要塞。他应该如何分配兵力呢?

我们首先注意到, 最坏情形分析结果是布洛托根本没有攻占任何要塞, 原因在于他在数量上居于劣势。布洛托只能寄希望于对方无法预测他如何分配兵力。

把这个问题作为一个对策来求解, 首先辨识出布洛托及其对手所有的可行策略。布洛托有四个策略, 而他的对手有五个。图 6-1 显示的是一个支付矩阵, 使用黑体符号 uv 代表兵力使用策略: 将 u 个部队用于第一个要塞, 将 v 个部队用于第二个要塞 (跟通常以黑体符号代表向量和矩阵这个用法相比, 这是一个例外)。

在 "GameSolve" 工作表给出一个 4×5 的对策矩阵 (行和列的名字没有输入) 并求解对策问题之后, 我们得出一个解为: $x = (0.5, 0, 0.5, 0)$, $y = (0, 0.5, 0, 0.5, 0)$, 此时 $v = 0.5$。布洛托通过掷硬币在 30 和 12 之间做出决定, 能保证有一半时间战胜 (攻占) 一座要塞, 但无法保证任何比这好的结果。布洛托的另一种备选最优混合策略是掷硬币在 30 和 03 之间做出决定。而防御方掷硬币选择 31 或 13。

	40	31	22	13	04
30	0	0	1	1	1
21	1	0	0	1	1
12	1	1	0	0	1
03	1	1	1	0	0

图 6-1 布洛托所攻占的要塞数 (是其自身及其对手的兵力分配的函数, 策略名称用黑体表示)

现代计算机的性能非常强大, 足以用程序求解出有几千个策略的对策问题。例如, 深水炸弹这个问题, 即使双方有数千种不同的深度选择, 而不仅仅是两种选择, 都可以用计算机求解。

尽管求解现代线性规划的代码效率很高, 然而, 许多对策问题实在太大而无法用上述矩阵形式来求解。如果布洛托有 10 个团去攻击 10 个要塞, 那么支付矩阵将会有 92378 行, 而不是 4 行。并且如果这 10 个团各不相同, 行数将会更大。作为一个实际问题, 即使列出布洛托所有的可行策略, 那也是一件令人生畏的工作。虽然在原则上, 任何有限对策都可以通过首先构建其支付矩阵来求解, 有时换一种不同的表达方式不失为一个明智的选择。后续各节将研究一些这种可能性。

6.2.2 树形对策和鞍点

很多对策问题涉及一系列步骤, 每个步骤是局中人 1、局中人 2 或 "自然力量" (随机步) 的一个选择机会。这类决策的规则可能更适于用树形图表示, 而不是表示为一个矩阵。图 6-2 就是一个例子。游戏从树根开始, 此处局中人 1 必须在三个分支当中作出选择, 局中人 2 须从其中两个分支中作出一个选择, 剩下那个留给 "自然力量"。支付由树末端的 "叶子" 显示。局中人 1 追求最大化, 局中人 2 追求最小化, "自然力量" 依据其每个选择所对应的树枝上所显示的概率随机做出选择 (图 6-2 中的实心点)。

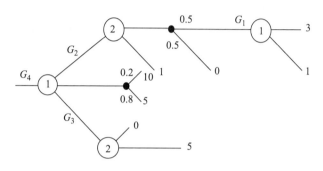

图 6-2 一个简单的树状决策

图 6-2 中, ○ 表示其编号出现在圆圈中的局中人的步骤, ● 表示随机选择。其概率在分枝上给出。游戏由树根开始, 并且结束于那些不会产生新分枝的叶子。每个叶子上所给出的数字就是支付, 符号 G_n 仅仅是为了讨论的方便, 并不属于规则的一部分: G_n 指的是紧随符号的子树, G_4 则表示树根。

尽管游戏开始于树根, 但找到最优策略的最好办法却是从终点处开始计算, 然后 "反推"。这样, 在 G_1 点, 局中人 1 会选择 3 而不是 1。因此, G_1 点可以认为是一个支付为 3 的叶子。之前的 "自然力量" 步骤从而等于 3 和 0 的平均值, 即 1.5。由于局中人 2 更愿意选择 1 而不是 1.5, G_2 相当于一个支付为 1 的叶子。G_3 的值为 0, 因此, 对策 G_4 的值是 1、6 和 0 当中更大的, 也就是 6。*Chapter6.xls* 的 Tree 工作表自动实现了这种推理方法。当双方都用最优化的方式去进行对策时, 局中人 1 在 G_4 点选择中间一枝,"自然力量" 依据给定的概率选择 10 或者 5, 从而对策结束。实际上, G_n 是一个其支付可能包含其他对策的子对策。

在进行图 6-2 所示的树形对策时是很枯燥的 (局中人 2 甚至从未有机会做出任何选择), 但仍然展示了这类对策的所有特征。树形对策包含更有趣的游戏, 如井字游戏和国际象棋 (没有随机步)、十五子棋 (有随机步), 以及大多数会用到掷骰子和一个双方随时可见的棋盘的军事棋盘游戏。例如国际象棋, 白棋第一步有 20 个分支 (16 个兵步和 4 个马步), 最终在叶子处的支付为 1 (白棋胜)、–1 (黑棋胜)、0 (平局)。此外, 所有此类游戏原则上都可以用反向代入法来求解。据知, 井字游戏和西洋跳棋的值都是 0, 象棋的值不知道是多少, 但可以确定的是要么是 1, 0, 要么是 –1。根据对称性, 十五子棋的值是 0, 但玩此类游戏的最佳策略不得而知。只是在井字游戏的情形下, 明确地画树而后使用反向代入的方法实际上有可能是可行的 —— 在其他情形下, 树变得非常大而无法处理, 无论如何, 用树来表达对策依然是一种有用的概念方法。

树形对策也可以表示成矩阵对策。例如, 图 6-2 的对策中, 局中人 1 的策略之一是, "首先向 G_2 移动, 如果曾经到达 G_4, 则取 1"。由于在 G_4 处的行为, 这个策略并不是特别明智, 但对任何策略的全部要求是无论其他局中人走哪一步, 该策略都应该是一个完整的选择规则。最初的目标只是列出所有可能的策略, 而不是寻找最佳策略。局中人 1 有另外三个不同的策略, 并且局中人 2 也恰好有四个策略, 局中人 2 的一个策略是 "在 G_2 处选择 1 或是在 G_3 处选择 5", 如果局中人 1 指定的策略与局中人 2 的相匹配, 那么他的支付将是 1。只要有足够的耐心, 可以指定各方的全部四个策略, 并可以为这个对策填出一个 4×4 的支付矩阵。如果这样做了, 我们将会找出一个在其所在列中最大, 同时在其所在行中最小的矩阵元素, 即这个矩阵的鞍点。对于图 6-2 的对策, 所对应的行是 "在 G_4 处, 选择移交给自然力量", 这个鞍点的值是 6。

如果支付矩阵有一个鞍点在 (i, j), 那么局中人 1 可以选择 i 行来确保 a_{ij}, 而无论局中人 2 做何选择。同时, 局中人 2 可以选择 j 列来确保 a_{ij}, 而无论局中人 1 做何选择。在这样的对策中没有必要使用混合策略, 因为双方都不必借助随机选择就可以确保对策值。出于这个原因, 树形对策有时称为 "严格确定的"。从而在将树形对策表达为矩阵对策的过程中, 没有计算点, 也没有什么新的发现, 反向代入总之是一个效率更高的求解方法。此处要点在于, 树形对策是一类特殊的对策, 对于此类对策, 有比线性规划效率更高的求解方法。

树形对策有时也称为 "完全信息" 对策, 其要点在于, 在树形对策中, 每当一个局中人要做出选择时, 他总是确切地知道自己在树中的位置。在 1928 年之前好长时间, 就有了适用于树形有限对策的定理 (泽梅洛, 1912), 而直到 1928 年, 冯·诺依曼才证明了它适用于所有 TPZS 对策的定理。

尽管许多室内游戏属于完全信息对策, 但是也有许多并非如此, 因而无法表示为树状图。这些游戏包括大多数纸牌游戏 (看不到其他局中人手中的牌)、盲棋 (看不到其他局中人的棋子)、战舰 (看不到其他局中人战舰的位置) 以及石头 — 剪刀 — 布 (看不到其他局中人的手形, 至少不够及时以影响自己的选择)。尝试把石头 — 剪刀 — 布游戏表示成一种树状对策, 就不得不把局中人 1 或局中人 2 置于根部, 而该局中人则注定要输。

6.2.3 可解对策

我们已介绍了两种求解对策的方法 — 求解 6.2.1 节的矩阵对策的线性规划法, 以及求解 6.2.2 节的树状对策的反向代入法。然而, 有许多有趣的大型 TPZS 对策不适合用上述任意一种方法来求解。尽管有许多求解大型 TPZS 对策的方法, 但是大多数求解方法要利用某种特殊性质, 使得不必要一开始就列举出所有可能的策略, 如矩阵对策, 或者画出完整的一棵对策树。本节不具体说明到底如何利用特殊性质, 而是目的在于描述几类大型 TPZS 对策, 对于这些大型对策, 其求解方法可以作为一种实用方法进行计算。

1. 猜谜游戏

矩阵对策最常见的直接来源之一是: 局中人 2 选择了一个数字, 而局中人 1 会由于猜中近似相同的数字以某种方式获得回报。这个数字可能是潜艇的深度, 如前文所举深水炸弹的例子, 也可能是一个躲藏的位置、一个通信频率、一个行动时间, 或者是一条行进路线。局中人 1 几乎猜对时, 回报通常最高。有时会计算出对策值用于后续研究。例如, 在一艘潜艇选择其深度和一艘水面舰艇选择其吊放式声纳深度的对策中 (习题 6.5), 有时可能会计算出等效探测距离作为对策值。8.5.2 节就是一类产生于地雷战中的猜谜游戏的例子。沃什布恩和伍德 (1995) 介绍了一类在道路网上进行的猜谜游戏。

例 6.3 局中人 2 可能藏匿于 n 个房间中的一个, 局中人 1 有一次机会找到他。如果局中人 1 找错了房间, 那么发现概率为 0。如果局中人 1 搜查房间 i 而目标确实在内, 发现概率则为给定的数字 p_i, 对于 $n = 3$, $\boldsymbol{p} = (0.25, 0.5, 1)$, 生成的支付矩阵如下。

这个对策的解是 $\boldsymbol{x} = \boldsymbol{y} = (4/7, 2/7, 1/7)$, 且 $v = 1/7$。通常, 此类对策的解可以根据以下原则推导出来: x_i, y_i 应和 p_i 成反比。这个解的 $\boldsymbol{x}$ 部分在某种程度上令人惊讶。我们有可能主张局中人 1 应倾向于 p_i 较大的房间, 道理在于他最擅长搜查这样的房间。而事实正好相反; 一个更好一些的观点应该是局中人 1 会倾向于 p_i 较小的房间, 因为那才是局中人 2 可能藏匿的地方。

	1	2	3
1	0.25	0	0
2	0	0.50	0
3	0	0	1.00

2. 布洛托对策

6.2.2 节中给出了一个简单的例子。通常, 一个布洛托对策包含一个在 n 个区域内展开的竞赛, 两个局中人各拥有一份总资源, x 供局中人 1, y 供局中人 2。每个局中人在区域内秘密分配其资源, (x_i, y_i) 分别表示局中人 1 和局中人 2 对区域 i 的分配量。在区域 i 中, 局中人 1 的支付为两个分配量的某个给定函数 $A_i(x_i, y_i)$, 总支付是单个支付的总和。在大多数应用中, 在目标 i 处的支付是对应两个局中人分别作为进攻方和防御方的分配量, 第 i 个目标被杀伤的概率。总和则表示 "所杀伤目标的平均数"。随 n、x 和 y 迅速扩展的策略, 使得直接法不再有吸引力, 但据知仍然有高效的求解方法。一般思想是与每个目标相对应, 构造 n 个小型解, 而不是构造唯一的一个大型解 (拜尔和赫塞尔登, 1962; 沃什布恩, 2003b, 第 6 章)。

对于布洛托对策的极大兴趣来自于冷战时期防卫一群目标免受洲际弹道导弹袭击的问题。在此案例中, 在观察到有关攻击的任何迹象之前秘密分配 ABM 防御等级的战术称为 "预先分配防御"。鉴于这种防御具有后发制人的优势, 因此可以期待更好的防御效果。如果能在区分 y 之前观测到整个向量 x, 这种防御可以放弃那些被猛烈袭击的目标, 以求保存那些受攻击猛烈程度更低的目标。但是这个想法依然存在一些实际困难。尽管洲际弹道导弹不难跟踪, 但真正的威胁却来自导弹所携带的再入飞行器 (RV)。RV 是可机动的, 在受到撞击仅仅几分钟之内便会脱离, 还可能携带有能对 RV 进行伪装直到对策后期的假目标。此外, 如果所有的洲际弹道导弹不是同时发射, 攻击的已知部分不会达到 x, 那么问题是保留多少枚 ABM 以备未来之需。诸如此类的考虑促成了预先分配防御策略的产生, 其中保留了一定数量的 ABM 以防护目标 i, 而不管观测到了哪些攻击迹象, 或者攻击何时发生, 正如在布洛托对策中一样。为了简化最后时刻控制问题, 该防御策略从本质上摒弃了任何可能缘自进攻后才采取行动的优势。一个预先分配防御仍然对其分配保密,从而迫使进攻方猜测对于任何特定目标到底多大攻击强度是必要的。这使得预先分配防御比普瑞姆—瑞德防御 (4.2.4 节) 更为有效,后者也放弃了保密的优势。艾克勒和伯尔 (1972) 包含了此类导弹分配问题的广泛研究。

在这里,重要的一点是,大型布洛托对策不论是否是由导弹分配所引起,都能作为一个实际问题得以解决。

3. 马尔可夫对策

一个马尔可夫对策实际上是一类子对策,其中一对策略的选择除了对局中人 1 造成立即支付之外,还将引出一个新的同类子对策。树状对策属于马尔可夫对策,但马尔可夫类更具一般性,道理在于这些子对策不一定非得是完全信息对策,并且可以重复。美式橄榄球就是一个很好的例子:每一局比赛 (每个子对策) 引出另一局比赛,直到比赛最终结束,有一些局得分而另外的不得分。尽管每个子对策都足够小,可以作为一个矩阵对策来求解,但作为一个整体,这个对策的规模过大,不允许用矩阵方法来求解。计算思路是对子对策求解而不是把对策作为一个整体,在需要子对策时代入对策值。细心的读者会注意到在决定从何处开始时存在一个潜在的困难,因为试图求解的子对策可能取决于其他尚未解出的子对策值。的确容易证明存在含有此类致命循环的马尔可夫对策,但只要某些条件 (美式橄榄球中的时钟) 强制该对策最终结束,通常是不存在理论困难的。

马尔可夫对策主要应用于空中战斗。现代战斗轰炸机非常灵活,它们可以承担多项任务,但它们一次只能执行一项任务,并且必须携带相应武器起飞。第二次世界大战中,海军面临一些极其紧张的时刻,舰队司令不得不做出决择,是派出防御性的战斗机还是进攻性的轰炸机,而最终支付很大程度上取决于敌方所作出的相似决定。当双方空军陷入旷日持久的战斗中时,很容易想象出在任何给定一天发生的子对策,其中双方都竭力猜测对方此时的行动,而错误的猜测则将导致第二天的不利子对策。博克维茨和德雷舍 (1959) 分析了这样一种情形: 每天每一方为单一类型的飞行器分派三项任务之一: 地面支援、夺取制空权或防空。美国空军的 TAC CONTENDER 模型要求更高,包含了更多任务及种类繁多的飞行器。布莱肯等 (1975) 回顾了求解方法,并提出了一些近似处理规程。

4. 连续对策

在此,我们假设支付是两个局中人策略的一个连续函数 $A(x,y)$。在适当条件下 (沃什布恩,2003b),依然存在最优混合策略和一个对策值。这类对策显然不能表示为矩阵对策, 但对策的求解方法却惊人地相同。

例 6.4 假设 x 和 y 分别限制在单位区间内, 当且仅当 $|x-y| \leqslant 0.2$ 时局中人 1 获胜。这个对策的值则为 1/3。局中人 2 可以通过在集合 $\{0, 0.5, 1\}$ 中以同等可能性选择 y 来加强这个值。局中人 1 对 x 的选择无法超过这些点中的两个点, 因此对策的值不能超过 1/3。局中人 1 的最佳策略是以同等可能性从集合 $\{0.2, 0.5, 0.8\}$ 中选择 x。三个长度为 0.4 的子区间, 分别以那些点中的一个为中心, 完全覆盖了单位区间。单位区间内的任何点 y 必然位于距那些数值之一 0.2 的范围内, 因此即使局中人 2 知道有这样一个集合, 在选择 y 时他也无法避免全部三个子区间。因而局中人 1 能够保证支付至少是 1/3, 所以这个对策的值一定是 1/3。注意, 这个值不是 0.4 —— 局中人 1 可以覆盖的单位区间的比例。这是末端效应的影响。同时还需注意, 两个局中人都未使用连续性选择, 即使这样的选择是可行的, 此外最优策略并不唯一。

用于求解例 4 的方法只是简单地说明了对策的求解过程, 随后证明了其最优性。拉克 (1983) 定义了一类对策, 称为 "几何对策", 并利用这种方法求解了其中许多对策。还有局中人使用完全连续性选择的连续对策, 尤其在决斗中, 每个局中人必须选择何时开火。这几乎没什么可模仿的, 因为秘诀在于要足够聪明以便首先看出解, 但是有一个连续对策的子类, 其中一个更系统的方法是可行的。

如果 $A(x, y)$ 是 x 关于每一个 y 的凹函数, 则可以证明出局中人 1 的任何混合策略总是不如使用混合分布平均值的纯策略, 即局中人 1 使用混合策略没什么用。由此推出, $v = \max_x \min_y A(x, y)$, 其中, 最大值和最小值取自任何对于 x 和 y 可行的集合。类似地, 如果 $A(x, y)$ 是 y 关于每一个 x 的凸函数, 那么局中人 2 使用混合策略也没什么用, 并且 $v = \min_y \max_x A(x, y)$。如果两个条件都成立, 就得到一个凹凸对策, 其中 $\max_x \min_y$ 与 $\min_y \max_x$ 的值相等, 即该对策有一个鞍点。在多维对策当中, 可以证明同样的结论成立。

假设有 n 个时机或 n 个区域供局中人 1 采取行动, 他必须选择其中一个, 而局中人 2 必须进行全面防御。如果局中人 1 选择区域 i, 局中人 2 对该区域的防御水平为 y_i, 则支付就是某个给定的凸函数 $f_i(y_i)$。局中人 2 必须对所有的可能性做出防御, 但他仅有有限总预算 y, 必须分配给 n 个区域。这些区域可能是毒品走私路线、恐怖袭击的时机、生物制剂、潜艇可能巡逻的海域, 或者是独立的船运路线。这类对策命名为

"后勤对策"。如果 x_i 是局中人 1 选择 i 区域的概率, 那么平均支付就是 $A(\boldsymbol{x},\boldsymbol{y})=\sum_j(x_i f_i(y_i))$。由于这是一个 $\boldsymbol{y}$ 关于所有 $\boldsymbol{x}$ 的凸函数, 对策的值与 $\min_y \max_x$ 值相同 —— 局中人 2 选择 $\boldsymbol{y}$ 就像局中人 1 在选择 $\boldsymbol{x}$ 时已经知道 $\boldsymbol{y}$, 即使局中人 1 并非真正拥有那种特权。由于在 $\boldsymbol{y}$ 已知的条件下选择 $\boldsymbol{x}$ 相当于选择支付最大的区域, 站在局中人 2 的立场上, 这在本质上属于最坏情形分析。最优 $\boldsymbol{y}$ 是含有变量 $\boldsymbol{y}$ 和对策值 v 的一个最小化问题的解。特别地, 局中人 2 应当使 v 最小化, 条件是满足约束 $\boldsymbol{y}$ 可行并且 $f_i(y_i) \leqslant v,\ i=1,2,\cdots,n$。

一个最优 $\boldsymbol{x}$ 不会来自于局中人 2 的最小化选择, 但也仍然存在这样的 $\boldsymbol{x}$。也就是说, 存在某个概率分布 $\boldsymbol{x}$, 使得即使局中人 2 知道 $\boldsymbol{x}$, 他也找不到任何 $\boldsymbol{y}$ 可使得 $A(\boldsymbol{x},\boldsymbol{y}) < v$。局中人 1 必须随机从这一分布中选择一个区域, 并且对局中人 2 保密; 如果不保密, 局中人 2 可能会发现所选择的这一区域, 并将他全部的资源投入这一区域, 这样将使得支付小于 v。

例 6.5 局中人 1 从四个区域中选择一个以攻击局中人 2。如果攻击被阻止, 则不会产生损耗, 否则对区域 i 的攻击所产生的损耗为 d_i, 其中 $\boldsymbol{d}=(1,2,3,4)$。假定未遭阻止的概率是 $\exp(-y_i)$ (这是随机搜索的公式, 见 7.3.2 节), 则如果局中人 1 选择区域 i, 局中人 2 的平均损耗为 $f_i(y_i)=d_i\exp(-y_i)$。如果局中人 2 拥有总资源 $y=3$, 要分配到这四个区域, 他应该如何做呢? 求解过程见 *Chapter6.xls* 的 Logistic 工作表, 它在形式上是一个最小化问题, 在对输入进行调整后求解 (工具/求解器)。这个对策的值是 1.06。并且最优的 $\boldsymbol{y}$ 是 (0, 0.63, 1.04, 1.33)。大部分防御资源分配给区域 4, 其中期望损耗最大。而区域 1 根本未加防御 (它也不应被攻击, 道理在于其中的潜在损耗小于对策值)。如果你愿意, 也可以通过调整 $\boldsymbol{y}$ 值, 重新求解这个对策, 来看一下防御预算的分配有何不同。

另外一个后勤对策的例子在 8.5.3 节中, 是一种对于地雷战的应用。

尽管后勤对策是最简单的, 但并不是唯一应用于军事问题的凹凸对策。只要局中人 1 简单地选择一个区域, 局中人 2 的资源分配问题就可能相当复杂。局中人 2 可以为其兵力分配 "任务", 而不是直接分配至各个区域, 每一项任务在多个区域内达成部分效果。例如, 指派搜索一个区域的飞机, 在航行中除了飞越其他区域外别无选择。局中人 2 也可以拥有多种兵力, 每种有一个单独的约束。相似的对策也能在网络上展开, 其中一个局中人可以选择一段弧来实施拦截, 而另一个局中人选择一条穿越网络的路径, 希望避开遭到拦截的弧。如同在后勤对策中一样, 在各种情形下都可以通过优化求出解 (沃什布恩, 2003b)。

6.2.4 情报及其对战斗的作用

在现代军事分析中, 最重要、最困难的问题之一是将信息和不确定性的影响真实地融入其中。对策论绝非万能药, 但是它至少触及了这一问题。在这一节, 将在一般意义上讨论这一问题, 以及对策论在解决这一问题时的可能用途。我们还将就第 4 章所探讨的导弹分配问题给出结论。

考虑有限矩阵对策 (a_{ij}), 并且令 $\mathrm{val}(a_{ij})$ 表示对策值。我们还可以定义: 如果局中人 2 在选择列时, 知道局中人 1 的行选择, 局中人 1 能获得的最好结果 $\max_i \min_j(a_{ij})$; 以及如果局中人 1 后于局中人 2 行动所能获得的最好结果 $\min_j \max_i(a_{ij})$。这三个值实质上是不相同的, 即使他们分享同一个支付矩阵。他们总是满足如下顺序:

$$\min_j \max_i(a_{ij}) < \mathrm{val}(a_{ij}) < \max_i \min_j (a_{ij}) \tag{6.1}$$

例如, 石头 — 剪刀 — 布游戏的三个值分别为 -1、0 和 $+1$, 所跨越的区间从局中人 1 总是输, 到输赢时间各半, 再到总是赢。这种极端的差异完全归因于局中人做决定时所处的不同信息状态。

这种结果对信息的高度依赖不仅仅限于石头 — 剪刀 — 布游戏。在 9.2.2 节中就包含了一个这种情形分析, 其中搜索者 (局中人 2) 试图用无人机 (UAV) 去发现, 渗入者 (局中人 1, 因为他的生存概率即目标函数)。无人机必须位于距离地面站一定范围内, 以便于和控制者进行通信。可以识别出三个需要做出的决定, 其中两个由搜索者做出, 一个由渗入者做出。

(1) Z, 搜索者地面站的位置;

(2) X, 无人机的搜索方案;

(3) R, 渗入的路线。

令 $P(Z, X, R)$ 为渗入者的生存概率 —— 这个函数在 9.2.2 节有详细的说明, 但目前其准确的特性并不重要。渗入者能否生存取决于哪一方知道哪些事项和什么时间, 也取决于这一函数。我们可以识别出以下几种可能性:

(1) 一个 TPZS 对策, 在互不知情的条件下, 其中 (Z, X) 有待搜索者做出选择, R 有待渗入者做出选择。

(2) 一个 TPZS 对策, 其中 (Z, X) 在不知道 R 的条件下做出选择, 而后 R 在知道 Z(地面站也许是可见的) 但不知道 X 的条件下做出选择。

(3) 一个 TPZS 对策, 其中 (Z, X) 在不知道 R 的条件下做出选择, 而后 R 在知道 (Z, X) 的条件下做出选择。对于局中人 2, 即搜索者而言, 这相当于最坏情形分析。

(4) 一个 TPZS 对策, 其中 Z 在不知道 R 的条件下做出选择, 而后 R 在知道 Z, 但不知道 X 的条件下做出选择。而后一个侦察员可能发现 R, 并报告给局中人 2 (例如, 侦察员有一半时间是成功的), 最后局中人 2 选择 X, 有可能知道 R, 也有可能不知道, 这取决于侦察员的报告。

(5) 一个 TPZS 对策, 其中 Z 在不知道 R 的条件下做出选择, 而后 R 在知道 Z, 但不知道 X 的条件下做出选择, 最后 X 在知道 R 和 (当然)Z 的条件下做出选择。

还有许多其他可能性, 其中有一些加入了假目标、佯动和错误的量度。所有这些情形都属于完全定义明确的 TPZS 对策, 因此, 在所有情形下都存在解, 而其中的大多数过于复杂而难以分析。为了把对策 (1) 作为一个矩阵对策来求解, 不得不开始把 (Z, X) 的所有可能性都罗列出来, 它本身就是一个大型集合, 然后计算出支付矩阵中每一个元素的生存概率。对策 (5) 是一个树形对策, 但也是一个令人气馁的大规模对策。对策 (4) 可能是所列出的对策当中最现实的, 但即使描述这个对策中局中人 2 的一个策略也是一项挑战, 更不用说把它们全部罗列出来。在这五个对策中, 只有对策 (3) 的求解比较容易, 那是因为最大 – 最小问题可以作为一个简单的优化问题进行计算, 正如 9.2.2 节所介绍的那样。

9.2.2 节中的例子规模足够小, 只要运算量足够大, 包括对策 (3) 在内的其他编号对策都可以求解, 但是有两点必须理解。第一, 当涉及信息时, 则容易构造出现实的问题, 只是难度太大而难以求解, 尽管是完全明确定义的。结果, 我们经常以刻意求解一些 "错误" 问题而告终, 以此作为至少获得对 "正确" 问题的某些洞察力的一种途径。例如对策 (3) 的解, 至少是对策 (1) 值的下界。第二, 令人苦恼的是, 对策的值可能对哪一方知道哪些事项和什么时间极为敏感。换句话说, 不能忽视这一事实, 即可实际求解的那些错误问题和正确的问题之间存在明显的不同。当所研究的问题涉及信息时, 谦逊对于一个战斗建模者而言是一个正确的态度。下一个案例研究, 用一个更为重要的其他问题证明了同一个观点。

联合防御体系 (一个案例研究)。美国拥有一定的洲际弹道导弹拦截能力, 其中一些是部署在舰艇上的 ABM。在某个国家选择对美国或其某个盟国发动洲际弹道导弹攻击的场景下, 这些武器将可能发挥作用。如果对于此种可能性有足够的政治预警, 可能要考虑这一问题: 这些舰艇应该部署在何处, 以便优化其挫败此类攻击的能力。除了提供预警之外, 政治形势还可能识别出潜在的洲际弹道导弹目标, 甚至还有每个目标依相关尺度的价值, 所以可以认为目标是部署舰艇, 使得假定的洲际弹道导弹攻击所杀伤的平均总价值最小化。舰艇位置的集合称为 X。

"攻击国家" (局中人 1) 可以做出一些选择, 也会影响结果。假设相对于洲际弹道导弹的射程来说, "攻击国家" 的国土幅员足够辽阔, 从而洲际弹道导弹在其领土内的位置很重要。在发动攻击之前, 这些洲际弹道导弹可能从一个地方运输到另一个地方。运输方案称为 W。当然, 同样必要的是, 要确定哪一枚洲际弹道导弹瞄准哪一个目标。瞄准方案称为 Y。

尽管我们建模的主要目的是优化舰船部署, 但是反弹道导弹对洲际弹道导弹的实际分配方案也与所选的效能指标有关。反弹道导弹分配方案称为 R, 在给定由四个自变量表示的所有决策的条件下, 令 $F(X, R, W, Y)$ 为平均杀伤价值。

按时间先后顺序排列, 决策发生的顺序依次为 W、X、Y, 最后是 R。由此可以认为计算的目标为 $\max_W \min_X \max_Y \min_R F(X, R, W, Y)$, 也就是说, W 是在不知道 X、Y 或 R 的条件下做出选择, 而后 X 在仅仅知道 W 的情况下做出选择, 依此类推。这种情形可以看作是一种完全信息对策, 这是一个大型树状对策, 其中根节点是一个最大值, 并在 W 处开始分支, 然后每一分支引到一个最小值节点, 并在 X 处开始分支, 其他依此类推。但并不能由时间先后顺序因而断定求最小值者是在知道 Y 的情况下选择 R, 因为对于有哪些目标正受到攻击, ABM 必须在只知道部分信息的情况下投入战斗, 从而求最大值者有充分的理由对 Y 进行保密。计算的真实目标必然取决于确切地假设哪一方知道哪些事项和什么时间。

布朗等 (2005) 描述了联合防御体系 (JD), 构建了一个处理上述情形的模型。JD 是一个最新技术水平的最小化程序, 最大限度地利用了 2005 年计算机的能力, 因此, 读者也许会指望 JD 在进行描述时, 将对每个参与者的信息状态做出真实的假设。实际情形并非如此, 这一点只要将现实同 JD 的假设对比一下就看得出来。事实上, 无论是舰艇还是洲际弹道导弹的行动都易于伪装, 因此可以设想 X 和 W 是在互不知情, 至少是部分不知情的条件下做出选择。不过, JD 将优势赋予了 "攻击国家", 假设在选择 W 和 Y 时, X 以及舰艇的全部特征如舰载 ABM 的数量是已知的。

事实上, 在选择 R 时, 已经在一定程度上知道了 Y, 因为当 ABM 必须投放时, 会有雷达和卫星观察洲际弹道导弹的轨迹。在这一问题的布洛托模型中, 可以假设 ABM 是提前随机但秘密地发射以保护某些目标, 除了引导 ABM 飞向其目标所必需的部分信息外, 忽视其他所有跟踪信息。假设 ABM 的预先配置无法对外保密, 也就是说, 在知道 R 的情况下选择 W 和 Y, JD 甚至会更为悲观。从而, 在 JD 中 Y 可以获取关于 R 的完全信息, 而不是只获取部分信息。JD 又一次将优势完全赋予了 "攻击国家"。

JD 对 "攻击国家" 最后的偏爱在于其假设每枚 ABM 必须用于防御一枚特定的导弹针对一个特定的目标的攻击, 并且除非攻击发生否则不会发射。为了强调这一假设的极度悲观, 设想攻击方有一枚完好的洲际弹道导弹, 并且有十个目标可供选择, 同时防御方有九枚完好的 ABM。JD 的防御方不能采取不管唯一的一枚洲际弹道导弹攻击哪个目标, 一律将其击落的策略, 而是必须预先分配每枚 ABM 用于防护现有目标之一, 然后再向攻击方宣布其承诺。结果, 攻击方总能发现一个未设防的目标并予以摧毁。

JD 悲观 (对求最小值者) 假设在分析上的优势何在呢? 双方都达到最优化后, 杀伤价值应为 $\min_X \min_R \max_W \max_Y F(X, R, W, Y)$, 这可以写成 $\min_{XR} \max_{WY} F(X, R, W, Y)$ 以强调这基本上属于一个最坏情形分析 —— 求最小值者选择 X 和 R, 期望谋求所选定价值的最坏可能攻击发生。其备选方案集合要比上文中所讨论的无人机问题大得多, 但是 JD 也采用了同样的最坏情形准则。在 JD 中, 备选方案集合是如此之大, 以至于连最小 —— 最大问题也无法直接求解, 因此有必要用一个线性函数来近似表示 $F(X, R, W, Y)$, 然后, 可以用一个基于对偶线性规划的等价最小化问题来替代内部的最大化问题。从而问题简化为在一个大型备选方案集合上寻找最小值 (详见布朗等, 2005), 一个规模很大但至少 JD 可以精确求解的常规问题。

JD 的解将包含最佳的 X, 也就是配置舰艇的最好方式。它也包含最佳的 R。在真实世界中提倡实际使用 R 也许是不合理的 —— 为什么人为地限定防御者采用考虑过的策略类型呢? 然而, 提倡使用 X 也许合理的, 尤其是如果防御者如此地占有优势以至于 JD 能保证得到满意的结果, 虽然有这样那样令人悲观的方面。JD 是一个难得有顾问的领域中的顾问, 正因为如此, 它的 "最优" 解至少是值得研究的。

在一个理想的分析范畴内, 我们应把围绕决策之不确定性的正确表达纳入到所有模型之中, 并且相应地最优化或求解对策。这通常是不可能的, 因此不得不采用 JD 当中所用的近似法和人为 (假设) 方法。尽管我们 "透过玻璃看得朦朦胧胧", 但是仍值得一看。

6.3 对抗模拟

一个对抗模拟或多或少是一个允许人在其中扮演战斗员角色的抽象作战模型。它有多种形式。商用对抗模拟通常的形式是用一张游戏棋盘表示地球的一部分, 棋盘上的棋子代表可以到处运动的部队。军用对抗模拟通常使用计算机来加强部队机动的真实性, 用以评估损耗, 用来显示规则允许每个局中人看到的那部分对抗态势。有些对抗模拟引入非角色参与者 (裁判) 来帮助控制对抗的推演, 而有些对策则没有。有些对抗模拟很简单, 而另一些则较为复杂和详尽, 可能需要进行好几天时间。

大多数对抗模拟是为了娱乐消遣, 并且还有一个很重要的业余对抗模拟爱好者团体。有几个公司发行了商业版本的对抗模拟, 甚至还有几种杂志 (火力与机行动, 战略和战术) 致力于此项活动。在业余对抗模拟爱好者和专业对抗模拟人士之间已经有了相当多的互动, 即使观众的水平泾渭分明。珀勒 (1990) 描述了这两个团体所提出的创新方法。

专业对抗模拟 (对抗模拟由军方或为军方实施) 有两个主要用途。其中最重要的用途是教育和训练。对抗模拟的参与者必须在获取不完全甚至是错误信息的压力之下定下决心, 并且必须要应对运气和敌方行动的反复无常的影响。除了在一个动态的、竞争性的有人参与模拟系统中之外, 战争的这些特征是很难模拟的。参加一个逼真的对抗模拟的经验通常是很深刻的, 因此学到的教训会经久不忘。第二次世界大战末期, 尼米兹海军上将宣称:

同日本之间的战争已经在美国海军战争学院演习大厅内由很多人以多种不同方式再现过了, 因而在战争期间发生的都算不上什么意外的事情 —— 除了战争末期的神风突击队战术 (我们不曾想象得出来), 绝对没什么意外的事情。

美国的全部三个军种, 以及大多数其他军事机构, 都利用对抗模拟作为一种教育训练手段。

对抗模拟的教学能力也有其负面。假如所进行对策的结构反映的是那些政治上正确但却不真实的假设, 那么所获取的教训有可能毫无用处, 甚至更糟。布莱肯 (1976) 阐述了 1941 年对苏联的初期入侵是非常成功的, 原因在于斯大林判定在对抗模拟 (双方都预先对入侵进行了对抗模拟) 中唯一可行的战术就是边境防御。苏联最终完善了实际上必须采取的纵深防御战术, 但是早期多个师被俘的损失是巨大的。此外, 对抗模拟会不可避免地忽视现实的某些方面, 并且在某种程度上教给学生那些方面在真实世界中并不存在。例如, 在对抗模拟中不会经历恐惧与惊慌。

对抗模拟可以用作教学和训练, 也可以用来分析。给定打一场抽象战争的能力, 测试各种武器或战术对对抗模拟结果的影响是很有吸引力的, 也许会根据结果做出采购决策。以这种方式使用对抗模拟的趋势过去曾经动摇不定。对抗模拟作为分析工具的作用不如其教学作用那样明显, 因此, 这种方法很可能会继续得宠并失宠。

就使用对抗模拟作为分析工具的主要建议是, 它回避了前文讨论对策论时所提到的大多数困难。对策论要求用策略的显函数表示支付。对抗模拟却不一样, 可以认为其支付来自局中人所处的背景, 因此关于目标 (占领斯大林格勒, 你要不惜一切代价, 第 3 装甲师) 的一个简洁陈述就足够了。在对策论中, 首先需要列出战斗演进的所有可能方式, 这经常是极其令人退缩的, 以至于要么使演练无法进行, 要么导致过度简化。

出于这样那样的原因, 抽象的对策往往是无解的, 而对抗模拟中却不存在可求解性的问题, 原因在于并不寻求 "最佳的" 战术。由于战争是人来打的, 用人类局中人来模拟战斗非常有意义, 无论他们有何弱点和动机。如果结果反映出了这些弱点和动机, 则正应了这个观点: 这正是它的本来面目。

反论据主要有两类, 第一类和动机有关。一个对抗模拟只不过或多或少是真实世界的精确抽象。局中人有时会表示, 在以真实世界方式做出决策与为了在抽象世界中做得更好做出决策之间, 感觉上有一种冲突。由于很容易发觉建模缺陷, 这些决定可能有所不同。例如, 一场对抗模拟的得分可能不会受到所蒙受伤亡的影响, 而只会受到是否能成功达成目标的影响, 而现实当中伤亡却总是受到关注的。因此, 应该给这些局中人提什么建议呢? 答案是不明显的, 要想根据交战结果做出有关战术或武器装备的决策, 最后这些含含糊糊的结论并没给出好的预示。局中人对待风险的态度尤其令人担忧; 标有 CVN 标志的亮点从计算机屏幕上消失和真实的航空母舰沉没两者不是一码事。在有结盟和合作可能的对策中, 真实世界中伴随某些行动而产生的荣誉感和罪恶感能否在一个人工场景下重现, 这是值得怀疑的。

第二个反论据源于从技术上反对把对抗模拟作为一种研究手段。在表达一个局中人不熟悉的现实的研究性对策中, 那种最好获取典型决策, 而不是最优决策的想法尤其值得怀疑。有一种自然倾向, 在与一个缺乏经验, 仍有待开发反措施的敌人对抗时, 易于夸大新式武器或战术的效能。在反复进行对抗模拟的过程中, 敌方很有可能开发出某些战术反措施, 但是对抗模拟极其耗费时间, 并且代价高昂, 很少有同一批局中人反复进行同一个对抗模拟。在某种程度上, 不重复是刻意的选择, 道理在于对抗模拟研究人员试图避免让局中人去学习, 因为他们担心学习者会了解对抗模拟的人工制造性质。结果, 统计真实性问题很少得以处理。刻意去寻求敌方的典型行为, 而不是最优行为, 这违反了一条著名的军事格言, 这是在根据敌人的意图而不是其能力去设计。最后, 典型的人类行为通常和 TPZS 对策中可据此求解的最优行为有着本质上的区别 (考夫曼和拉姆,1967)。托马斯和蒂默尔 (1957) 把对抗模拟的作用贬低为求解 TPZS 对策的一种工具, 尽管他们承认它对于获取竞争性局面的 "感觉" 是有用的。博科维茨和德雷舍 (1959) 直截了当地说 "我们认为 …… [对抗模拟] 并不是求解对策或获取有关解的重要信息的有用手段。"

然而, 不管有什么反对意见, 研究性对抗模拟往往是研究分析真正的竞争局面的唯一可行手段。虽然理论和试验方法都可以提供对战斗的洞察, 但必须保持大量的不确定性。

习　题

6.1 在 6.2.1 节中, 提出分布 $y = (4/19, 15/19)$ 的目的是可使局中人 1 的两个策略都得出一个杀伤概率 7/38, 请证明这种情形。

6.2 在 6.2.1 节中, 提出通过使局中人 2 的两个策略的平均支付相等, 可推导出局中人 1 的最佳策略 $x = (3/19, 16/19)$。证明在不知道对策值 v 的情况下, 使浅水位和深水位的支付相等是正确的。用推导出的方程求解 x 和 v。

6.3 石头 — 剪刀 — 布游戏是一种服从循环占优规则的 TPZS 对策, 石头打败剪刀, 剪刀打败布, 布又打败石头。对其进行建模, 形成一个 3×3 的对策, 其中支付为局中人 1 获胜的净次数 (选择占优为 1, 选择占劣势为 -1, 其他情况为 0), 请证明此对策值是 0, 并且双方的最优混合策略为 $(1/3, 1/3, 1/3)$。

6.4 重新考察例 6.2, 交给布洛托 4 个团, 而不是 3 个, 求解所得出的对策。

　　答案: 布洛托及其敌人以相同的概率选择任一策略, 对策值为 0.8。

6.5 求解下面 4×5 猜谜游戏。策略是局中人 2 可能藏身的小房间, 或者是局中人 1 可能要搜索的小房间。

	1	2	3	4	5
1	3	1	0	0	0
2	1	2	2	0	0
3	0	0	3	0	1
4	0	0	0	2	3

　　答案: $x = (0.17, 0.34, 0.06, 0.42)$, $y = (0.29, 0, 0.29, 0.43, 0)$, $v = 0.857$。

6.6 考察一个后勤对策, 其中 $n = 3$, $f_1(y_1) = 3/(1+y_1)$, $f_2(y_2) = 2/(1+y_2)$, $f_3(y_3) = 1/(1+5y_3)$。使用 *Chapter6.xls* 中的 Logistics 工作表作为一个模型, 构造一个电子表格, 利用求解器找出局中人 2 在三个区域上分配预算 y 的最好方式, 以 y 作为输入。如果 $y = 2$, 那最优的 y 是什么, 对策值是多少?

　　答案: $y = (1.4, 0.6, 0)$, $v = 1.25$。

6.7 考察一个布洛托对策, 其中有 6 个攻击者, 8 个防御者, 以及 4 个目标。所有攻击者和防御者都是完好的, 当且仅当攻击者多于防御者时, 每一个目标将被毁伤。支付是被毁伤目标的平均数。

(1) 这个对策的最大最小值和最小最大值是什么?

(2) 考虑防御者的以下战术。保卫成对目标, 每对目标配有 4 个防御者。在每一对中, 分配给每个目标的防御者数目以相等的概率取 $0 \sim 4$ 的任一个数,同时剩余的防御者分配给另一个目标。这种战术保证被毁伤目标的平均数不会超过多少?

答案:最大最小值是 0, 最小最大值是 2 (通过用 2 个防御者防卫每个目标来达成)。在 (2) 中, 所建议的随机战术可以保证被毁伤目标的平均数不会超过 1.2 个。可以证明这是对于防御者的最佳策略, 也就是说, 对策值为 1.2。

第 7 章

搜索论

> 假如爱迪生要在干草堆里找一
> 根针，他会立即像蜜蜂一样不辞辛苦
> 地逐根逐根仔细检查，直至找到他要
> 找的东西为止 …… 见到此情此景，
> 我深感遗憾，因为我知道只要对理论
> 和计算略知一二，就会节省他百分之
> 九十的力气。
>
> 尼古拉·泰斯拉 (1931)

7.1 引言

首先，本章的主题不是在互联网上搜索，也不是寻找工作或内心的平
静，而且与数据挖掘也没有任何关系。这些初步的说明是必要的，因为实
际上几乎所有智力活动都可以看作是搜索某件事物，所以说，术语"搜索"
本身的含义就很少。把"搜索"说成是搜索引擎是一个彻头彻尾的错误，甚
至"搜索论"里所揭示的许多内容与我们心里的想法没有任何关系。

本章主要讨论使用探测器来搜索物理目标，这些探测器的作用机理非
常像我们的眼睛和耳朵。眼睛像雷达、激光探测器和照像机一样能感觉到
电磁辐射，耳朵像麦克风和声纳一样能感觉到声音的振动。任何情形下的
基本现象是：信号强度随着与信号源之间的距离增大而迅速下降，所以物
理距离是发现目标的首要条件。关于具体探测器的详细内容没有必要在本

章中介绍, 可参考相关书籍, 如介绍雷达的斯格尔尼克 (Skolnik, 2001), 或者介绍声纳的尤里奇 (Urick, 1996)。就我们的意图而言, 本章唯一重要的观点就是: 接近是发现目标的必要条件。

我们确实可以发现超过天文距离的恒星, 但那只是因为它们的信号源非常强大, 而且背景噪声非常小。地球上的目标, 特别是那些军事目标, 通常都不太合作, 所以搜索往往需要移动, 原因在于搜索者试图到达发现目标所必需的距离。搜索者会频繁地从一个地方移动到另一个地方, 或者希望他的目标也是如此。粗略地说, 搜索是一个反复尝试的序列, 当搜索者和目标之间的距离足够小时就可以发现目标。

搜索的重要性日益增加的部分原因是目标隐藏得越来越好。在越南战争中, 美国空军出动了 800 架次飞机, 损失了 10 架飞机都没有炸毁河内附近的清化大桥。使用激光制导炸弹后, 只用了 4 架次就炸毁了这座桥梁 (美国空军, 2005)。精确制导武器日益增加的杀伤力使得那些易于定位, 特征明显的敌方目标再无安全可言, 所以, 军事目标越来越难以定位和识别也就不足为奇了。

某些作战形式几乎一直是纯粹的搜索问题。一个地雷场的效能在很大程度上取决于未被发现的地雷位置, 所以清除地雷场本质上是一个搜索问题。对于潜艇来说, 全部重点在于 (几乎) 阻止对方电磁探测器的有效运行, 从而给反潜部队带来困难的搜索问题。

搜索中重大的问题都涉及时间。我们会问: "发现目标需要多长时间?" 或者 "在一定时间内发现目标的概率是多少?" 给定足够长的时间, 发现是必然的。搜索规划的目标就是要加快发现的速度。

搜索活动既可以连续实施, 例如, 一个人在人行道上转悠寻找他的车钥匙, 也可以离散实施, 如飞机吊放一组声纳浮标, 每一个都探查一定水域。在离散情形下, 搜寻论和第 2 章的射击理论有许多共同之处。在这两种情形下, 都是做出一系列离散的尝试 (第 2 章中的射击, 本章中的观察) 以获得成功 (第 2 章中的毁伤, 本章中的发现)。因此, 第 2 章的数学方法有时可适用于搜索问题。

例 7.1 一艘潜艇的定位误差服从标准偏差为 500 m 的圆形正态分布。飞机有四个性能可靠的声纳浮标可供使用, 每个浮标的探测半径为 200 m, 并且能够投放到任何目标点, 只是每个浮标的投放误差服从标准偏差为 100 m 的圆形正态分布。这四个浮标的瞄准点应采用何种形式? 发现概率是多少? 我们可以使用第 2.3.3 节的 DG 分析及其配套的 *Chap-*

ter2.xls 中的 DGPattn 工作表来近似回答这个问题。每个浮标覆盖的面积为 $\pi 200^2$。因为一个 DG 武器的杀伤面积为 $2\pi b_X b_Y$，使这两个面积相等，计算出 $b_{X_i} = b_{Y_i} = 141.4\,\text{m}$，其中 $i = 1, 2, 3, 4$。为了使这一分析可近似处理该问题，令杀伤面积相等是必要的。由于投放误差服从圆形分布，所以取 $\sigma_{X_i} = \sigma_{Y_i} = 100\,\text{m}$，其中 $i = 1, 2, 3, 4$。由于潜艇的定位误差也服从圆形分布，并且所有的投放都一样，所以取 $\sigma_{X_i} = \sigma_{Y_i} = 500\,\text{m}$。如果将这些数据输入到 DGPattn 工作表上，由于假设所有声纳浮标都按设计要求发挥作用，则取每次投放的可靠性为 1，如果随后使用求解器来优化瞄准点，则结果为应该使这四个声纳浮标的瞄准点位于一个边长约为 416 m 的正方形内，相应的发现概率为 0.22。在第 2 章中这个概率称为 P_K，但在本章中称为发现概率。

当搜索连续实施，而不是离散实施时，需要一个和第 2 章杀伤面积不同的一个等效概念。这就是搜扫宽度的概念，我们将在 7.2 节中详细讨论。

7.2 搜扫宽度

对一个探测器的最简单描述就是给出其探测距离 R，在这个距离之内，目标必然会被发现，如果距离大于 R，则必然无法发现。我们可以说白天在开阔地形上肉眼对坦克的探测距离为 1 英里。然而，虽然一个固定的探测距离满足了我们希望探测器的性能取一个简单的、基于距离的量度的想法，但这种想法经常是很脆弱的。眼睛的探测距离可能取决于坦克的速度和伪装、炮塔方向、眼睛 (观察者) 所在的平台、战场上有无烟幕或雾霾以及其他因素。固定的或 "曲奇饼成形机[①]" 的探测距离这种想法是如此吸引人，以至于我们仍将继续使用它，但是试图预测现实世界中的固定距离往往会令人失望。众所周知，预测声纳的探测距离很容易犯错误 —— 距离两倍或更远并非罕见。

在第 2 章中，通过引入毁伤函数 $D(r)$ 解决了类似的不确定性问题，其中 $D(r)$ 表示当武器在距目标为 r 的距离上爆炸时的毁伤概率。于是我们定义了一个基于毁伤面积的等效概念，如例 7.1 中所使用的。这种方法不适用于连续移动的探测器，因为无法明确定义 "尝试" 的概念。如果令 $D(r)$ 为在距离 R 处的发现概率，那么将不得不处理无限多个间隔密集的尝试，因为探测器在连续观察。如果假设所有这些尝试都是独立的，那么

---

①这是一种形象的比喻，意思是环视探测距离相等，译者注。

几乎肯定会发现目标。与其设法解决这些困难, 不如通过定义一个基础的搜索试验, 其结果可能是发现目标, 也可能是不发现目标。这是行动评估小组 (OEG, 1946) 在第二次世界大战中首先使用的一种方法。

基础试验如图 7-1 所示。假设探测器和目标之间的相对运动在两个维度上的速度是恒定的, 用横向距离来表示其特征。

定义 7.1 如果假设探测器和目标之间的相对运动在一条完整直线上, 在两个维度上的速度保持恒定且不为 0, 横向距离就是在距离最近的那个点处, 搜索者和目标之间的距离。在最近点处, 如果目标位于搜索者的左侧, 则横向距离取为正, 否则为负。这个最近点也称为最接近点。

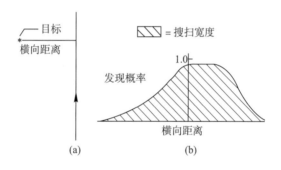

图 7-1   基础试验测试图

(a) 基础试验的顶视图, 所显示的横向距离为正; (b) 一条不对称的横向距离曲线。

如果沿着一条完整的直线进行运动试验, 其结果可能会发现目标, 也可能不会发现目标。我们并不试图去记录时间或者发现目标时的 "真实距离", 甚至有可能在最接近点之后才发现目标。这种情况是可能发生的, 例如, 如果一旦搜索者经过目标后会受到太阳强光的刺激, 在线上任一点处达成任何发现, 试验将取得成功。令 $P(r)$ 为横向距离 r 处的发现概率。

定义 7.2 发现概率 $P(r)$ 相对于横向距离 r 的图形称为横向距离曲线。横向距离曲线下方的面积称为搜扫宽度。

注意: 尽管搜扫宽度是一个面积, 其量纲却是长度, 因为横向距离曲线在垂直维度上是无量纲的。

横向距离曲线通常关于 0 对称, 而不像图 7-1 所示的曲线。所以通常不必记住横向距离的左右符号规定。

现在想象一下, 搜索是由一系列 "通过" 组成, 每一次 "通过" 都可以看作是以其自己的横向距离沿着一条完整的直线运动。由于目标位置是未知的, 所以横向距离本身将是随机的。令 $f(r)$ 为某次 "通过" 的横向距离的密度函数, 通过对横向距离求平均值, 得到当前 "通过" 的发现概率 P_D, 即

$$P_D = \int_{-\infty}^{\infty} f(r)P(r)\mathrm{d}r \approx f(0) \int_{-\infty}^{\infty} P(r)\mathrm{d}r = f(0)W \qquad (7.1)$$

式中: W 为搜扫宽度。只要在 $P(r)$ 明显为正值的区间内, 密度 $f(r)$ 几乎保持恒定, 那么式 (7.1) 中的近似值就是精确的, 在这种情形下, 可以将密度函数解析出积分算式。当横向距离趋向于远大于搜扫宽度时, 实际情形通常如此; 也就是说, 每次 "通过" 所导致的发现概率很小。式 (7.1) 中的积分就是横向距离曲线下方的面积或搜扫宽度。在这个意义上说, 搜扫宽度就是我们需要知道探测器的全部内容。如果必须用一个数值来描述一个连续移动的探测器的效能, 搜扫宽度 W 是最合适的一个。

如果实际上有一个固定距离探测器, 能够在距离 R 内发现目标, 否则就不会发现, 则当 $|r| \leqslant R$ 时, 横向距离曲线将为 1, 否则为 0, 并且搜扫宽度将为 $2R$。这样就有了一个等效概念, 尽管这是一个不同于第 2 章的概念。只要搜索属于能用式 (7.1) 正确表达每次通过的发现概率的类型, 那么搜扫宽度为 W 的探测器和固定探测距离为 $W/2$ 的探测器是等效的。最后的说明使得在很多采用等效的情形下, 等效却成了危险的假设, 但搜扫宽度仍然是一个有价值的概念。

可以通过重复执行基础试验来测定搜扫宽度。美国海岸警卫队一直对使用空中和海上平台在海上探测目标很感兴趣, 他们已经进行了大量的试验, 最终目标是为了估算搜扫宽度 (如若伯 (Robe) 等,1985)。目前, 有对海上目标的目视搜扫宽度表可供使用 (如 NSARC, 2000)。

有时是目标在移动, 而不是探测器在移动, 但这一理论同样适用。静止的水雷和移动的舰船目标之间的交互通常想象成如同在基础试验中一样, 通过记录横向距离曲线及其相应的搜扫宽度可以对这一问题进行有效的概括。

7.3 发现概率的三个 "定律"

现在我们考察对面积为 A 的固定区域的搜索, 已知该区域内有一个固定目标, 但预先不知道该目标的具体位置。有一个搜索者连续观察以搜寻该目标, 其移动速度为 V, 固定探测半径为 R。假设预先不知道目标的

位置, 则意味着目标在区域内的位置密度是恒定的 (必然为 $1/A$)。另外, 还可能有一艘船舶搜索一艘救生艇, 一辆坦克搜索其下一个目标, 一颗卫星搜索某一辆特定的卡车, 或者某人试图找到他的车钥匙等。重要的参数是 A、V、R 和搜索时间量 t。根据搜索的开始方式, 可能有人会认为最初并立即覆盖一个半径为 R 的圆, 但下文不会考虑最初的任何发现结果。即使最初分析只是关注某一固定探测半径, 仍将引用搜扫宽度 $W = 2R$, 而不是 R。

经过一段时间 t, 搜索者将已经覆盖一个长为 Vt、宽为 W 的区域, 其面积为 VWt。这一面积和面积 A 的比值起着关键的作用。

定义 7.3   覆盖率 $z = VWt/A$, 即已覆盖面积和待搜索面积的比值。

我们通常感兴趣的是作为时间函数的发现概率, 称为 $P_D(t)$。在连续搜索直至目标被发现的问题中, 令 T 为首次发现目标前的随机时间。由于 $P_D(t) = P(T \leqslant t)$, 则 T 的平均值为

$$E(t) = \int_0^\infty P(T > t)\mathrm{d}t = \int_0^\infty (1 - P_D(t)\mathrm{d}t \tag{7.2}$$

对于非负随机变量 (如 T), 可以用分部积分法证明式 (7.2) 中第一个等式是正确的。由于发现目标之前的平均时间等于未发现概率曲线下方的面积, 所以当发现概率较大时, 发现目标之前的平均时间就较小。

7.3.1   穷尽搜索

搜索者可能希望发生的最好情况是面积 VWt 全部位于待搜索的区域之内, 并且本身没有重叠。在这种情形下, 由于目标以相同概率位于面积为 A 的区域内任何地方, 所以发现概率为 VWt/A, 即覆盖率。更确切地说, 由于发现概率 $P_D(t)$ 不能大于 1, 有

$$P_D(t) = \min(1, z); \tag{7.3}$$

其中

$$z = VWt/A$$

式 (7.3) 实际上是一个上界, 因为搜索者不能希望得到比这更好的结果。如果搜索者能够精确导航, 在未知区域内停留时不需要经常改变方向, 该式可能是准确的。一个试图达成穷尽搜索的搜索者可能沿着某条路线移动, 这条路线看起来有些像割草机的路线; 实际上, 由于这个原因, 穷尽搜

索有时称为 "割草机搜索"。搜索者也可能采用螺旋线运动以试图无重叠地覆盖全部圆形区域。

在穷尽搜索中, 发现目标的最大时间为 A/VW, 很容易证明发现目标的平均时间为最大时间的一半 (习题 7.1)。

7.3.2　随机搜索

另一种近似处理方法是, 假设覆盖面积本身明显重叠, 而且重叠量是 "随机" 发生的。更确切地说, 假设覆盖面积 VWt 在均匀分布于待搜索区域内之前, 实际上切分成 n 张五彩纸片。每张五彩纸片覆盖目标的概率为 VWt/nA。由于假设每张五彩纸片为一次独立的尝试, 因此可以采用第 2 章中的幂和思想得出结论, 总的发现概率为

$$P(t) = 1 - \left(1 - \frac{VWt}{nA}\right)^n \approx 1 - \exp(-z) \tag{7.4}$$

其中

$$z = VWt/A$$

式 (7.4) 中约等号表示只要 n 足够大, 它就是无关的, 当 n 趋近于无穷大时, 极限为 $1 - \exp(-z)$。究竟有多少张五彩纸片无关紧要, 只要有很多就可以。重要的是, 面积总量有效地切分成 n 张五彩纸片。

随机搜索公式 (7.4) 是搜索论中应用最广泛的公式, 但它似乎对应着一个相当不太可能的思想。为什么有人要将其搜索区域切分成五彩纸片呢? 就算他能做到! 式 (7.4) 之所以广泛应用的理由并不在于有人故意去随机搜索, 当然在任何现实搜索中也没有和散布五彩纸片相似的物理情形, 而是在于现实搜索中遭遇的很多困难有着相同的随机影响效果。现实搜索将会有重叠, 或者是因为有必要改变方向, 或者是因为导航不完善。随着搜索进行, 即使目标不打算移动, 有时仍会稍微移动, 从而破坏了割草机模式的完整性。只有固定距离的探测器才能进行穷尽搜索, 而大多数探测器的探测范围是不固定的, 这难免会导致一定数量的重叠。所有这些的效果是, 刻意为之的穷尽搜索经常演变为和散布五彩纸片实际上相差无几的情形。

当 t 非常小时, 式 (7.3) 和式 (7.4) 一致得出发现概率都约等于 $(VW/A)t$。其系数 VW/A 可以认为是泊松探测过程中的固定探测速率 λ, 其中式 (7.4) 为在时间间隔 t 上没有发现目标的概率。熟悉泊松过程广泛适用性的读者可能会认为观察法比纸片类比法更适合推导式 (7.4)。此

类过程的典型假设是在不重叠的时间间隔内事件是相互独立的。这是式
(7.3)(假设过去的失败通过排除过程可以确保未来的成功) 和式 (7.4) (假
设下一个时间间隔内成功的机会与过去所发生的情况无关) 之间真正的区
别。

根据式 (7.4)，在随机搜索中发现之前的时间 T 是一个参数为 λ 的指
数随机变量，因此，从而其平均值为 $A/(VW)$，即 λ 的倒数。所以 $E(T)$ 恰
好是穷尽搜索的两倍。时间 T 没有记忆，其道理在于 $P(T > t + x | T > t)$
与 t 无关; 也就是说，如果你正试图预测什么时候可以最终发现目标，那么
此前进行多长时间的不成功搜索都是不重要的 (习题 7.2)。在某种意义上
说，随机搜索感觉很像旋转轮盘赌轮，直到最后出现 "00"，轮盘不能记住
过去，随机搜索也是如此。

除了将在 7.3.3 节中介绍的式 (7.5) 之外，图 7-2 显示了式 (7.3) 和式
(7.4)。所有三条曲线刚开始有相同的斜率 (也就是 λ)，但随后却明显不同。
当覆盖率为 1 时它们的差别最大，恰好是相信自己正在进行穷尽搜索的搜
索者所投入到任务中的时间量。

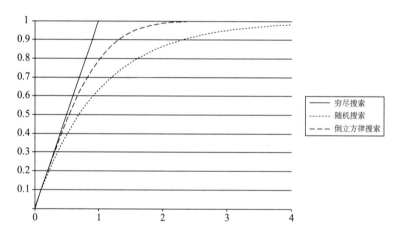

图 7-2　穷尽搜索、随机搜索和倒立方律搜索的发现概率与覆盖率的关系曲线

尽管随机搜索通常不是目的，而只是为便于分析，对现实做出值得怀
疑的让步，在有些情形下实际执行随机搜索的可行方法也许是有用的。这
些情形往往涉及移动目标 (7.6 节)，也可能涉及由程序控制以某种特定方
式移动的机器人。其默认实现方法是 "漫反射"。在漫反射中，搜索者的搜
索路线和可见光子从粗糙墙面漫反射的路线具有相同的统计特性，因而得
名。考虑任何一个凸的二维区域，如圆形或矩形。任意选择一个位置开始，

任意选择一个方向以固定速度沿一条直线移动, 直到触及边界为止。从边界反射后, 再作匀速直线运动, 直到再次触及边界, 依次类推。每次由边界反射后, 相对于边界在反射点切线量度的夹角 θ 是一个随机值, 这个角度的密度函数应为 $0.5\sin\theta$, 其中 $0 \leqslant \theta \leqslant \pi$。注意: 在漫反射中, 这个密度不是均匀的。图 7-3 显示了由此得出的某种搜索者轨迹。

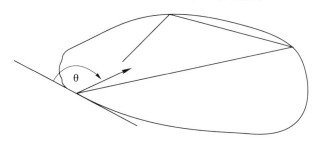

图 7-3　漫反射图解

拉莱和罗宾斯 (1987) 表明, 漫反射具有均匀随机搜索的许多特性。例如, 搜索区域被均匀覆盖, 其道理在于, 不管边界是什么形状, 搜索者在任何子区域内花费的时间只取决于该子区域的面积, 而与其形状和位置无关。如果出于任何原因需要进行随机搜索, 考虑一下漫反射方式。如果还有别的方法, 则要意识到, 许多种随机运动将无法均匀覆盖搜索区域。

7.3.3　倒立方律

探测的倒立方律是在第二次世界大战期间发明的, 用来处理瞭望台试图探测舰船尾波的情形 (快速移动的舰船尾波比舰船本身更容易发现)。只要眼睛位于尾波平面上方的高度保持不变, 尾波对人眼所张的立体角随着眼睛与尾波之间距离的 3 次方成反比下降, 因此称为倒立方律。基本假设是目标探测属于一个泊松过程, 其中事件发生概率与立体角成正比, 比例常数取决于目标尺寸、目标与背景的对比以及其他参数。探测器的搜扫宽度取决于这一比例常数。

考察对某个区域的割草机搜索, 其中搜索者的平行通过以轨迹间距 S 隔开。所得出的覆盖率为 W/S, 其中 W 为搜扫宽度。推导倒立方律发现概率的精确公式需要好几页纸 (见 OEG, 1946 或沃什布恩, 2002), 因此不会在这里再现这一过程, 但最终的公式为

$$P_D = 2\phi\left(z\sqrt{\frac{\pi}{2}}\right) - 1 \tag{7.5}$$

其中

$$z = W/S$$

式 (7.5) 就是图 7-2 中中间那条曲线。由于在时间 t 内，以速度 V 搜索固定面积 A 的轨迹间隔可能为 $S = A/(Vt)$，所以式 (7.5) 中 z 的定义确实跟式 (7.4) 中是一样的，即覆盖率。

从分析角度，累积正态分布 $\Phi(\ )$ 在式 (7.5) 中出现是难以解释的。从未有随机变量假设是服从正态分布的，然而却出现了累积正态函数! 此函数已经被广泛制作成表，但无法用更初等的函数加以表示。当 $z = 1$ 时，发现概率为 0.79，远远低于穷尽搜索的发现概率，但远远高于随机搜索的发现概率 (0.63)。

除了作为尾波探测时自然要用到函数的推导过程之外，倒立方律是值得关注的，原因在于它似乎是穷尽搜索的乐观与随机搜索的悲观之间一个很好的折中 (图 7-2)。当前的大多数兴趣来自于后一个事实。国际航空与海上搜救手册 (国际民航组织, 2003) 要求，搜索方案制定者确定搜索条件是 "理想的" 还是 "恶劣的"，其目的在于计算发现概率，其中将前者理解为倒立方律，后者理解为随机搜索。手册中未用到穷尽搜索的公式。搜扫宽度可从一个表中查取，所以方案制定者对轨迹间距 S 的选择就决定了覆盖率，从而也决定了发现概率。

7.4 屏障性巡逻

在本节中，假设搜索者使用具有固定探测距离 R 的环视探测器。固定探测距离的假设是必要的，原因在于搜索者通常会循着一条相当非线性的轨迹，这和 7.2 节中的横向距离基础试验形成了鲜明对比。

搜索者有时利用环境特征来迫使移动目标通过狭窄的限制地形。这些限制地形可能是海上的海峡、港湾口，也可能是陆地上的山口、水道或道路 (如果目标在轮式车辆上)。通过驻留在这些限制地形附近，搜索者希望建立一个一维的运动屏障，而不是一个广阔的二维区域内的运动屏障。例如，第二次世界大战中，在直布罗陀海峡附近巡逻就是阻止潜艇进入地中海的战术。

令 L 为受保护屏障的宽度。假设目标的运动垂直于屏障。考虑一个目标，其速度为 U，并假设屏障穿越点在 L 上均匀分布。如果 $2R$ 大于 L，那么在屏障的中点上设置一个固定的探测器就足够了。否则，令搜索者的

移动速度为 V。搜索者必须保留在屏障附近, 所以其运动轨迹将由反复横越的闭合曲线组成 (图 7-3)。从获得最高发现概率的意义上, 哪种闭合曲线是最好的?

这个问题的答案不得而知, 但有充分的理由设想, 某个特定的上界实际上是最佳可能发现概率的一个很好的近似。为了推导它, 首先设想实际上有许多目标均匀分布在一根带子上, 以速度 U 经过搜索者。带子上的某个点被 "覆盖" 的条件是它曾经进入到与搜索者之间的距离 R 内, 搜索者的目的是尽可能多地覆盖这根带子上的比例。这是这个问题的另一种简单的表述, 理由在于带子被覆盖的比例就等于其上任何目标被发现的概率。

如果 θ 是两个速度向量之间的夹角, 则搜索者相对于带子的速度为 $S = \sqrt{U^2 + V^2 - 2UV\cos\theta}$。相对速度 S 将随着时间而改变, 原因是当搜索者沿着闭合曲线移动时, θ 会改变。然而, 由于该曲线是闭合的, $\cos\theta$ 的平均值必然为 0, 则 S 的平均值 (符号为 $E(S)$) 不可能大于 $\sqrt{U^2 + V^2}$。这一结论推断来自詹森不等式和平方根是一个凹函数的事实。现在, 新的带状区域以速率 UL 出现, 但是在任意时刻, 搜索者对其进行检视的速率不可能大于 $2RS$, 或者平均速率不可能大于 $2RE(S)$。因此, 这两个速率的比值就是发现概率的上界, 即

$$P_D \leqslant \frac{2RE(S)}{UL} \leqslant \frac{2R}{L}\sqrt{1 + \frac{V^2}{U^2}} \tag{7.6}$$

当然, P_D 也必然小于 1。

参见图 7-4, 如果搜索者正好沿东 — 西方向移动, 带子以速度 U 向西移动, 则搜索者相对于带子的平均速度为 V, 相当于它根本没有移动。如

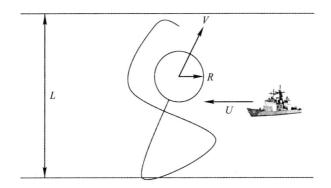

图 7-4　搜索者以速度 V 沿着 "8" 字形轨迹移动, 希望对一艘以速度 U 移动、试图穿越屏障 (宽度为 L) 的舰船进行探测

果搜索者沿南 — 北方向移动, 他将更合意地达成相对于带子的动态放大速度为 $\sqrt{U^2+V^2}$。麻烦的是, 搜索者为了保证其探测器处在带子上, 当他接近北方或南方边界时, 他必须掉转航线方向, 而这种航线方向的掉转将由于再次覆盖带子上已经覆盖过的部分而造成浪费。如果不采用前 — 后直线往返的运动轨迹, 而采用 "8" 字形轨迹, 那么可以一定程度上实现无重叠覆盖掉转航线方向, 但也只是一部分。采用式 (7.6) 相当于假设搜寻者能够发现某一方式, 既能达成动态速度放大, 又不因覆盖带子之外的区域或者重叠覆盖带子上的区域而造成太多浪费。换一种说法, 采用式 (7.6) 相当于把带子的两个边缘粘贴在一起, 这将允许搜索者从一边立刻跳到另一边。如果边缘粘贴在一起, 搜索者沿着粘结的带子所形成的管道连续循环往复移动, 则搜索者随时可达成动态速度放大, 而不产生冗余的覆盖。

事实证明 "8" 字形轨迹是足够大的, 搜寻者通常可以找到某一方式, 近似于达成式 (7.6) 的发现概率。甚至蝴蝶结形轨迹 (对称的轨迹, 有四条直边, 其中两条平行于通道边界) 也是够大的。OEG (1946) 只考察了两个蝴蝶结形轨迹, 其中之一是往返巡逻的特例。沃什布恩 (1976) 进行了归纳并揭示出: 在大多数情形下, 蝴蝶结形轨迹是足够大的, 能够找出一种方式, 其发现概率接近于式 (7.6)。

例 7.2 设 $U=V, W=L/2$。由式 (7.6) 计算出的 0.707 作为发现概率的上界。所有直边蝴蝶结形轨迹穷尽搜索 (其中在转向时, 探测圆与通道边界相切) 所计算出的发现概率约等于 0.69, 这时蝴蝶结中间边与通道边界所成夹角大约为 81°。如果这个夹角为 90°, 将得出一个直线往返轨迹, 其发现概率为 0.68。扩展一下轨迹选择, 包括在转向时和通道边界稍有重叠的轨迹, 所得出的发现概率将稍大于 0.69, 但肯定不会大于 0.707。

7.5　对固定目标的最优搜索力分配

搜索论的大部分内容并不像 7.4 节所研究的寻找最优轨迹。其主要原因在于作为分析对象, 最优轨迹是很难处理的。次要原因在于大多数搜索者不想别人告诉自己具体该怎样做。随着计算机、机器人和导航系统的能力日益增强, 这些问题在未来将不复存在。例如, 科尔斯蒂德 (Kierstead) 和戴尔巴尔佐 (DelBalzo, 2003) 将遗传算法应用到轨迹优化中, 取得了令人鼓舞的结果。然而, 在这一节, 遵循惯例, 在搜索者寻找目标时, 只是给予其概略的指导, 而不是关于具体沿着何种轨迹的精确指导。假设对搜索只有一个约束, 即实质上可用于搜索的时间量。一般来说, 称这个约束为 "搜索力"。问题随后变成为搜索者提供建议, 他应该如何以最优的方式, 在目标可能存在的各种地方分配其搜索力。

为什么不平均分配搜索力呢? 其中一个原因是, 目标处在某些地方的可能性比其他地方更大。另一个原因是, 搜索者在某些地方 (如草地) 的效率比其他地方 (如沼泽地) 更高。这两个原因促成了一个想法: 将总的搜索区域划分为 "小格子", 每个格子内的条件相同。问题随后变成在这些小格子之间分配搜索力。

7.5.1 离散搜索

这里假设搜索力是以离散的量 (称为 "瞥视") 来度量的。一次瞥视可能相当于飞机的一个架次, 也可能相当于一个狗仔队在一天之内或任意时间段 (如 1 h) 的搜索量。把小格子从 $1 \sim n$ 编号。由于假设目标不移动, 并且假设搜索者在小格子之间转移时所消耗的搜索力可以忽略不计, 所以这些小格子的几何排列并不重要。另外, 我们还假设除非搜索者瞥视正确的小格子, 否则他没有发现目标的机会; 也就是说, 我们忽略了搜索者在观察某个小格子时, 发现目标位于其他小格子内的可能性。我们需要两种概率:

定义 7.4 小格子的占位概率指目标处在这个小格子的概率。小格子的忽视概率指对小格子进行的一次观察未发现目标的概率, 即使目标就在其中。假设忽视概率为给定数据, 不取决于搜索方案。

令 p_i 为第 i 个小格子的初始占位概率。对应的向量 p 为目标位置的初始分布。这个概率分布属于输入数据, 也就是说, 任何人要想使用本节的结果, 必须得量化目标位置的初始不确定性。理查德森和斯通 (1971) 在搜寻失踪的蝎子号核潜艇时, 详细论述了这一研究成果, 其中小格子相当于海洋上的一个固定坐标方格。结合通信历史、该地区存在一座海山的情况, 以及潜艇如何遭遇不测的冲突理论, 最终赋予了坐标方格中的每个小格子一个概率。

令 q_i 为第 i 个小格子的忽视概率, 对应的向量为 q。这些忽视概率可能由 7.3 节中的某个公式计算出来, 也可能是专家的直接估计值。他们原则上有可能取决于时间, 尽管这里情形并非如此。例如, 假设所有瞥视是独立的, 那么对第 i 个小格子进行 3 次瞥视的忽略概率为 q_i^3。这种假设不应该随便接受, 因为其真实性取决于在每个小格子内搜索的性质。假设 1 次 "瞥视" 相当于派遣一个人类搜索者在特定的坐标方格小格子内搜索 4h, 并假设搜索者是个有条不紊的人, 他花了 4h 对小格子的一半进行了穷尽搜索。从而 1 次瞥视的忽视概率为 0.5。2 次瞥视的忽视概率是多少? 我们希望它为 0, 因为 2 次瞥视足够彻底搜索整个小格子, 但独立性假设使得它为 0.25。后者实际上可能更占得住脚, 这取决于搜索的组织方式。当搜索者 A1 被第二次派遣对小格子进行观察时, 也许他已经不记得第一次所做的事情, 也许第一次观察由 A1 执行, 第二次由 Moshe 执行, 并且二者之间没有 (或无法) 进行沟通。这种健忘或 "冲突" 可以用来证明独立性假设是合理的。如果这 2 次瞥视各自是对整个区域的随机搜索, 而不是局部的穷尽搜索, 则独立性假设理所当然是正确的。在本节的其余部分, 假设独立性假设是成立的。

如果在第 i 个小格子内瞥视的总数为 x_i, 那么根据此前的假设和全概率定理, 可以推出总的遗漏概率为

$$1 - P_D = \sum_{i=1}^{n} p_i q_i^{x_i} \tag{7.7}$$

既然 $\boldsymbol{x} = (x_1 \cdots x_n)$ 由搜索者控制, 除了要满足非负要求, 并且要求给定瞥视总数, 则数学问题就变成对于 $\boldsymbol{x}$, 求式 (7.7) 的最小值, 其中 $\boldsymbol{x}$ 要服从只有一定数量的瞥视可用这一约束条件。求解这个问题的一个方法就是贪婪算法, 其中每个瞥视被分配到能使发现概率增加最多的那个小格子上。令 Δ_i 为当 $\boldsymbol{x}$ 在第 i 个小格子内增加 1 时, 发现概率的增加量。而后, 由于式 (7.7) 中只有 x_i 增加了, 其余各项保持不变, 所以

$$\Delta_i = p_i q_i^{x_i} - p_i q_i^{x_i+1} = p_i(1 - q_i) q_i^{x_i} \tag{7.8}$$

由于 $\boldsymbol{x}$ 最初为 0, 那么对于所有 i, $q_i^{x_i}$ 最初为 1, 所以第 1 次瞥视被分配到 $p_i(1 - q_i)$ 最大的那个小格子上。如果第 j 个小格子占先, 则通过和 q_j 相乘来更新 Δ_j, 更新之后, 再次寻找最大值, 对第 2 次瞥视进行分配, 依此类推, 直至所有瞥视都分配完毕。

例 7.3 假设 $\boldsymbol{p} = (0.5, 0.4, 0.1)$, $\boldsymbol{q} = (0.9, 0.5, 0)$。假设第 3 个小格子相当于那盏众所周知的路灯, 一个醉汉被吸引到灯下寻找他丢失的钥匙 (如果钥匙确实在此, 则 $q_3 = 0$, 肯定可以找到)。但问题是, 他可能没把钥匙丢在这里 ($p_3 = 0.1$)。表 7-1 显示了运用贪婪算法对前 5 次瞥视的分配, 通过选择编号较低的小格子来处理两个小格子相等的情况。注意: 对第 3 个小格子进行了搜索, 但只是在第 3 次瞥视, 分配到第 2 个小格子上的瞥

视次数最多。搜索者在第 3 个小格子上是如此高效, 以至于 1 次瞥视就足够了, 而在第 1 个小格子上是如此低效, 所以搜索力最好分配给第 2 个小格子。所有这 5 次瞥视的发现概率为 $0.2 + 0.1 + 0.1 + 0.05 + 0.05$, 计算方法是将表 7-1 中选中的 (黑体)5 个 Δ 相加, 或者对于 $x = (1, 3, 1)$, 应用式 (7.7) 来计算。无论哪种方式, 经过 5 次瞥视之后的最佳发现概率为 0.5。

表 7-1　对例 7.3 中的前 5 次瞥视, 显示 Δ 如何更新以及所选中的占先小格子 (占先小格子总是对应于最大的 Δ, 用黑体显示)

瞥视编号	占先小格子	Δ_1	Δ_2	Δ_3
1	2	0.05	**0.2**	0.1
2	2	0.05	**0.1**	0.1
3	3	0.05	0.05	**0.1**
4	1	**0.05**	0.05	0
5	2	0.045	**0.05**	0

　　贪婪算法也有不同的解释。可以想象搜索者在每个阶段应用贝叶斯定理 (附录 A) 来获取目标位置的当前分布, 约定尚未发现目标, 然后把下一次瞥视当作第 1 次瞥视来处理, 但是要更新占位概率。考虑例 7.3 中 3 次瞥视之后的情形, 给定前 3 次瞥视未能发现目标, 此时目标的位置分布为 $(0.5, 0.1, 0)/0.6$ 或 $(5/6, 1/6, 0)$。在相同条件下, 下一次瞥视的发现概率为 $(1/12, 1/12, 0)$, 所以第 4 次瞥视可以分配到第 1 个小格子或者第 2 个小格子上, 见表 7-1。回顾贝叶斯数学方法就会发现, 实际情形总是如此 —— 在每种解释下, 瞥视的分配顺序相同。从 Δ_i 中除去 $(1 - q_i)$ 因数, 正好可以得到更新的占位概率, 然后标准化以使概率总和为 1。当将 $(1 - q_i)$ 再次乘回到式中时, 进行 (除了标准化因子) 和表 7-1 相同的比较。因此, 更新后的占位概率是对之前所有搜索的充分总结, 并且可以作为后续的延长搜索管理信息系统的基础。

　　搜索的大多数计算机决策辅助工具的主要输出是显示最近更新的占位概率分布。也可能会提出下一步行动的建议, 但对于用户的不予采纳, 软件始终是有所准备的。用户定下决心, 观察结果, 更新占位率以反映新的观察结果, 如此循环往复。*Chapter7.xls* 中的 Greedy 工作表实现了这种方法。该工作表中所使用的术语取自地面搜索和救援工作。因子 $(1 - q_i)$ 称为 POD (发现概率), 输入分布 p 称为 POA (区域概率)。应用贝叶斯定

理称为 "变换 POA"。

以上描述的贪婪算法在任何时刻都不要求用户知道还剩余多少搜索力。如果搜索者不管需要多少次瞥视, 只打算继续搜索直至找到目标为止, 贪婪算法也同样适用, 在这种情形下, 这一算法将使得所消耗的平均瞥视总次数最小化。从任何实践意义上说, 贪婪瞥视序列是所有序列中最优的。这种一致的最优性依赖于本节先前所作的假设, 特别是目标静止不动的假设。

7.5.2 连续搜索

可以用 "瞥视" 来度量搜索力, 甚至在允许极短瞥视的情况下。但在本节中, 我们只涉及时间, 因为这是连续搜索最常用的量度。可以方便地将忽视概率 q_i 写成 $\exp(-\alpha_i)$, 其中 α_i 是某个非负数值 (准确地说是 $1/q_i$ 的自然对数)。在这种情形下, 式 (7.7) 变为以下形式:

$$1 - P_D = \sum_{i=1}^{n} p_i \exp(-\alpha_i x_i) \tag{7.9}$$

现在, 式 (7.9) 的最小化问题涉及连续非负变量 x, 服从约束 $\sum_{i=1}^{n} x_i \leqslant t$, 其中 t 为可用时间量。由于没有时间量子, 不能再运用贪婪算法, 但是最小化问题的计算难度并不大。虽说有针对这个问题而设计的程序 (沃什布恩, 1981), 但一般的非线性优化程序 (如 Excel 的求解器) 也很容易求解这类问题。*Chapter7.xls* 中的 Continuous 工作表用来求解四个小格子的最小化问题 (习题 7.5)。

方程 (7.9) 保留了 7.5.1 节中的独立性假设。如果对每个小格子的搜索都是随机的, 那么这个假设就是正确的; 事实上, 对每个小格子, 参数 α 都为 VW/A, 与 7.3.2 节一样。如果独立性假设不成立, 则式 (7.9) 应替换为

$$1 - P_D = \sum_{i=1}^{n} p_i f_i(x_i) \tag{7.10}$$

式中: $f_i(x_i)$ 表示当有 x_i 个单位的搜索力应用于第 i 个小格子时的忽视概率。例如, 如果对第 i 个小格子的搜索服从倒立方律, 那么 $f_i(x_i)$ 将是一个包括累积正态分布的表达式。只要对所有小格子, $f_i(x_i)$ 都是一个递减的凸函数, 就存在高效的最小化方法 (斯通, 1975)。

7.5.3 二维正态先验搜索

目标位置的不确定性往往表现为二维正态分布的形式。导致这一结果的常见原因在于有若干探测器对目标的方位进行测量。如果探测器在远距离上测量目标方位时产生正态分布的误差，那么由此得出的目标位置分布将具有二维正态性质。可以在地图上画一个标准椭圆来说明一个二维正态先验分布，典型的 $2 - \sigma$ 椭圆包含目标的概率为 $1 - \exp(-2) = 0.865$。偶尔也使用其他标准，结果显示为或大或小的椭圆，但任何一个这类椭圆都是一个完整的伸展钟形分布的替代品，这些分布可以分配进一个个小格子内以进行搜索。如果搜索是随机的，就引起了一个标准问题，自第二次世界大战以来，这个问题一直是分析的焦点。本节将对这些结果予以总结。

我们假设，搜索者在时间段 t 内以速度 V 移动，搜扫宽度为 W。关于这三个量的唯一重要的事情就是它们的乘积，如果忽略面积重叠，这个乘积就是搜索者所覆盖的面积量。如果描述椭圆特征的两个标准偏差分别为 σ_U 和 σ_V，可以定义一个无量纲的搜索力量度 $z \equiv VWt/(2\pi\sigma_U\sigma_V)$，这是一种覆盖率。第 2 章也定义了这个量度，只不过其分子是 na，而不是 VWt。第 2 章的射手试图用 n 发射弹来毁伤目标，每发射弹的杀伤面积为 a，而此处搜索者通过连续移动来覆盖面积。射手和搜索者都要面对同一个问题：以最大可能概率，排列给定的总面积去"覆盖"目标。

和第 2 章一样，我们分为三种情形。穷尽搜索情形对应于乐观假设，即总面积可以按照搜索者的意愿进行分割和确定形状，并且不重叠。由此可导出上界 (式 2.18)。另外两种情形都假设搜索是随机的，但搜索力的排列方式不同。如果为了战术简性，要求在某一区域内均匀分布搜索力，则最佳发现概率可由 SULR 公式 (2.20) 计算出来，其最佳区域是第 2 章中所记录的椭圆。如果随机搜索力可以实际上达成最优分配 (很明确这并非自相矛盾 —— 想一想不均匀地撒布五彩纸片)，则最佳发现概率可由 SOLR 公式 (2.23) 计算出来。通过反复越过逐渐增大的区域，可以实现 SOLR 搜索。然而，正如第 2 章图 2-4 所清楚显示的，SULR 和 SOLR 情形之间几乎没什么差别。

还有一些情形处于穷尽搜索和随机搜索之间，如下例所示。

例 7.4 假设 $\sigma_U = 20, \sigma_V = 10, V = 100, W = 2, t = 8$，所以 $z = 1.27$。假设在某一区域内搜索必须是平均分布的。应用式 (2.20)，SULR $P_D = 0.46$。然而，假如觉得随机搜索是一个过于悲观的假设，而希望采用倒立方律来代替它。这个想法就是在某一椭圆形区域内以一致的轨迹间距执行搜索, 所以应采用式 (7.5), 但是应该搜索什么区域? 由于没有最优区域准则可依据, 只能尽量尝试和失误。*Chapter7.xls* 中的 BVN 工作表通过穷尽搜索找到了最佳的 x, 其中 x 为椭圆形搜索区域的面积与标准化常量 $2\pi\sigma_U\sigma_V$ 的比值。结果最佳的 x 为 1.2。从 x 的定义中可知, 待搜索的最佳椭圆每个方向上的半径应该为标准偏差的 $\sqrt{2x}$ 倍。因此, 这个椭圆的两个直径分别为 62 和 31。在这个椭圆内的一致轨迹间距应该是 W/z 或 1.57。期望发现概率为 0.57, 明显高于 SULR 值。

7.6　运动目标

如果搜索过程在时间上延长了 (这是常有的情况), 那么可能有必要考虑目标随着搜索进行所作的运动。例如, 一个走失的人在一个白天内可以走出相当远的距离, 而搜索通常是在白天进行。如果在搜索时间内目标运动的距离相对于小格子的尺寸来说较小, 可以把它当作固定目标来处理。然而, 总的来说, 还是需要一些考虑目标运动的方法。

目标运动的重要性高度依赖于运动的动机。目标有可能是合作的, 如一个走失者向救援者方向运动。然而, 在战斗背景下, 目标更可能运动以摆脱搜索者, 从而给探测造成阻碍。事实上, 不使用主动探测器的原因之一, 在于嘈杂的脉冲信号将向目标提供关于搜索者位置的警告, 从而能够进行规避。

合作与非合作行为都取决于目标对搜索者的早期探测。也有可能是目标无法获取这方面的信息, 或者是目标到处运动, 并不怀有与可能被发现相关的目的, 可以把这类运动称为 "善意的"。目前, 尚不清楚这种善意的运动对于搜索者来说有什么利弊 —— 每一种思路都可以提出一条论据。目标的运动可能会使其发现搜索者, 就像每只蜘蛛都知道的那样。另一方面, 目标运动的随机性是破坏试图进行的穷尽搜索的原因之一。在后续各节中, 我们会介绍每条论据的各个方面。

7.6.1　动态放大

如果目标在搜索区域内以速度 U "随机" 运动, 那么可以合理地假设目标速度和搜索者速度之间的夹角 θ 是介于 $0\sim 2\pi$ 范围内任意角度的可能性相等。如果搜索者的速度为 V, 则两者之间的相对速度为 $\sqrt{U^2+V^2-2UV\cos\theta}$,

从而平均相对速度为

$$\tilde{V} = \int_0^{2\pi} \sqrt{U^2 + V^2 - 2UV\cos\theta}\,\frac{\mathrm{d}\theta}{2\pi} \tag{7.11}$$

数量 $\tilde{V}$ 有时被认为是 "动态放大的" 搜索速度, 其道理在于, 运动速度为 $\tilde{V}$ 的搜索者发现一个静止目标的可能性和速度为 V 的搜索者发现一个以速度 U 运动的目标的可能性相同。从这个意义上, 该方法的使用至少可以追溯到第二次世界大战 (OEG, 1946, 第 1.5 节)。

式 (7.11) 是一个关于 U 和 V 的对称函数。搜索者的运动速度为 10 kn, 而目标的运动速度为 2 kn, 或者是相反的情形, 并没有什么差异。在这两种情形下, 放大的搜索者速度都一样 (确切说是 10.1 kn)。这一观察结果可能会使一个不希望被发现的目标感到困惑: 运动到底是不是一个好主意?

虽然式 (7.11) 中的积分没有封闭形式 (它是一个第二类完全椭圆积分), 但至少可以给出一些 $\tilde{V}$ 的上界和下界:

$$\max(U, V) \leqslant \tilde{V} \leqslant \sqrt{U^2 + V^2} \tag{7.12}$$

当 U 和 V 相差显著时, 上界和下界最接近。最坏的情形是 U 和 V 相等时 (例如, 等于 1), 在这种情形下, 下界是 1, 上界是 1.41, $\tilde{V}$ 实际上为 $4/\pi = 1.27$。图 7-5 显示了一个曲线图。参见 *Chapter7.xls* 中的

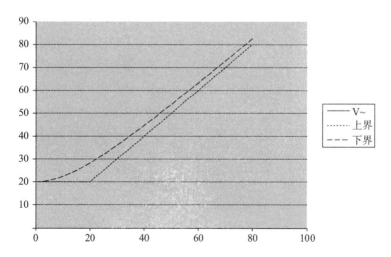

图 7-5　当目标运动速度为 30 时, 显示动态放大的等效搜索速度 ($\tilde{V}$) 及其上界和下界

EquivSpd 工作表, 其上有类似的曲线图, 或者可以体验如何运用 VBA 函数 EquivSpd (U, V), 该函数可以计算对应任何自变量的动态放大速度。

例 7.5 假设在面积 $100 \, (\text{n mile})^2$ 的区域内, 一个以 $40 \, \text{kn}$ 速度运动的搜索者搜索一个以 $30 \, \text{kn}$ 速度运动的目标。如果搜扫宽度为 $0.5 \, \text{n mile}$, 发现目标需要多长时间? 要回答这个问题, 首先计算出动态放大速度, 结果为 $63.6 \, \text{n mile}$。由于目标随机到处运动, 所以假设只能使用随机搜索 (详见 7.3.2 节)。根据该节方法, 发现目标之前的平均时间应该为 $100/(0.5 \times 63.6) = 3.1 \, (\text{h})$。

尽管动态放大公式有着悠久的历史, 但作者并不了解任何对其加以证实的严谨尝试。任何这种尝试都必须弄清楚: 对于搜索者和目标, "随机运动" 究竟是何含义。如果目标的动机是避免被发现, 那么它很可能会慢慢地运动, 即使它能够运动得很快, 因为对于一个想要躲起来的人来说, 明显的运动基本上是一个坏主意。在目标试图尽可能推迟被发现时间的搜索对策中, 目标的最佳运动据知是几乎不动, 运动只能对穷尽搜索构成阻挠 (盖尔 (Gal), 1980, 第 4 章)。如果例 7.5 中的目标以这种方式[①]运动, 则 "放大的" 速度将是 $40 \, \text{n mile}$, 而不是 $63.6 \, \text{n mile}$。

7.6.2 马尔可夫运动

与其试图将情形简化为涉及一个固定目标的等效情形, 倒不如尝试扩展 7.5 节的理论以纳入运动目标。最简单的概念就是设想搜索者和目标轮流行动。首先, 搜索者将一些搜索力分配到各个小格子上。如果搜索不成功, 目标就可能运动到其他小格子内, 之后搜索者再次尝试, 依此类推。假设目标的下一个位置与其当前位置无关通常是不切实际的, 所以转而假设目标的运动是一个马尔可夫链 (附录 A)。这就需要确定目标初始位置的概率分布和马尔可夫链的转移函数。

定义 7.5 对于在小格子集合 C 上定义的马尔可夫链, 其转移函数 $\Gamma(x, y, t)$ 指的是在时刻 t 位于小格子 x 中的目标, 在时刻 $t+1$ 移动到小格子 y 中的概率。这个函数必然是非负的, 并且在任意时刻 t, 对于任意一个 $x(x \in C)$, 在 y 上求和结果为 1。

马尔可夫链的一个常用类型是随机游动, 其中目标要么以某一特定概率移动到邻近的小格子, 要么保持原地不动。其大意是, 随着时间的推移,

---

[①]指几乎不动, 译者注。

位置分布覆盖越来越多的小格子。*Chapter7.xls* 中的 RandWalk 工作表演示了 $C = \{1, \cdots, 17\}$ 条件下的随机游动, 也演示了并行搜索的效果。但通过将忽视概率设为 1, 也可以显示单纯运动①的效果。

例 7.6 小格子集合 $C = \{1, 2, 3\}$, 目标位置的初始分布为 $\boldsymbol{p} = (0.51, 0.49, 0)$。每次搜索之后, 目标将小格子的编号增加 1, 如果目标已经位于第 3 个小格子中, 则保持不动。根据转移函数的性质, 对所有时刻 t, 有 $\Gamma(1, 2, t) = \Gamma(2, 3, t) = \Gamma(3, 3, t) = 1$, 所有其他的转移概率均为 0。假设对三个小格子的忽视概率为 $(0, 0, 1)$, 也就是说, 一旦目标到达小格子 3, 则不会被发现。如果搜索者观察不包含目标的任何一个小格子, 则忽略概率也为 1。搜索者有两次观察机会, 但问题是这两次机会应该如何分配。穷举所有可能性之后, 我们得出结论: 这两次机会都应该分配给小格子 2, 因为这将保证发现目标。如果目标最初就位于小格子 2, 则第一次观察就会被发现, 如果最初位于小格子 1, 则第二次观察就会被发现。

令 $P(x, t)$ 为目标在时刻 t 位于小格子 x, 并且在时刻 t 之前未被任何搜索发现的概率。如果进行标准化, 使其在 x 上求和结果为 1, 想知道在时刻 t 应该观察哪个小格子的搜索者把这个函数称为 "目标位置的当前分布", 并且可能希望看到显示出来的分布以指导其在时刻 t 进行搜索。令 $q(x, t)$ 为在时刻 t, 给定目标位于小格子 x 中, 但一次观察没能发现目标的概率。这个函数取决于搜索者在时刻 t 决定观察哪一个小格子或者如何将其搜索力分配给多个小格子。那么由全概率定理可知, 推进时间的公式为

$$P(y, t+1) = \sum_{x \in C} P(x, t) q(x, t) \Gamma(x, y, t), \quad y \in C \qquad (7.13)$$

目标在时刻 $t+1$ 之前不被发现, 并且在时刻 $t+1$ 进入小格子 y 的唯一途径是: 在时刻 t 位于某一小格子 x 内, 在时刻 t 之前不被发现, 并且在时刻 t 不被发现, 同时从小格子 x 向小格子 y 移动。式 (7.13) 是对以上叙述的形式化表示。尽管例 7.6 较为简单, 不需要用到该式, 但是应用式 (7.13) 可以得出相同的结论, 对第 2 个小格子搜索两次 (习题 7.7)。*Chapter7.xls* 中的 RandWalk 工作表应用式 (7.13) 来更新目标位置的分布, 对搜索的效果和运动进行了解释。

在这一段中, 我们使用点 $(\cdot)$ 符号来强调在既定时刻, 我们指的是所有小格子而不是任何特定的小格子。式 (7.13) 可以运用如下: 检查初始分布 $P(\cdot, 1)$, 决定 $q(\cdot, 1)$ 应该是多少, 也就是说, 决定在时刻 1 如何搜索。然后

---

① 只要搜索者运动到目标所在小格子, 必然发现目标, 译者注。

运用式 (7.13) 来计算 $P(\cdot, 2)$, 在决定在时刻 2 如何搜索之前, 检查函数, 从而决定 $q(\cdot, 2)$, 依此类推。在每个时刻选择 $q(\cdot, t)$ 时, 可以选择使当前未发现概率最小化的搜索方案, 这可以通过在时刻 t 运用式 (7.13) 得出, 其中要删掉转移函数因子 $\Gamma(x, y, t)$。这种搜索是近视最优的, 其道理在于, 在给定以往所有搜索均告失败的前提下, 它使得每一时刻的当前发现概率最大化。找出近视最优搜索在计算上较为容易, 因为它相当于求解一系列固定目标搜索问题, 每一时刻一个。

近视搜索通常接近于使总体发现概率最大化, 但也会犯错误。在例 7.6 中应用时, 它会首先搜索小格子 1, 然后就不知道第二次搜索该怎么做了, 因为所有三种备选方案第二次搜索得出的即时发现概率都为 0(习题 7.7)。经过两次搜索之后的总体发现概率将为 0.51, 和第一次搜索之后的发现概率一样。例 7.6 中讲解了利用这两次搜索的更好方式。事实上, 这个例子是故意设计成看起来几乎糟糕之极。通常的情况是比在这个例子中更接近于最优, 但事实是当目标运动时, 全局最优性 (7.5 节) 就消失了。

有一种方法 (FAB (向前和向后算法) 算法) 被设计用来找到目标运动时搜索力的全局最优分配。其主要思想是在式 (7.13) 中引入另一个因子, 表示后续搜索也没有发现目标的概率, 从而使总和等于所有时间内均未发现目标的概率。FBA 算法是迭代的, 只是在极限情况下, 才有可能收敛到最优解。不过, 现代计算机的速度使得应用 FAB 算法是可行的。关于这个算法的详细内容参见布朗 (1980) 或者沃什布恩 (2002)。

有必要声明的是, 本节所考察的轮流模型忽略了一个可能性, 即在目标位置发生变化的轮次之一, 目标是可能被发现, 因此, 当目标移动距离很大时, 这个模型可能是不可靠的。回想一下, 7.6.1 节中的动态放大搜索速度在目标静止时达到最小值, 暗示不想被发现的目标不应移动太多。相比之下, 如果为本节中行动迟缓的目标赋予选择马尔可夫转移函数的机会, 在许多情形下, 其最中意的函数将是使其下一个位置处在任何小格子中的可能性相等, 而这意味着大量的移动。这些都是相反的倾向, 而且这种对比应该是令人担忧的。在实践中, 本节中的模型可能是令搜索者悲观的, 特别是面对移动量很大的目标。遗憾的是, 目前似乎还没有人研究 "很大" 究竟表示多大。

7.6.3　规避目标

如前所述, 对运动目标搜索行动的成功取决于目标的移动动机。可明显分为三种情形:

(1) 目标可能希望被发现。关于这一主题的文献越来越多。它对于搜索和救援团队来说较为重要，但不会在此深入研究。

(2) 目标可能不在意自己是否被发现或者不知道自己正在被搜索。无生命意识的事物肯定属于这种情形，而有时鱼、人类和潜艇也是如此。7.6.1 节和 7.6.2 节适用于这类目标的运动。

(3) 目标可能知道自己正在被搜索并且采取一些措施以避免被发现。这往往是战斗模型中的适当假设。这种规避目标就是本节的主题。

缺乏搜索者活动信息的规避目标可能或不能有效地运用其运动能力。考虑 "公主和魔鬼" 游戏，游戏开始时两名游戏者在单位圆内随机选择位置。魔鬼以速度 1 移动，直到它到达给定的能捕获公主的短距离 r 之内，随后游戏结束。公主也可以移动，但她是漫无目的的，因为她无法发现魔鬼。最终被魔鬼发现是必然的，但公主仍想尽可能地拖延。这个困难对策的解是已知的 (拉莱和罗宾斯，1987)。魔鬼的一个最优策略是漫反射，如 7.3.2 节中所定义的。公主的最优策略就是移动，但只是就魔鬼所进行的穷尽搜索而言能够阻挠其尝试获得成功。所有这一切的实际效果就是魔鬼实际上在这个圆形区域内进行随机搜索。公主的运动能力对于她来说用处不大 —— 由于她不知道魔鬼的位置，所以无法采取如 "走另一条路" 这样的行动。她所能做的就是把一个潜在的穷尽搜索变成随机搜索。

公主和魔鬼游戏的一个变体是使公主知道相对于魔鬼的方向。这种变体有时具有军事真实性，因为对主动雷达或声纳信号的被动拦截正好显示出这类信息，相对于搜索者的探测半径，通常位于较远距离上。公主仍然会被捕获，但所花费的时间要长很多。当类似的游戏在矩形区域内进行时，沃什布恩 (2002，第 2 章) 发现，当给定公主的移动速度仅是魔鬼的 20% 时，结果公主被发现之前的平均时间比公主不知道魔鬼方向条件下的时间增加约 40%。这种结果是传统军事常知的一部分 —— 使用主动探测器追踪规避目标，尽管有时是必需的，会渗漏重要的信息，这一点已经得到了广泛认可。沃什布恩的结论是通过海军研究生院军官 — 学员反复玩这个游戏，用试验方法得出的。目前还没有这个对策的解析解。

关于规避目标的另外一个著名问题是燃烧基准点问题。其名称源自下面这种情形：一艘潜艇刚刚用鱼雷攻击了一艘船，从而将自身位置暴露给追击的舰船或飞机。燃烧的船显示出潜艇曾经位于这个地方，因此而得名。关于追击者和规避者的抽象描述有五个参数：

(1) U 为规避者的最高速度 (假设持续时间无限)；

(2) V 为追击者的速度；

(3) W 为追击者的搜扫宽度;

(4) τ 为初始事件发生后, 追击者到达基准点的时间, "晚到时间";

(5) t 为追击者所花费的搜索时间。

作为一个对策, 这个问题的精确解也是不得而知的, 但是, 如果假设追击者在逐步扩大的圆形区域 (表示逃避者至基准点的最远距离) 内一直进行随机搜索, 则发现概率可以表示为 (沃什布恩, 2002, 第 2 章)

$$P_D(t) = 1 - \exp\left(-\frac{VW}{\pi U^2}\left(\frac{1}{\tau} - \frac{1}{\tau + 1}\right)\right) \tag{7.14}$$

在这种情形下, 搜索结果对规避者的速度非常敏感, 在式 (7.14) 中取其平方。规避者可以有效地利用其速度, 在二维平面上越逃越远, 而公主则不管其速度是多少, 不允许离开单位圆。霍扎奇 (Hohzaki) 和沃什布恩 (2001) 对式 (7.14) 进行了推广。

例 7.7 假设 $(U, V, W, \tau) = (20\,\mathrm{kn}, 100\,\mathrm{kn}, 4\,\mathrm{nm}, 1\,\mathrm{h})$。经过 4 h 搜索后, 发现概率为 $P_D(4) = 0.225$。即使在极限情况下, t 接近无穷大, 发现概率也只有 0.273。另一方面, 如果 U 是 15 kn 而不是 20 kn, 则 4 h 搜索后的发现概率上升为 0.36。如果允许在持久力无限的规避者和速度更慢的规避者之间进行选择, 追击者将更喜欢速度慢的规避者 (习题 7.10)。

如上文所述, 无论是变型后的公主和魔鬼游戏, 还是燃烧基准点问题, 都未能作为 TPZS 对策来严格求解。可以预料, 这种令人遗憾的局面也会出现在其他情形中, 其中规避目标随着游戏的进展而移动, 特别是假设目标能够从关于搜索者的信息中获益。作为解析问题, 其中的大多数过于复杂而难于精确求解。这真不幸, 因为对策论是自然的观点。如果规避目标一旦选择了初始位置就不能再移动, 那么解析这个问题就简化了。第 9 章中有一个这样的例子。

7.7 扩展阅读

大多数探测设备, 包括人的眼睛和耳朵, 只有在所接收的信号强度大于某个阈值时才能识别 "目标"。由于即使没有目标存在信号也可能超过阈值, 所以看来有必要考虑伴随探测的虚警问题。二者之间的权衡可以用接收机工作特征 (ROC) 曲线来加以概括, 这条曲线显示了任意给定发现概率所隐含的虚警概率。一条假警报的影响范围从时间延迟 (用来确定所观察到的并非真目标) 到 290 人丧命 (1988 年美国文森号军舰误认为一架伊朗客机是攻击战斗机而将其击落)。以上各节中省略对此类事情的所有讨论是搜索论文献的典型做法, 但也有少数例外。霍扎奇 (2007) 研究了一个假警报消耗搜索者有限时间的搜索对局。还可以参见斯通 (1975, 第 6 章) 和沃什布恩 (2002, 第 10 章)。假警报的另一个重要影响是消耗弹药。在本书中, 第 9 章的无人战斗机模型考虑了这种很重要的影响。

虽然搜索游戏 (诸如公主和魔鬼游戏) 是困难的数学问题, 可以从其研究中学习的事情还有很多。班柯斯基 (Benkoski) (1991) 等人所著的著名的搜索概论中, 除了涉及假警报的其他论文之外, 包括有这一主题的若干参考资料。

实践中, 如果在一定时限之后没有找到目标, 应该停止对目标的搜索, 即使继续搜索是可行的。在搜索和救援行动中, 有时处理这种问题的方法是从一开始就在其中包含一个无法搜索的小格子, 称为 ROW (禁区)。随着对其他小格子的搜索失败, 贝叶斯定理将逐步改变进入 ROW 的概率, 当 ROW 概率变得非常高以致未来搜索不可能成功时, 停止搜索。当然, "高" 是一个相对的条件, 在发现目标的价值和继续搜索的成本之间始终要有一个权衡。相关解析优化方法参见斯通 (1975, 第 5 章)。

以上各节所隐含的假设是搜索对象是一个单一的目标。只要所有的目标在统计上相同并且独立, 如果目标数是未知或随机的, 那么很多方面将保持不变。例如, 在某个预定时间之后, 对所有目标的发现概率都是相同的。然而, 搜索者必须要分辨清楚抽样是否有替换, 也就是说, 搜索者能否记住所发现的目标是不是已经发现过的? 如果搜索者能记住, 并且知道目前还有多少目标, 那么可能的搜索目的就是要找到所有的目标。第 9 章的无人战斗机部分讨论了这些问题。许多其他有趣的拓展可以在专门研究搜索的著作中找到, 例如, 斯通 (1975) 或沃什布恩 (2002)。

习　题

7.1 利用式 (7.2) 和式 (7.3) 证明在穷尽搜索中发现目标之前的平均时间为 $A/(2VW)$。

7.2 在 7.3.1 节中, 宣称发现目标之前的时间没有记忆。通过计算作为基础的条件概率来证明这个说法。

　　答案: 条件概率应该是 $\exp(-\lambda x)$, 与时间 t 无关。

7.3 式 (7.4) 包含一个对大数 n 的界限。制作一个电子数据表, 其中有一列对应 $n = 1, 2, 3, \cdots$, 证明这个界限成立。$n = 1$ 时, 发现概率应该等于式 (7.3), 或 n 很大时, 应该等于式 (7.4)。为简单起见, 设 $VW/A = 1$。

7.4 假设有 5 个搜索者组成一道屏障, 横跨 20 英里宽的通道, 每个搜索者的固定探测距离为 1 英里。并设 $U = V$。

　(1) 如果这 5 个搜索者能够以互相衔接的方式巡逻, 那么他们共同相当于 1 个探测半径为 5 英里的搜索者, 发现概率将是多少? 利用式 (7.6) 来近似计算。

　(2) 除了搜索者在通道的不同地点独立巡逻之外, 其他同上, 这样每一个搜索者都有一个独立发现任何穿越者的机会。

　　答案: (1) 0.71 (再次利用式 (7.6), 但要计算 1 个探测者结果的幂和)

　　　　 (2) 0.53。1 个大的机会要比 5 个小的机会更优越。

7.5 使用 *Chapter7.xls* 中的 Continuous 工作表求解下面 4 个小格子的问题, 在每个小格子中执行随机搜索。下表给出了 4 个小格子的数据, 其中 p_i 为目标位于第 i 个小格子的概率。总的可用搜索时间为 8 h。

格子编号	P_i	V_i (速度)	W_i (搜扫宽度)	A_i (格子面积)
1	0.1	50	10	5000
2	0.2	100	10	5000
3	0.3	200	10	8000
4	0.4	50	20	4000

　　答案: 首先计算出 $\boldsymbol{\alpha} = (0.1, 0.2, 0.25, 0.25)$。最小化式 (7.9) 后, 得出最优的 $\boldsymbol{x}$ 为 $(0, 0.7, 3.1, 4.2)$, 发现概率为 0.45。给定有限的可用搜索时间, 最好是赌目标不在小格子 1 中, 将搜索力不均匀地分配到其他 3 个小格子上。

7.6 例 7.4 使用 *Chapter7.xls* 中的 BVN 工作表来求解一个涉及倒立方律搜索的问题。没有必要使用这种蛮力技术来求解相应的随机搜索问题, 因为式 (2.20) 提供了最优的解析发现概率, 但也不妨一试。修改一下工作表, 用随机搜索取代倒立方律搜索, 从而验证式 (2.20) 是正确的。在例 4 中, 待搜索的最佳椭圆直径分别为 62 和 31。如果是随机搜索, 那么最佳的直径是多少?

答案: 随机搜索的最佳发现概率应为 0.46。精确至最近的 $1/10$, 最优的 x 为 1.1, 其对应的椭圆为 30×59。

7.7 证明例 7.6 的近视搜索解和 7.6.2 节中所描述的一致。因为 $P(1,1) = 0.51$ 是三个概率中最大的, 所以第一次搜索分配到小格子 1 上。这样就确定了 $q(\cdot, 1)$, 从而也确定了 $P(\cdot, 2)$。遵循相同的原理分配第二次搜索, 计算 $P(\cdot, 3)$, 然后对 $P(\cdot, 3)$ 求和以得出目标躲过前两次搜索的概率。例 7.6 中已经给出了时刻 1 的转移函数, 而时刻 2 的转移函数相同。

答案: $P(\cdot, 3) = (0, 0, 0.49)$, 其和为 0.49。

7.8 同习题 7.7, 但这次首先搜索小格子 2, 尽管事实上这样做不会使即时发现概率最大。然后进行近视搜索。应该得出 $P(\cdot, 3) = (0, 0, 0)$。

7.9 *Chapter7.xls* 中的 RandWalk 工作表演示了反复搜索小格子 6 的效果, 目标在 17 个小格子上按照随机游动规则移动。

(1) 用工作表做试验。如果忽视概率为 1, 则目标会始终躲过搜索, 而且在时刻 30 的位置分布应近似于钟形的正态分布 (符合中心极限定理)。如果忽视概率为 0, 小格子 6 应相当于一个屏障, 阻止从高编号小格子进入低编号小格子的任何可能性。如果扩散概率为 0, 请预测将发生什么, 并使用表确认你的预测。

(2) 研究代表小格子 5、6、7 各列中的公式。它们都包含忽视概率, 而代表其他小格子的各列中则不包含忽视概率。一旦看懂了公式, 修改代表小格子 11、12、13 的各列, 以反映每一时刻在小格子 12 中进行的带有输入的忽视概率的搜索。你是否做对了? 一项验证测试可以是输入一个对称的初始分布。如果在时刻 30 分布不是对称的, 那就是哪个地方出错了。

7.10 *Chapter7.xls* 中的 FlamDat 工作表包括了根据式 (7.14) 发现概率随时间变化的部分实现的曲线图。通过提供所缺少的公式来完善这个工作表, 并证明例 7.7 中所提出的论断是正确的。提示: 如果写公式时, 使用正确的绝对和相对引用, 那只需要输入一次。在 Excel^{TM} 中, 数值 π 为 $P_i()$, 是一个没有自变量的内建函数。

第 8 章

雷战

> 美国海军失去了对一个国家周边
> 海域的控制权。而这个国家还未能拥
> 有海军,所使用的武器也不过是由船
> 只布设的一战前的武器,并且这些船
> 只在耶稣诞生之日起就开始服役了。
>
> 海军少将　阿兰·史密斯 (1950)

8.1　引言

1950 年朝鲜战争期间,位于元山港的一个雷场激发史密斯海军少将说出了开篇的引用语。那个雷场迫使登陆计划推迟了一个星期以上,同时 250 艘舰船在港口外徘徊。美国海军在扫雷过程中损失了 4 艘扫雷舰,多艘其他舰船被炸沉或损毁。在 1904 年的俄日战争中,水雷第一次实际上用于战场,尽管只是落后的触发式水雷,但其发挥的作用是决定性的。从那时起,随着传感器的改进,水雷实际上在每次重大的海上冲突中都有所使用 (哈特曼, 1979)。第二次世界大战以来,美国海军的损失大多数是由水雷造成的 (国家研究委员会, 2001)。

在陆地上,地雷所造成的威胁也在日渐增加。估计有 1 亿枚各场战争中遗留下来的防步兵地雷 (图 8-1),散布于地球的中纬度地区。数以千计的无辜者被这些地雷炸死或者炸伤,以至于在 1997 年的渥太华公约中,一些

图 8-1 手工排除地雷 (为了防止排雷, 一些地雷设计成哪怕倾斜就会引爆)

国家同意停止储存和使用防步兵地雷 (基利, 2003)。这些国家并不包含主要地雷生产国, 从而可以预见到地雷将继续被使用。许多国家不情愿放弃使用地雷, 与地雷的低成本和高效能有直接关系。以简易爆炸装置 (IED) 为形式的极低成本地雷被证明可以有效阻断道路交通。

什么是地雷? 其显著特征是一旦布好就保持不动, 位置隐蔽, 在攻击敌人的过程中将自行毁灭。一张蜘蛛网之所以不称其为地雷, 是因为缺少后一项属性。像蜘蛛网那样, 地雷的效能取决于敌人的运动需求。既然地雷自身不能移动, 并且在引爆后不需要再装填, 地雷可以做得很简单而且便宜。正因为它便宜, 可以通过大量复制实现高效能。我们一般分析雷场, 而不是单个地雷。

几十年来一直利用计算机模型来分析雷场, 其目的既可以是规划雷场, 也可以是在雷场中开辟通路。面对不确定性, 地雷战是一种措施与反措施的对策, 因而其中一些模型相当复杂, 但在 8.2 节中, 我们以一些相对简单的模型为开端。8.3 节和 8.4 节分别讨论雷场规划和开辟雷场通路。由于制定规划经常针对所期望的雷场克服措施, 适于采用基于对策论的模型。8.5 节考察了一些概率。

8.2 简单的雷场模型

一般不构建大规模作战模型来研究雷场布设和克服措施的细节, 但还是需要以某些简单的方式表达地雷战。其目的在于既保留地雷战的本质, 又不引入过多细节、数据库或者复杂运算。

最简单的模型可能是简单地声明某一特定区域禁止入内，"因为那里有地雷"，这也许是受到规则的支持，即任何人进入此区域将必死无疑。虽然这个模型理解了这一思想，它还是高估了雷场的效能。单个地雷一般控制很小的区域，闯入者更可能安全通过大多数真实的雷场而不会被杀死。同时，真实雷场的效能通常会随着时间降低，原因在于闯入者往往能够阻止补充地雷。尽管如此，简单的"许可"模型的确有用处和吸引力，不过对雷场规划或开辟雷场通路不起作用。

稍微复杂一点的模型，仍然是一个简单模型，可以是设想随机将 N 枚地雷独立地散布在面积为 A 的区域内，每枚地雷固定的杀伤半径为 R。任何闯入者进入一枚地雷的杀伤半径 R，就会被杀死，并且因此被变成无能力 (假设如此) 触发任何其他地雷。假设闯入者在雷场中运动距离为 D，这段运动确定了一个面积为 $2RD$ 的区域，闯入者要想在运动后生存，在此区域内必须没有地雷。任一特定地雷位于这片区域的概率为 $t = 2RD/A$，t 是每枚地雷的"威胁"。如果有 N 枚地雷独立地布设于这片区域，来自雷场自身的威胁为 $T = 1 - (1 - t)^N$。这是一个"升幂"的例子，如第 2 章所述。闯入者以概率 T 被炸毁同时 N 减少 1。否则，闯入者幸存并且 N 没有变化。减少的地雷数量不能超过 1，因为假定一个被炸毁的闯入者不再触发地雷。我们把这个模型称为 ENWGS 模型，原因是它曾用于增强版海军对抗模拟系统 (瓦格纳等，1999)。

ENWGS 模型修正了许可模型的不足，也没有变得过于复杂。如果用现实的数据替代 t 和 N，雷场威胁 T 实际上会变小。除非补充更多地雷，当 N 减少时威胁会随着时间的推移而减小。

一个稍微一般化的 ENWGS 公式时常用于雷场规划，关键性的问题是需要多少地雷才会使雷场的初始威胁足够大。作为一般化，用 W，即地雷对闯入者的搜扫宽度 (7.2 小节) 替代 $2R$。设想雷场是一个宽度为 B 的矩形，假设大于 W，每个闯入者通过雷场的距离为 L，则 $t = W/B$，得到关于初始威胁的简单公式：

$$\text{SIT} = 1 - (1 - W/B)^N = 1 - (1 - WL/A)^N \tag{8.1}$$

式中：N 为初始的地雷数量；雷场面积 A 仅仅为 BL。例如，依据式 (8.1)，为使 SIT 不小于 0.1，可以计算所需地雷的数量 (习题 8.1 和 8.2)。

ENWGS 模型可以描述为一个马尔可夫链 (附录 A)，状态为剩余的地雷数量，一次转换对应于一次穿越尝试。每进行一次转换，状态也许保持不变 (成功穿越) 或者减少 1 (发生伤亡)。后者的概率由式 (8.1) 计算。

8.3 非对抗雷场规划模型 (UMPM)

雷场规划关注的主要问题是所用地雷的数量和类型。关于不同类型地雷的使用, 还有一些问题需要说明, 特别是在闯入之前进行扫雷的情形。但在本节中, 我们考察雷场只由一种地雷构成的情形。对于任一特定型号, 关键问题是确定所需地雷的数量。

尽管 SIT 是相关的, 雷场规划者经常会考虑涉及第一个之后闯入者的其他措施。"威胁剖面" 只是有关对序列中闯入者 $1, 2, 3, \cdots$ 所构成威胁 (使其无法通过雷场的概率) 的一个图表, 以 SIT 为第一个数值。只要雷场无法得到补充, "威胁剖面" 通常是一个递减函数。也可以假设一组闯入者试图穿过雷场, 考察在此过程中闯入者损失的数量 X。X 的概率密度函数可以表示为 "伤亡分布" 曲线图, 概括为期望值 $E(X)$。可以用 ENWGS 模型预测伤亡分布和威胁剖面 (习题 8.3)。

虽然 ENWGS 模型是对一个简单许可模型的改进, 但作为一个雷场规划工具, 仍有一些特征使其不那么具有吸引力, 其中最主要的特征是没有真实地解决开辟通路问题。闯入者将由何处穿越, 往往具有相当大的不确定性, 因此, 在规划雷场时倾向于使雷场的宽度远远大于单枚地雷的搜扫宽度。对闯入者一方, 开辟通路是一项合理的反措施, 利用通路, 所有闯入者尝试着一个接着一个穿过雷场。这样, 只要有一条相对狭窄的通路能够穿越雷场, 通路以外的地雷会自动失效。这种战术不影响对第一个闯入者的威胁, 但是 ENWGS 模型还要预测对第一个之后闯入者的威胁。

在一些极端的情形下, ENWGS 预测可能会产生严重的错误。例如, 设想配备是同一种地雷, 且闯入者能够完好地顺次跟进。如果第一个闯入者成功地安全通过雷场, 则会在其身后留下一条无障碍的通路, 并可确保其中没有任何地雷, 所以后面的所有闯入者如果紧紧跟随, 也将会成功地安全通过雷场。如果第一个成功安全穿越, 则对第二个闯入者的威胁将为零。与之相反, ENWGS 模型预测对第二个闯入者构成的威胁仍然为 SIT, 理由是第一个闯入者并没有改变 N。显然, 如果我们的雷场模型要得出对在开辟通路的情况下威胁剖面的真实估计, 那么 ENWGS 模型必须改进。

ENWGS 模型的问题在于它做出了一个独立性假设, 该假设被开辟通路情形证明是站不住脚的, 这是一个关于普遍独立建模习惯有时会带来有害影响的例子, 在第 1 章讨论过这一点。要使地雷独立起作用, 要么闯入者必须处在相对于地雷的独立地点, 要么地雷必须在闯入者之间来回移动。

第一种可能性因开辟通路不存在; 而保持不动是地雷的一个基本特性, 因此第二种可能性也不存在。在美国海军的非对抗雷场规划模型 (UMPU) 中, 独立性假设被替换为一种有条件的独立性。特别地, 在 UMPM 中, 在给定地雷相对通路中心线位置的条件下, 我们假设一枚特定的地雷对序列闯入者所产生的影响是独立的。

令 x 为地雷与通路中心线之间的距离, $A(x)$ 为当一个闯入者沿中心线穿越雷场时地雷引爆的概率 (忽略导航误差的概率)。在第 7 章的术语表中, x 是横向距离, $A(x)$ 是一条横向距离曲线, 但是在当前的应用中, 将 $A(x)$ 称为一条激活曲线。激活曲线下方的面积即为搜扫宽度 W, 图 8-2 为典型激活曲线的一半。需要指出的重要一点是, 从雷场规划者的角度看, 与曲奇饼成形机曲线相比, 激活曲线遗憾地有些 “不成形”, 主要表现在其结果难以预测。设想地雷的杀伤半径为 40, 有时地雷引爆点的距离大于 40 (浪费的火力), 有时距离小于 40 地雷却无法引爆 (浪费的机会)。ENWGS 模型不承认存在这两种浪费, 不过 UMPM 模型计算时, 利用的是完整的激活曲线, 而不是搜扫宽度 W, 以此来解决这两个问题。

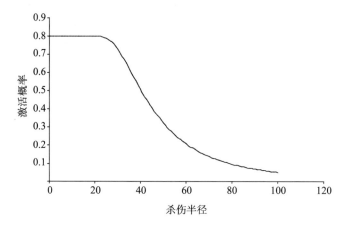

图 8-2　将激活概率作为绝对横向距离的函数所绘图形 (激活曲线的左侧是对称的)

假设存在有条件的独立, n 名闯入者沿同一条通路中心线运动, 其中之一在横向距离 x 上引爆地雷的概率, 可由激活概率的幂来计算:

$$R_n(x) = 1 - (1 - A(x))^n \tag{8.2}$$

雷场规划者也无法确定引爆的效果, 但其不确定性要小于激活的不确定性。为简单起见, 假设存在某个确定的距离 R, 当且仅当地雷引爆点的

横向距离小于 R 时, 地雷是致命的。如果雷场的宽度为 B, 通路垂直于这一维度 (正面), 并且如果地雷被随机置于雷场之中, 则闯入者之一成为地雷牺牲者的概率为

$$R_n^* = (1/B) \int_{-R}^{R} R_n(x)\mathrm{d}x, \; n > 0 \tag{8.3}$$

在式 (8.3) 中, 之所以取 B 的倒数, 是因为假设 x 在雷场的整个宽度之上均匀分布。在构造公式时, 好像通路中心线就是雷场的中心, 但对任一中心线, 只要 R 或者 W 比 B 小, 该公式实际上是成立的。UMPM 应用的第一步是由式 (8.3) 计算 R_n^*, 其中, n 的值域为 $1 \sim S$, 即预期穿越者的最大数。

一旦概率 R_n^* 已知, 即可以生成威胁剖面和伤亡分布。假设有 S 个闯入者试图穿越雷场, 不失一般性, 设想这一群闯入者试图同时穿越, 这样, 保留在群体里的闯入者数量可作为马尔可夫链的状态。当遭遇一枚地雷时, 如果群体中剩余 n 个闯入者, 牺牲一个成员的概率为 R_n^*。不可能牺牲一人以上, 原因是一枚地雷无法杀伤多个闯入者, 所以唯一的其他可能性是闯入者的数量保持不变。如果闯入者的初始数为 S, 则转移矩阵是一个 $(S+1) \times (S+1)$ 矩阵, 每行最多有两个正概率。例如, 如果 $S = 3$, 那么

$$\boldsymbol{P} = \begin{bmatrix} 1 & 0 & 0 & 0 \\ R_1 & 1 - R_1^* & 0 & 0 \\ 0 & R_2^* & 1 - R_2^* & 0 \\ 0 & 0 & R_3^* & 1 - R_3^* \end{bmatrix} \tag{8.4}$$

P^m 的最后一行, 即矩阵 $\boldsymbol{P}$ 的 m 次幂, 表示在一组闯入者通过 m 枚地雷后, 在各种状态下的生存概率。这一行实际上是伤亡分布, 从同一矩阵中还可得出威胁剖面, 如下面的例子所示。

例 8.1 当 $n = 1, 2, 3$ 时, 假定 R_n^* 分别为 0.5、0.6 和 0.8, 雷场中最初有 4 枚地雷。当三个闯入者试图穿过雷场时, 伤亡分布是怎样的? 首先, 构造四次幂的转移矩阵如下:

$$\boldsymbol{P}^4 = \begin{bmatrix} 1 & 0 & 0 & 0 \\ 0.9375 & 0.0625 & 0 & 0 \\ 0.7530 & 0.2214 & 0.0256 & 0 \\ 0.5040 & 0.3894 & 0.0960 & 0.0016 \end{bmatrix}$$

最后一行表示有 0、1、2 或者 3 个闯入者幸存的概率, 按相反的顺序, 即为想要得到的伤亡分布 —— 三人中无一伤亡的概率为 0.0016, 三人都牺牲的概率为 0.5040。其他信息的获取要稍微麻烦一些, 三人中伤亡数的平均值 (称之为 μ_3) 可通过概率加权、求和, 再用结果减 3 得出。在本例中, $\mu_3 = 2.4048$。第二和第三行实质上是最初只有一个或两个闯入者进入雷场的伤亡分布, 用类似的方法, 可得到 $\mu_1 = 0.9375$, $\mu_2 = 1.7274$。一般地, 对第 i 个闯入者的威胁为 $t_i = \mu_i - \mu_{i-1}(i \geqslant 1)$, 在本例中, 得出 $t_1 = 0.9375$, $t_2 = 0.7899$, $t_3 = 0.6774$。

在 UMPM 中, 主要的计算工作是利用式 (8.3) 计算 R_n^* 的初始值, 随后为 P 确定合适的幂。这些完成后, 再利用一点其他算术, 就可以得到伤亡分布、威胁剖面和伤亡数的平均值。文件 $Chapter8.xls$ 中的工作表 UMPM 是对形式为 $A(x) = A \exp\left(-(C/x)^D\right)$ 的特定类激活曲线的实现, 这些曲线看起来都多少与图 8-2 类似。参数 A 为最大的可能激活概率, C 为尺度参数, D 为形状参数。当 D 很小时, 激活曲线很不成形, 随着 D 变大, 当横向距离增加到超过 C 时, 激活概率从 A 骤降到 0, 而曲奇饼成形机曲线是 D 很大这种情形下的一个限定特例。在工作表 UMPM 上, 只需输入其他的致命距离 R、雷场宽度 B 和地雷数量。闯入者数量的最大值总是取为 $S = 10$, 概率 R_n^* 可以在电子表格上由数值积分直接计算。点击命令按钮, 启动马尔可夫计算, 最终可得到一张以图形显示的伤亡分布和威胁剖面。

在处理实际激活曲线、不确定毁伤距离和闯入者导航误差等方面, 美国海军实际采用的 UMPM 模型与工作表 UMPM 有所不同, 除以上几方面之外, 二者相似。奥多 (1997) 解决了基础的数学问题。

读者可能已经注意到, 在 UMPM 名称中的 "非对抗" 并不十分贴切, 理由是模型准确反映了假设采取开辟通路反措施的结果。针对雷场的另一项反措施是地位最重要或者最易受损的闯入者最后进入雷场。这种可能性促使雷场规划者对威胁剖面发生兴趣, 尤其是序列后面的闯入者。提高对后来闯入者威胁的一个方法是利用概率激活器。当地雷收到信号并解析为目标出现时, 按照激活机制内预置的概率引爆。从定量角度, 可以通过在电子表格中简单地减小参数 A 来感受其效果。效果应该是对最先闯入者的威胁减少, 而对后来闯入者的威胁增加。

雷场规划者关注的因素通常较多, 很难把它们放到单一的效用尺度上。UMPM 是一个描述性的决策辅助工具, 原因在于它通过各种图表和统计数据对给定的决心进行评估, 而不是根据单一的标准生成一个 "最佳的"

决心。对于美国海军的 UMPM 版本和 *Chapter8.xls* 中的工作表 UMPM，这是实情。

美国海军的 UMPM 虽然不是蒙特卡洛模拟，但它具备这种潜力。*Chapter8.xls* 中的工作表 MonteUMPM 包括一个执行蒙特卡洛模拟的命令按钮，用以估计伤亡分布。工作表 UMPM 的数值积分并非必不可少，所以工作表 MonteUMPM 比工作表 UMPM 看起来要整洁得多。利用计算机，瞬间就能执行 10 000 遍复现，所以在可用于雷场规划的时间内，必定可以完成精确计算。威胁剖面并未计算，不过计算起来也不难。想看执行本模拟的 VB 代码，请见附加模块中的 Monte ( ) 子程序。

为便于两者比较，工作表 MonteUMPM 所做假设和工作表 UMPM 完全相同。但是，蒙特卡洛模拟的真正优势和提出此课题的原因，在于可供选择的假设实现起来比较简便。在 Monte ( ) 子程序中，可以为闯入者赋予类型或导航误差等属性，地雷也可以具备如深度、类型、灵敏度或者方向性等属性。至于支持 UMPM 的马尔可夫链计算等分析方法，则并不具备便捷的可扩展性。随着融合每个真实的细节，只需采用普遍独立假设，分析模型就可以避免过度的复杂性，不过在某些情形下，这种假设是错的。例如，一个闯入者的类型或导航误差虽然是随机的，但对于雷场中的每枚地雷却不是独立的随机数。错误使用普遍独立 (UI) 的普遍诱惑力并不会困扰蒙特卡洛模拟，而恰恰是该技术的主要魅力之一。

8.4　排雷

排雷的耗时远远大于布雷，尤其是在布雷时首先谋求使扫雷难以实施的情况下。困难部分在于扫雷兵力不确切了解雷场的特征，这些特征被雷场规划者刻意隐藏起来：雷场的位置和规格、所使用的每枚地雷的类型和数量、每枚地雷的位置和灵敏度，还可能有其他装置。不确定性的一个后果是排雷有很大的危险性，另一个难题是难以断定何时地雷"扫清"了或者何时停止扫雷。

排雷基本上有三种方法：摧毁、探查和扫雷。摧毁是简单地利用足够大的破坏力摧毁所有地雷，而不考虑其型号或装置。这种方法原理很简单，但是代价高昂，主要在于既消耗资金，又会造成环境恶化，这是因为破坏力必须用到雷场区域的每个部分。我们不再讨论这一点。下面转向另两种方法。

定义 8.1　扫雷, 指扫雷者尝试在不构成伤害的环境中, 使地雷传感器引爆地雷。如果地雷采用其他方式布设, 不涉及其自身传感器, 则要么将其摧毁, 要么避让, 方法变成了探查。

实践中, 扫雷和探查都有使用。扫雷发挥作用时效率较高, 道理在于它不受虚警干扰, 同时地雷被自动处理掉。然而, 扫雷易受到地雷反反措施的影响, 如灵敏度调整、多传感器、概率激活器, 以及日渐复杂的信号处理算法, 它能区分扫雷信号和真实目标发出的信号。探查则不会受到这些影响, 但会受到虚警、假目标和特征消减的影响。一个关于后者的例子是, 不经意埋置在海底的水雷, 通过伪装避开声纳探查, 会让它保持有效性。探查过程中也有必要摧毁或者以其他方式使查明的地雷失效。

从其目的是通过一种或他种方式 "找到" 所有地雷这个意义上讲, 扫雷和探查本质上都是搜索问题。排雷甚至可以看成是一个穷尽的搜索问题——在小心地越过雷场一次后, 人们会宣称雷场是 "扫清的"。然而, 有很多原因使穷尽搜索不太可能。除了 7.3.2 节中列举的原因之外, 在当前的上下文中, 我们会发现某些反反措施 (如概率激活器) 的效果, 有可能尚不为所知, 这也是一个原因。不考虑扫雷行动的数量, 总是有可能有一枚带有概率激活器的地雷仍旧留在原地并功能正常。结果是排雷模型一般拒绝穷尽这一概念, 代之以 "扫清水平"。

定义 8.2　一个雷场的扫清水平是指一个典型的地雷被排除的概率, 相当于被排除地雷的 (平均) 比例。如果有多种型号的地雷, 可以有多种扫清水平。

历史上美国海军曾依靠两个扫清水平模型, 分别称为 NUCEVL (非均匀覆盖评估器) 和 UCPLN (均匀覆盖规划者)。前者是描述性的 (以扫雷计划为输入, 以扫清水平为输出), 而后者是说明性的 (以期望达到的扫清水平为输入, 以路径间距固定的最佳计划为输出)。两个模型都被集成到雷战和环境决策支持程序库 (MEDAL) 之中, 并与风险评估决策支持工具 (DARE, 布莱恩, 2006) 相配合, 用于北大西洋公约组织 (NATO) 决策支持工具 MCM EXPERT(雷德梅恩, 1996)。有许多其他的排雷模型被提出来, 其中两个是 COGNIT (迈克柯迪, 1987) 和 MIXER (沃什布恩, 1996)。波利特 (2006) 做了一个历史性的回顾。这些模型有的只是研究概念而不是扫清水平, 早该预料到, 一个就其目的尚有较大分歧空间的主题, 这种情形在所难免。

本节其余部分主要讨论一些重要问题, 在任何新的排雷模型开发出来之前, 这些问题是必须回答的。为简明起见, 我们在本节其余部分只涉及扫雷, 但不意味着把探查排除在外。在研究完上述问题以及上文提到的模型用来解决这些问题的各种方法之后, 将在 8.4.7 小节描述一个原型扫雷模型。

8.4.1 排雷兵力是否易损?

引言中提到的元山雷场对扫雷舰的杀伤性非同寻常; 而扫雷部队在扫雷过程中无一伤亡也并不稀奇。对于一个扫雷模型不包括扫雷者伤亡的概率, 这条实际经验是个好理由。其他原因, 一是只要试图这么做, 就不得不需要数据来支持对扫雷者易损性的表示; 二是不得不考虑另一个目的 (避免扫雷者伤亡)。因而, 有一些有力的论据支持那些对扫雷者伤亡不加表示的模型。

另一方面, 典型的真实世界中不发生扫雷者伤亡并不意外, 这恰好是仔细研究安全排雷规程的结果。如果排雷模型甚至连扫雷者伤亡的概率都不加表达, 那么任何战术优化工作所产生的战术, 虽然在时间和扫清水平方面是高效的, 但却会给扫雷者带来危险性。这就遇到了一个左右为难的建模困境, 必须借助上下文语境和可用数据来寻求解决之道。上文提到的模型中, NUCEVL、UCPLN 和 MCM EXPERT 不包括扫雷者伤亡, 而COGNIT 和 MIXER 包括。

如果考虑扫雷者的伤亡, 就会产生另一个问题, 这就是伤亡对扫雷兵力计划执行能力所构成的影响。最简单的假设是所有伤亡的扫雷者都可以通过一个不可思议的机制, 及时得到替换。在该假设下, 计算扫雷者数量并将其加入所有的最优化目标中, 但在执行扫雷计划时不顾虑伤亡。如此简化的优点使分析模型仍然可以接受, 并且足够简单以实现战术优化。COGNIT 采用了这个假设, MIXER 的优化部分也是如此。另一个选择是加入扫雷者伤亡对扫雷计划的影响效果, 包括由于缺少装备使得计划或许不得不提前流产的可能性。所增加的真实性很可能强制模型变为描述性的, 而不再是说明性的。MIXER 包括一个在这一模式下运行的蒙特卡洛模拟。因此, 关于扫雷者伤亡, 一个模型可以采取三种合理的思维方式:

(1) 假设无一伤亡, 如 NUCEVL、UCPLIN 和 MCM EXPERT;

(2) 假设伤亡者被即时替换, 如 COGNIT 和 MIXER 的优化部分;

(3) 假设伤亡影响扫雷活动, 如 MIXER 的蒙特卡洛部分。

8.4.2 只输出扫清水平够吗?

在一次扫雷行动之后, 一个潜在的闯入者可能并不满足于仅仅知道扫清水平。他也许反而想知道如果尝试通过时, 自身所面临的威胁, 即伤亡的概率。任何关于威胁的描述都需要知道剩余地雷的数量, 而这反过来要求首先知道现存地雷的数量 M, 问题是扫雷兵力通常不知道 M, 即使扫雷行动结束之后, 这样建模者遇到了另一个左右为难的困境。将效能量度限定为扫清水平的优点在于不用知道 M, 缺点是潜在闯入者很想知道威胁。在雷场规划中, 不会遇到这个困境, 原因在于 M 是已知的, 而且一个威胁剖面是惯用的输出量度 (8.3)。然而, 在排雷中, 这个困境却极其突出。

在计算威胁之前, COGNIT 和 MIXER 都需要 M 的估计值, M 的形式是一个概率分布。扫雷计划的制定者常常对现存地雷的数量一无所知, 所以他们不会喜欢对这个分布的需求。另一个选择是要求使用者来输入, 这无异于去牵强附会地加入一个不受使用者控制的分布。MEDAL 和 DARE 对威胁的估计, 建立在所有地雷的数量等可能的假设之上。NUCELV 和 UCPLN 局限于只关注扫清水平, 因而不需要任何关于 M 的假设。

8.4.3 扫雷是顺序过程吗?

有关雷场的信息是在扫雷过程中获得的, 至于是否继续扫雷可能取决于已获得的最新结果。例如, 经过几天扫雷之后, 不再发现地雷, 就可能有理由尽快终止扫雷行动。有一个最佳停止理论可用于此类问题, 但就作者所知, 这个理论还未曾应用于排雷。以上提到的所有决策支持工具都是"单独使用"的, 这可以从经过优化的扫雷行动具有一个固定时间长度的意义上去理解。

中间立场是制定固定时间长度的扫雷行动计划, 不过至少提供一个扫雷"结束"时关于雷场状态的小结, 以备还要进行另一次固定时间长度的行动。MIXER、MEDAL 和 DARE 是这样做的, 提供排雷结束时剩余地雷数量的分布。

8.4.4 有多种地雷型号吗?

可处理一种地雷的某些模型, 可以比较容易地加以改进, 用来处理多种地雷。对于描述性的扫清水平模型如 NUCEVL, 是分别计算每种类型, 生成每种类型的扫清水平报告。只要每种类型地雷的数量是独立的, 雷场的总体 SIT 可简单地通过各个单独的 SIT 幂和求得。MIXER 研究多种地雷类型, 包括在其蒙特卡洛部分, 一类地雷能够影响另一类地雷排除的概率。DARE 处理不必揭示地雷类型, 即可将地雷排除的概率, 但是其他上面提到的模型做不到。莫纳科和贝克 (2006) 提出了一种适用的贝叶斯方法。

8.4.5 有多种扫雷方式吗?

许多情况下有多种装备可用于排雷。历史上, 主要使用有人舰艇排除水下雷场, 但是近年来个别国家使用远程控制船, 美国海军还使用了直升机。这些不同的装备往往不在同一个雷场中同步作业, 原因在于一种装备可能触发可毁伤另一装备的水雷。由此引发若干问题。一个当然的问题是任务区分 —— 给定一个固定的可用排雷时间, 如何在不同装备之间划分呢? 如果船本身易损性高, 还有一个进入顺序问题。如果直升机可用, 它们将典型地最先进入, 道理在于其易损性最低。不然的活, 最佳进入顺序也许并不明显。这些多出来的考虑因素使制定 "最优" 扫雷计划变得极其复杂。只有 MIXER 研究了这个问题。

8.4.6 更多问题

雷场是矩形的吗? 如果是, 所有的扫雷行动都要平行穿越吗? 如果开始伤亡率看起来过高, 闯入者是否有可能放弃穿越的企图呢? 如果预计到了反反措施, 这种情形是否应该当作对策呢? (如 8.5 节) 所有这些问题均由不同排雷模型以不同方式做出了回答。在此不想继续探讨这些问题, 我们转为构建一个可能是 "新的" 模型。

8.4.7 一个原型扫雷优化模型: OptSweep

在本小节中, 我们对上文提出的问题给出一组明确的答案, 并开发简明模型。我们假设

(1) 排雷者没有伤亡;
(2) 目标是使 SIT (对第一个闯入者的威胁) 最小;
(3) 扫雷是一次结束的, 而不是连续的;
(4) 有多种地雷型号和扫雷方式。

既然目标是使 SIT 最小化, 就需要对型号 i 地雷的数量做出假设。假设对现有 m 类地雷的每一类, 现有地雷的数量是一个均值为 α_i 的泊松随

机变量, 同时假设每枚剩余的型号 i 地雷对第一个闯入者构成已知的威胁 t_i。这样, 对所考察的每一类地雷, 使用者必须提供两个数: α_i 和 t_i。

在排除雷场过程中, 使用者以配置 j 的方式, 执行 x_j 项扫雷活动, 变量 x_j 在这个问题中作为决策变量。一种配置可能是直升机拖着一柄大锤, 被设置用来触发磁性水雷, 或者可能是舰艇拖着水下设备, 用来割断系留水雷的系泊链。如果雷场在陆地上, 可能是赶一群山羊放牧 $4\,\mathrm{h}$。每项以配置 j 的方式执行的扫雷活动, 假设会以很小的概率 W_{ij}, 独立排除每枚类型 i 地雷, 并且假设有 n 个扫雷配置可用。排除每枚类型 i 地雷的平均次数为 $y_i = \sum_{j=1}^{n} W_{ij} x_j$。既然有很多项试图排除地雷的活动, 每一项的成功概率很小, 取地雷在所有排除活动后幸存的概率为 $\exp(-y_i)$, 也就是排除数为 0 的泊松概率。在所有排除活动后幸存的地雷数量平均值为 $\alpha_i \exp(-y_i)$, 第一个闯入者发现的致命地雷平均数为

$$z = \partial_1 t_1 \exp(-y_i) + \cdots + \partial_m t_m \exp(-y_m) \tag{8.5}$$

因为独立泊松随机变量之和本身仍为泊松随机变量, 第一个闯入者发现的致命地雷数本身为泊松随机变量, 并且 SIT 等于 $1 - \exp(-z)$。这是一个有待最小化的量, 但是 z 可以直接最小化, 因为 $1 - \exp(-z)$ 是 z 的递增函数。

通过使所有 x_j 变为很大, 可以将 SIT 变为跟所期望的一样小, 但是假设资源约束不允许这样做。直升机扫雷消耗直升机小时, 举例来说, 在分配的扫雷时间内, 可能只有那么多直升机小时可用。还可能存在对其他类型运载工具的约束, 或者对消耗性物资的约束 (可用供应量有限), 或者对可用总扫雷时间的约束。为了建立最小化问题的模型, 必须用数学方法表示这些约束。

令 h_{jk} 为针对类型 j 的一项排雷活动所消耗资源 k 的数量, 假设在整个扫雷期间, 有 H_k 个单位的可用资源 k。如果有 K 种资源可用, 那么选择最优 $(x_1, \cdots, x_n)$ 的问题简化为下面的优化问题:

$$\begin{cases} \text{minimize}\, z = \sum_{i=1}^{m} \partial_i t_i \exp(-y_i) \\ \text{st.}\quad y_i = \sum_{j=1}^{n} W_{ij} x_j, \quad i = 1, \cdots, m \\ \qquad \sum_{j=1}^{n} h_{ij} x_i \leqslant H_k, \quad k = 1, \cdots, K \\ \qquad x_j \geqslant 0, \qquad\qquad j = 1, \cdots, n \end{cases} \tag{8.6}$$

这个问题包含线性约束和一个凸的非线性目标函数。只要不限定变量 x 和 y 为整数, 这就是一类相对简单的最小化问题。工作簿 $Chapter8.exl$ 中的工作表 Optsweep 使用 Excel Solver, 求解将 4 种资源分配给 7 种排雷行动, 以排除 5 种不同类地雷的问题。读者也许希望用它做个试验 (见习题 8.8)。

8.5 地雷对策

那些制造和使用地雷的人们非常清楚, 总有人企图去排除雷场。这种认识催生了各种反干扰措施, 设计用来使扫雷变得更困难。通过用非金属制造地雷或者使用廉价的金属假目标, 可以阻挠猎雷舰寻找金属目标。传感器成组使用使得同步激活机制更为复杂。一枚反坦克地雷对单个人员造成的威胁极小, 但是这种雷场也许临时性间杂散布着防步兵地雷, 使对反坦克地雷的定位变得很危险。地雷可融合计时器和计数器, 延迟引爆时机, 有望延迟至预计的扫雷行动刚好结束之后。由于预料到敏感的敌人将采取行动, 才采取了所有这些措施, 所以很自然地要用到 TPZS 对策论 (第 6 章)。本节探讨了多种可能性中的三种。

8.5.1 对抗性雷场规划分析模型 (ACMPM)

一个自然的趋势是, 由于闯入者的排雷和穿越, 随着时间的延续, 雷场的有效性会变得更低。地雷计数器是减缓这种趋势的一种可能手段。读数置为 j 的地雷, 在被激活过程中, 只有当 $j=1$ 时才会引爆; 或者说, 每次激活会使 j 减 1, 直到地雷最终 "成熟" ($j=1$)。通过混合布设不同读数的地雷, 雷场规划者可以构造出对早先和后来的闯入者都构成威胁的雷场。对计算机战术决策辅助工具而言, 确定理想混合读数的问题是一个很好的备选问题。我们将详细探讨只有一种地雷的雷场规划问题。

假设就激活地雷而论, 闯入者全都一样, 但是 N 个闯入者中的某一个 ("头儿") 比其他人更重要。通常情况下, 将头儿安排在最后符合闯入者的利益, 但是雷场规划者的目标是对头儿构成威胁, 不管他出现在队列中何处。如果 t_n 是对第 n 个闯入者的威胁, 令 t 为这些数值中的最小值。既然头儿可能在队列中任意位置, 目标是通过巧妙设置地雷读数使得 t 尽可能大。从效果上, 我们在考察闯入者后走的一种对策, 道理是假设他们知道读数的分布。

进一步假设每个闯入者以概率 A 独立激活每枚地雷，而头儿被杀伤的概率为 D，条件是激活了一枚成熟的地雷。一枚初始读数置为 j 的地雷，将刚好在第 n 次穿越之前成熟，条件是当且仅当前 $n-1$ 个闯入者激活地雷 $j-1$ 次，这是一个二项概率。如果 P_{jn} 为这个概率，那么

$$P_{jn} = \binom{n-1}{j-1} A^{j-1}(1-A)^{n-j}, \quad 1 \leqslant j \leqslant n \leqslant N \tag{8.7}$$

注意 $P_{11} = 1$，因为每次从 0 个当中取 0 的组合数必然为 1。如果头儿是闯入者 n，当且仅当地雷成熟时，头儿既激活了地雷，又被其杀伤，他才会被这枚地雷杀伤。这一事件的概率为 ADP_{jn}。如果 x_j 是读数置为 j 的地雷数量，如果所有地雷独立发挥作用，那么头儿经历所有地雷后幸存的概率为

$$1 - t_n = \prod_{j=1}^{n}(1 - ADP_{jn})^{x_j}, \quad 1 \leqslant n \leqslant N \tag{8.8}$$

式 (8.8) 中乘积的上限是 n，原因是初始读数超过 n 的地雷无法威胁第 n 个闯入者。如果总共有 M 枚地雷可用，那么式 (8.8) 为至多 M 个因数的乘积，每一个因数为经过一枚地雷后幸存的概率。

现在可以考察最大化 t 的问题，所有数值 t_n 的最小值，服从于变量 x_j 的总和必不大于 M 这个约束。来看 *Chapter8.xls* 中的工作表 ACMPM 的一个应用，可能让人吃惊。有人可能认为必须将一些地雷置为高初始读数，以防备头儿在队列后面的可能性。当 A 远远小于 1 时，结果证明是不正确的。举例来说，如果 A 为 0.2，在多次通过之后，一枚初始读数置为 10 的地雷，依然停留于 10 的情况并非反常。如果 A 足够小，实际上最好的策略是将所有地雷读数置为 1。恰恰只在很可能激活的情形下，升高读数才有吸引力 (见习题 8.6) 这可能是由于大多数闯入者事实上是扫雷者。

对抗性雷场规划分析模型 (ACMPM) 是美国海军的一个程序，用来设计对抗性雷场 (布劳诺维茨和费恩摩尔，1975)，它避免了上文的一些人为假设。当面临开辟通路时，上文的普遍独立假设 "每个闯入者独立地激活每枚地雷" 并不好，正如我们在 8.3 节中指出的。ACMPM 采用 UMPM 中有条件独立的假设。ACMPM 同时还能处理不同地雷类型，并且除了地雷数量的简单约束之外，还引入了资源约束。换句话说，真正的 ACMPM 改进了 *Chapter8.xls* 中工作表 ACMPM 所采用的计算，并使其更为通用化。

8.5.2 三角形扫雷

在本小节中, 我们不考虑除扫雷之外的所有反措施。一旦雷场被发现, 扫雷部队随机选择一条导航通路。只有导航通路内的地雷会被排除, 不过即使在通路内, 也有一场互相猜测的对策在展开。

一枚被足够多次扫排的地雷, 经常会引爆而不产生作用, 但是, 如果一枚置为高读数的地雷根本没有被扫排到, 它也可能无从发挥作用, 道理在于直到所有闯入者都经过, 它才可能成熟。危险的地雷是那些初始读数设置略微大于所遭遇扫排次数的地雷。随之发生了一场互相猜测的对局, 道理在于布雷者会去猜测扫排的次数, 因而他可以将地雷计数器设置为稍高于扫排次数。为了增加猜测的困难, 扫雷者应使扫排数量变得难以预测。一种方式是将雷场分割为大小相等的子区域, 扫雷次数取决于子区域。如果子区域编号为 $0, 1, 2 \cdots$, 如果每个子区域内的扫雷次数等于其编号, 那么就得到了 "三角形扫雷"。图 8-3 展示了一个例子, 其中导航通路被划分为 4 个子区域, 任一闯入者必然穿过所有的子区域。三角形扫雷之所以是最优的, 是因为我们现在可以进行精确分析。

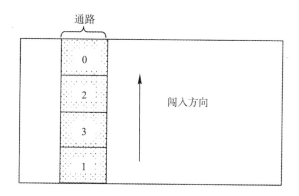

图 8-3 一个雷场有一条随机选择的导航通路 (有斑点的), 被平均划分为 4 块大小相等的子区域, 并标记为 $(0, 1, 2, 3)$ 的随机排列。每个子区域被扫排的次数等于其编号

可以很方便地暂时改变成熟的定义, 使得当读数为 0 时一枚地雷变成熟, 而不是 1。令 x_i 为初始读数置为 i 的地雷所占比例, 并令 y_i 为被扫排 i 次的雷场所占比例, $i \geqslant 0$。因为地雷读数和扫雷次数的确定互相独立, 并且当且仅当读数与扫雷次数刚好相一致时, 一枚地雷会在扫排后变

成熟, 一枚随机选择的地雷在扫排后成熟的概率为

$$p = \sum_{i=0}^{\infty} x_i y_j \tag{8.9}$$

扫雷者想要通过 y 最小化 p, 而布雷者想要通过 x 最大化 p。假设每个子区域内平均扫雷次数值限于 y, 覆盖率 (7.3 节) 受限于可用扫雷时间, 并且双方都知道 y。因此, 扫雷者的策略 y 服从于约束 $\sum_{i=0}^{\infty} i y_i \leqslant y$, 且非负, 和为 1。

为简单起见, 假设 y 为 0.5 的倍数, 则 $2y$ 为一个整数 N。在该假设下, 能够找到这一对策问题的一个鞍点。对扫雷者而言, 一个最优的策略是形成 $N+1$ 个子区域, 并且使 $y_i = 1/(N+1)$, $i = 0, 1, \cdots, N$。因为 $\sum_{i=1}^{N} i = N(N+1)/2$, 这使得每个区域内平均扫雷次数刚好为 $N/2$, 也就是 y, 所以策略 y 是可行的。此外, 不考虑 x, 只要 x 是一个概率分布, 即

$$p = \sum_{i=0}^{\infty} x_i y_i = \sum_{i=0}^{N} x_i/(N+1) = 1/(N+1) \tag{8.10}$$

所以, 扫雷者能够保证 p 刚好是 $1/(N+1)$, 不考虑计数器如何设置。

布雷者的优化策略是设置 $x_i = \dfrac{2(N-i)}{N(N+1)}$, $i = 0, 1, \cdots, N-1$, 且 $i \geqslant N$ 时, $x_i = 0$。这样做时, 布雷者无需知道子区域的划分, 地雷可以随机散布于整个雷场。如果布雷者根据 x 设置读数, 则不考虑 y, 只要 y 是一个概率分布, 其均值不超过 $N/2$, 即

$$
\begin{aligned}
p = \sum_{i=0}^{\infty} x_i y_i &\geqslant \sum_{i=0}^{\infty} \frac{2(N-i)}{N(N+1)} y_i \\
&= \frac{2}{N(N+1)} \left(N - \sum_{i=0}^{\infty} i y_i \right) \geqslant \frac{1}{(N+1)}
\end{aligned} \tag{8.11}
$$

我们看到, 布雷者能够保证 p 最少为 $1/(N+1)$。因为双方能够保证同样的值, 策略是最优的, 并且对策问题的值为 $1/(N+1)$。

例 8.2 假设导航通路为一个边长 10km 的正方形, 面积 $A = 100\,\mathrm{km}^2$。扫雷者有两台扫雷车, 可用工作时间为 $T = 5$ 天, 每台车每天可以工作 15 h。扫雷速度为 $V = 10\,\mathrm{km/h}$, 扫雷宽度为 $W = 100\,\mathrm{m}$。在共有两台扫雷车的情况下, 覆盖率为 $y = \dfrac{2VWT}{A} = 1.5$, $N = 3$。扫雷者将雷场划分为四块相

等的部分, 保密、随机地编号为 0, 1, 2, 3, 如图 8-3 所示, 在区域 i 内扫排 i 次。布雷者将每枚地雷读数置为 $(0, 1, 2)$ 的概率为 $(3/6, 2/6, 1/6)$。该对策问题的值为 0.25, 所以 25% 的地雷会在扫雷后成熟。由此形成的雷场威胁当然取决于所用地雷总量, 但是扫雷计划和地雷读数设置则不取决于此。通过将四个区域扫雷三次, 扫雷者能够排除所有地雷, 但是要用 10 天, 而不是可用的 5 天。

这个对策问题的值随 N 的增加足够缓慢地下降, 扫雷者也许会对扫雷这项反措施产生其他想法。探查是很有诱惑力的, 因为探查不受地雷读数设置的影响。探查也使扫雷者不必要向上级解释, 为什么他计划将一个显然一体的雷场划分为子区域, 并采用不同的处置方法。解释倒是有一个 (见上文), 但不直观。

如果布雷者选用 x, 一枚地雷在 i 次激活后成熟的概率将呈线性下降, 直到 N 次激活后变为 0。如果代之以每枚地雷配有一个概率激活器, 每次激活后引爆地雷的概率为 A, 则对于 $i \geqslant 0, x_i$ 应为 $A(1 - A)^i$, 一个也会降为 0 的几何分布, 只不过是渐近线。尽管不知道如何解释几何分布是最合理的, 还是有一些论据可提供支持, 一是它易于实现, 因为所需要的只是一个概率激活器; 二是上文关于布雷者知道 N 的假设很可能是有违事实的。如果 N 实际上不为布雷者所知, 效果应该相当于将线性下降 "倒进" 看起来更具几何特征的分布之中。

8.5.3 简易爆炸装置 (IED) 战

地雷经常被将要失去战场空间控制权的布雷者所使用, 只要是暂时性地失去控制权。布雷者采取行动, 接着失去战场空间控制权, 接着扫雷者采取行动扫雷, 最终闯入者穿越雷场。这是本章此前所有部分采用的 "单独使用" 观点。在本小节中, 考察一种不同的观点, 即在无限长的时间内, 雷场的布设和破坏同步展开, 双方对战场空间的控制都达不到迫使对方停止行动的程度。研究这种情形的动机来自本千年头几年, 在伊拉克的道路网上进行的这种作战样式, 我们将采用适于这种应用的术语。这一问题的本质是有很多地方 (路段) 可能布设地雷, 并且双方都为这些路段分配资源。放置在一个路段上的每枚地雷, 要么像布雷者预期的那样引爆, 要么在此之前被找到并排除。在单独使用的观点中, 还有一种可能是两个事件都不发生, 但是地雷会在所有闯入者通过之后遗留下来。鉴于所涉及的时间很长, 忽略第三种可能。"闯入者" 在这种作战样式中, 通常是密集的车群, 也就是下文提到的 "护送车队"。

令 i 为路段的编号, b_i 为路段 i 的交通水平, 即单位时间内护送车队越过路段的速度。路段 i 的一枚地雷被一个特定护送车队激活的概率为 a_i, 由于护送车队采取各种反措施, 概率可能小于 1。一枚地雷激活 (引爆) 后, 成功的概率为 c_i, 此处 "成功" 是指对护送车队造成重大毁伤。对全部路段, 假设双方均知道全部三个指标 (a_i, b_i 和 c_i)。

扫雷方总共拥有 y 个扫雷小组分配给各路段, 分配给路段 i 的数量为 y_i。分配给路段 i 的每个小组以速率 β_i 排除该路段上的每枚地雷, 与其他地雷和小组无关。扫雷效率参数 β_i 取决于扫雷小组的行进速度、路段长度, 以及其他不需要我们关注的参数, 关键点在于排除速度与所分配的小组数量成正比, β_i 为比例常数。扫雷小组排除路段上每枚地雷的总速率为 $\beta_i y_i$。地雷也会被护送车队引爆而排除, 可能成功, 也可能不成功, 而我们仍有必要提出此事发生的速率。

假设扫雷和护送车队为独立的泊松过程, 所以布雷者没有办法预测下一个护送车队或扫雷者何时会经过。尤其是布雷者不能等待, 直至观察到有扫雷小组经过, 然后冲出去, 赶在紧随其后的护送车队到达之前, 在路上放置一枚地雷。

在这点上有点离题合乎情理。有人可能认为, 扫雷者更好的行动方式是直接在每个护送车队之前派一个扫雷小组; 也就是说, 扫雷小组应该担任护卫队。那样的话, 护送车队总是在刚刚排过雷的路段上机动。事实上, 护送车队交通和排雷行动互相独立的假设可能会使读者突然意识到, 这是第 1 章中已经警示过的普遍独立习惯的一个例子。然而, 一些真实的论据支持在该例子中独立假设成立。其中有:

(1) 扫雷小组可能比护送车队慢。当然, 总有可能让扫雷小组先于护送车队离开, 那样两者之间就会产生一个可利用的间隙。

(2) 可能没有足够的扫雷小组, 或者他们被配置在不同地点, 而不是护送车队出现的地点。要求扫雷小组遂行护卫任务可能浪费他们的时间。

(3) 在越过一个路段时, 扫雷小组可能无法排除所有的地雷, 因此无法保证安全, 即使他们确实在交通单位之前。

一个引出来的类似问题是关于第二次世界大战中, 大西洋战斗中的船队护航行动。一支指定的盟军舰队可能为船队护航或者单独行动, 在海上游弋, 寻找潜艇并将其击沉。在战斗中, 发现两种战术在不同时间有效。此处忽略护送的可能性, 假设护送车队和扫雷小组单独行动。

现在回到一个基于独立假设的分析。排除路段 i 上一枚地雷的总速率

为 $a_i b_i + \beta_i y_i$, 即交通和扫雷的排除速率之和。其中, 车队排除速率所占比例为 $\dfrac{a_i b_i}{a_i b_i + \beta_i y_i}$。这个比例也是放置在路段 i 上的一枚地雷在被一个扫雷小组排除之前, 被一个车队引爆的概率 (见附录 A "指数竞赛")。乘以 c_i 后, 即为路段 i 上一枚地雷成功发挥作用的概率。

现在令 x_i 为一枚给定的地雷被放置在路段 i 上的概率, 从而一枚地雷总的成功概率为 $A(\boldsymbol{x}, \boldsymbol{y}) = \sum_i \dfrac{a_i b_i c_i x_i}{a_i b_i + \beta_i y_i}$。布雷者倾向于选择 $\boldsymbol{x}$ 使这个概率最大化, 而扫雷小组倾向于选择 $\boldsymbol{y}$ 使之最小化。这是一场后勤对策 (6.2.3), 所以它具有鞍点, 通过求解最小化问题, 可以得到鞍点的值 (见习题 8.7)。

注意 $A(\boldsymbol{x}, \boldsymbol{y})$ 是每枚地雷的概率。护送车队的伤亡与放置在路上的地雷数量成正比, 不论扫雷兵力采取何种行动。给定上面的假设, 扫雷兵力只能最小化比例常数。

此分析可以从几个方面加以一般化。举例来说, 一种可能是采用有待给定的起点 — 终点交通水平, 而不是路段交通水平, 并使为护送车队设定路线成为扫雷者待解决的问题之一。沃什布恩 (2006) 研究了某些一般化情形。

习 题

8.1 假设 $W=20\,\text{m}$, $B=1000\,\text{m}$。根据式 (8.1), 为使 SIT 不小于 0.2, 需要多少枚雷?

答案: $N=12$。

8.2 制作一个电子表格, 可以解答习题 8.1 那样问题。使用者输入 W、B 和 SIT 的期望值, 计算所需要的雷数。

提示: N 可以是对数的一个比值, 取整。

8.3 假设在一个宽 $1000\,\text{m}$ 的雷场中有 3 枚雷, 每枚的限定杀伤半径为 $100\,\text{m}$, 该半径内激活概率为 0.1。如果两个闯入者试图穿越雷场, 二者都被杀伤的概率是多少? 比较 ENWGS 和 UMPM 答案。

答案: 因为 $B=1000\,\text{m}$, $W=200\,\text{m}$, ENWGS 的答案是 $0.488\times0.36=0.176$。对于 UMPM, 首先注意对所有的 n, $R_n^*=0.2$。在将转移矩阵升至三次幂后, 答案是 0.104。换句话说, 第一枚雷杀伤闯入者, 第二枚没有杀伤, 第三枚有杀伤的概率为 $0.2\times0.8\times0.2$。两个闯入者都被三枚雷杀伤的方式还有两种, 所有三个概率加起来为 0.104。

8.4 假设某一型号雷的限定杀伤半径为 $R=100\,\text{m}$。如果闯入者进入 $50\,\text{m}$ 范围内, 雷总是会被激活, 但是如果最近的接近点位于 $50\,\text{m}\sim150\,\text{m}$, 激活概率只有 0.5。雷场宽度 $B=1000\,\text{m}$。利用式 (8.3), 找出一个计算 R_n^* 的公式。

答案: $R_n^*=0.2-0.1\times(0.5)^n$, $n\geqslant0$。即使有大量闯入者试图穿越, 一枚给定的雷杀伤其中之一的概率不超过 0.2。位于 $200\,\text{m}$ 通路外的雷即使被激活, 也无法造成任何杀伤。

8.5 假设利用 $Chapter8.xls$ 的工作表 UMPM 设计一个雷场, 雷场宽度为 $B=500\,\text{m}$, 雷的形状系数为 3, 杀伤半径为 $50\,\text{m}$, 总共有 22 枚雷。参数已经固定, 但可以通过调整雷传感器的灵敏度, 增加或减小默认值 $30\,\text{m}$, 改变比例 (标度) 系数。还可以调整激活概率, 但只能在默认值 1/3 向下。需要关注两个量: 每 10 个闯入者中被杀伤者的平均数; 对最后 (第 10 个) 穿越者的威胁。能否找到一种方法, 通过调整两个可控参数的默认值, 使两项指标均得以改进?

答案: 有多种方法可行。如果将比例系数变为 $35\,\text{m}$, 将激活概率变为 0.3, 杀伤平均数会从 3.59 增加到 3.71, 同时对最后一个穿越者的威胁从 0.135 增加到 0.143。

8.6 Excel^{TM} 工作簿 $MineWar.xls$ 的工作表 ACMPM 实现了方程式 (8.5) 和方程式 (8.6), 针对给定的雷数量, 确定最佳的读数分布。当 $M=20$、$N=10$、$A=0.4$、$D=0.3$ 时, 能否找到使最低威胁最大化的分布。也许希望利用 Excel Solver 这一特征, 该特征被设计用来找到最佳分布, 条件是忽略置于每一读数的雷数必须是整数的要求。也许还希望试验一下更小的值 A, 如 0.1, 在这种情形下, 升高读数所带来的好处应该小得多。

8.7 考虑 8.5.3 小节中描述的简易爆炸装置问题, 分为 5 个路段, 数据 $a=(0.1,1,1,1,1)$, $b = (2,4,3,2,4)$, $c = (0.1,0.2,0.3,0.4,0.5)$, $\beta = (8,7,6,5,4)$。如果有 5 个小组可用, 应该如何分配到 5 个路段中, 结果成功地雷的比例是多少? 回答问题, 完成在 $Chapter8.xls$ 的 IED 工作表上开始的电子表格, 以上数据记录于此, 并且可能参考了 $Chapter6.xls$ 的 Logistic 工作表。

答案: $y = (0, 0.35, 0.71, 0.89, 3.04)$, 并且地雷成功率为 0.12。大多数扫雷小组被分配到路段 5, 其中交通量大, 同时 c_5 和 β_5 的值对其不利。没有小组被分配到路段 1, 反过来看也是对的, 此外, 激活概率也较低。

8.8 考虑 $Chapter8.xls$ 的工作表 OptSweep 中构造的最优化问题。研究这个问题, 确认其与 8.4.7 小节中给出的公式一致。如果运用 Solver, 扫雷兵力的最佳可行分配方案应该产生 $z = 0.2418$, 与 SIT 为 0.2148 相对应。如果每类扫雷兵力的数量必须是整数, 这是 Solver 所允许的 (对要求为整数的可调整小格, 需要加一个约束), z 的最小值应该增加。它会确切地增多少呢? 对于正待解决的这类问题, Solver 是无法保证找出最优解的 (注意 Solver 对其解特征的细致描述)。你能找到比 Solver 更好的解吗?

答案: 在 Excel^{TM} 2003 中, 当要求 x 由整数组成时, 由最优的非整数起点开始, z 增加到 0.2561。"优化的" x 是 $(16, 14, 0, 1, 0, 0, 25)$。作者不知道是否还有更好的解。

第 9 章

无人机

> 没有哪位作战指挥官愿意派士
> 兵去执行计算机、远程传感器或无
> 人机也照样能完成的任务。
>
> 理查德·珀尔

9.1 引言

本章关注无人机 (UAV)。UAV 是一种远程操控或自行操控的飞行器,可携带照相机、传感器、通信器材和电子战装备等有效载荷。UAV 也可以携带武器,这种情况下称为无人战斗机 (UCAV)。UCAV 是一种有效的攻击武器。UAV 的典型任务是监视、侦察、目标引导攻击以及对其他远程武器进行火力控制。UAV 在设计、尺寸、能力和续航力方面有所不同。小型和轻型 UAV 续航力和飞行距离有限,一般用于步兵营和特种作战分队等战术部队的近距离监视和侦察。更大型和重型的 UAV 具有更长的续航力和更远的飞行距离,用于收集作战级情报等距离更远的侦察任务。在 UAV 行列的最远端,是重达几吨的特大型机,可以承受 24 h 或更长时间不间断的任务,同时飞行高度很高 (达 20 km)。此类 UAV 的飞行距离达几千千米,其主要用途是覆盖广大区域执行战略信息收集任务。

在本章里,考察两类 UAV 问题: 为执行侦察或搜索任务的 UAV 设定航线,对执行攻击任务的 UCAV 进行效能评估。9.2 节介绍为两类任务中的 UAV 优化航线的模型, 而 9.3 节描述评估 UCAV 效能的概率模型。

UAV 的优势在于避免让人类飞行员冒险, 并省去人类所需的所有生命支持系统。但不能由此得出 UAV 是消耗品的结论。尽管有些小型 UCAV 是刻意设计的消耗品, 但其他更大型和更昂贵的 UAV 则并非如此, 如捕食者或全球鹰, 价值数百万美元, 被设计用来执行多种任务。损失这样一架 UAV 不仅会产生战术后果, 还要承担财政损失。既然反感蒙受损失, 从而 9.2 节强调生存能力。

9.2　UAV 航迹规划

UAV 任务计划关注三个主要方面: 确定 UAV 地面控制单元的配置地点, 规划关心地域内的飞行器航迹, 制定飞行时间表。三种因素影响 UAV 任务计划:

(1) 目标;

(2) 效能量度 (MOE);

(3) 作战、技术和后勤约束。

UAV 的任务目标取决于作战背景和需求。例如, 携带低分辨率、近程光电传感器之类轻型载荷的短程小型 UAV, 可以由步兵营操控, 用来搜集山背面敌方部队的相关战术情报。另一个可能的场景是特种作战部队 (SOF) 的小分队运用这种 UAV 来搜索和探测山区的叛乱分子或恐怖分子。更大型的高续航力 UAV 可以在更长时间内持续监视公海和近岸水域的小型船只。

度量达成目标成功度的 MOE 取决于作战背景。在特种作战部队场景中, 一个合理的 MOE 是发现目标 (恐怖分子) 的概率。在持续监视敌对区域的场景中, MOE 可能是监视任务的预期持续时间, 或是 UAV 安全完成任务的概率。

在制定 UAV 任务计划时, 必须考虑作战、物理和后勤约束。作战约束包括禁飞 (或高风险) 区, 有限飞行时间窗口, 同一空域 UAV 之间的冲突化解 (确保多架 UAV 不在半空中相撞), 以及有限的可用配置地点, 供地面控制单元 (GCU) 控制 UAV 的飞行。物理约束来自有限的 UAV-GCU 间通信范围、通视要求、不同 UAV-GCU 通信频道之间可能的互相干扰, 以及有限的 UAV 传感器视界。后勤约束如燃油容量和维修需求等, 决定 UAV 的持续工作能力。

本节考察两类任务:

(1) 情报。UAV 被发送出去探查特定地域的某一目标。

(2) 侦察。UAV 在执行巡航任务搜索目标。

9.2.1 情报 — 探查目标

UAV 的任务是飞向指定的目的地, 探查某个目标, 如武器系统或永久性设施, 并传回该目标的视频图像。

1. 问题

UAV 飞临敌方领土, 从而可能遭到敌方防空武器的拦截。关心目标可能会消失或隐藏, 从而任务是对时间敏感的。鉴于存在这两个作战因素, 考虑两个效能量度:

(1) 时间。UAV 到达目的地花费的时间。

(2) 生存率。UAV 安全 (从而得以执行任务) 到达目的地的概率。

目标是使时间最小化, 使生存能力最大化, 而问题是如何设定 UAV 由基地到目的地的航线, 从而达成两个目标。一个常用且相对简单的航线规划方法是确定一组 UAV 必须沿其飞行的航线基准点。这些航线基准点输入 UAV 指控单元和 UAV, 利用导航设备, 如基于卫星的全球定位系统 (GPS), 由航线上的一个基准点到另一个基准点, 再到目的地。第一个基准点即为基地, 最后一个为目的地。可能的途中基准点由技术因素 (如通视) 和作战因素 (如威胁区) 来确定。基地、目的地、一组可能的途中基准点, 用线段将其连接起来, 形成了一个图形, 如图 9-1 所示。图 9-1 中的图形有 11 个节点 —— 基地、目的地和 9 个途中基准点 —— 还有 18 条边, 对应可行的作战飞行航段。例如, UAV 可由节点 (途中基准点) 2 飞向节点 6, 但不飞向节点 4。问题是找出途中基准点的最优组合, 作为 UAV 的航

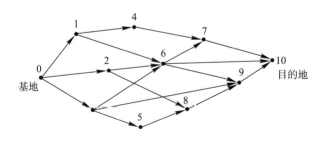

图 9-1　途中基准点图

线, 此处最优由前面提到的目标来定义。在当前和后续的模型中, 假设关于 GCU-UAV 之间的通信联络没有限制。UAV 的地面控制单元配置于基地节点, 并处在与其余所有节点的有效距离和通视范围之内。UAV 没有后勤约束, 如航线的选择不受燃油消耗的影响。

2. 模型

假设可能的途中基准点组合包含 W 个基准点 (图 9-1 中, $W = 9$), 将基地节点标记为 0, 将目的地节点 (图 9-1 中的节点 10) 标记为 $W + 1$。节点 i 至节点 j 的边用 (i, j) 来表示。更一般地, 由 i_1 至 $i_2, \cdots, i_n$ 的一条航线表示为 $(i_1, i_2, \cdots, i_n)$。例如, 图 9-1 中, $(2, 6, 9)$ 为由节点 2 至节点 9 的一条航线。图形中每条边 (i, j) 有两个关联数据 —— 在对应航段上的飞行时间 t_{ij}, 以及 UAV 在该航段上飞行时遭拦截的概率 p_{ij}。参数 t_{ij} 由距离、风和 UAV 的标定速度决定, 概率 p_{ij} 由敌方拦截单元的位置和能力决定。假设后者在空间上独立; 在一条边上被拦截的概率独立于在其他边上被拦截的概率。特别是在敌方防空单元具有有限的覆盖范围而且只对一条边有效的情况下, 这种独立假设是成立的。因而, 如果 UAV 选取航线 $(i_1, i_2, \cdots, i_n)$, 它安全到达目的地的概率为 $\prod_{k=1}^{n-1} (1 - p_{i_k i_{k+1}})$, 即生存能力效能量度。该航线的任务时间效能量度为 $\sum_{k=1}^{n-1} t_{i_k i_{k+1}}$, 即总飞行时间。假设对每条边 $(i, j)p_{ij} < 1$, 所有边都满足这一假设。

接下来构建一个整数线性最优化模型 (见附录 B), 确定 UAV 的最佳航线 —— 最优的途中基准点组合。该模型强调上文所描述的生存能力和时间两个效能量度。

该最优化问题是著名的最短路线问题的一种变体 (参见如阿胡亚等, 1993)。

1) 变量

此问题中的变量有两个取值:

$$X_{ij} = \begin{cases} 1 & \text{如果 UAV 飞越边 } (i, j) \\ 0 & \text{其他情形} \end{cases}$$

2) 目标函数

可以用两种可行途径对最优化问题中的效能量度建模: 面向时间的模型和面向生存能力的模型。在面向时间的模型中, 目标是在保持最低限度生存概率的条件下，使到达目的地的飞行时间最短。也就是说在面向时间的模型中，目标是使 $\sum\limits_{i=0}^{w}\sum\limits_{j=1}^{w+1} t_{ij}X_{ij}$，即总任务时间最小化，同时满足最小生存概率要求。该二重和公式与上文用于定义任务时间效能量度的单重和公式等值，理由是二重和公式中除了实际飞越各条边的飞行时间外，不包含其他参数。在面向生存能力的模型中，任务时间是受约束的，目标是在这种约束下使生存能力最大化。因而断定，在面向生存能力的模型中，目标是使 $\prod\limits_{i=0}^{W}\prod\limits_{j=1}^{W+1}(1-p_{ij})^{X_{ij}}$ 最大化。因为对数是递增函数，目标刚好可以表示为该量的对数。考虑到和比乘积分析起来更方便，因而将目标记为使 $\sum\limits_{i=0}^{w}\sum\limits_{j=1}^{w+1}[\ln(1-p_{ij})]X_{ij}$ 最大化。

3) 约束

面向时间和面向生存能力的模型在决定可行飞行路线时，服从同样的约束条件。

$$\sum_{j=0}^{W+1} a_{0j}X_{0j} = 1 \tag{9.1}$$

$$\sum_{k=0}^{W} a_{kj}X_{kj} - \sum_{j=1}^{W+1} a_{ij}X_{ij} = 0 \quad i = 1,2,\cdots,W \tag{9.2}$$

$$X_{ij} \in \{0,1\} \tag{9.3}$$

其中

$$X_{ij} = \begin{cases} 1 & \text{如果 UAV 可以飞越边 } (i,j) \\ 0 & \text{其他情形} \end{cases}$$

式 (9.1) 中的约束表明，离开基地的可能航段中，至少有一条是实际飞行航线 (边 $(0,j)$，从而 $a_{0j}=1$)。式 (9.2) 中的约束确保形成一条连续的航线; 如果 UAV 选取了进入节点 i 的各条边之中的一条，那么它也必须选取离开节点 i 的各条边之中的一条。

其他约束取决于模型的定位。在面向时间的模型中，要求生存概率保持一个最低水平 α。表示为

$$\sum_{i=0}^{W}\sum_{j=1}^{W+1}[\ln(1-p_{ij})]X_{ij} \geqslant \ln\alpha \tag{9.4}$$

在面向生存能力的模型中，为续航时间设置了一个时间极限 T_0:

$$\sum_{i=0}^{W}\sum_{j=1}^{W+1} t_{ij}X_{ij} \leqslant T_0 \tag{9.5}$$

因而, 面向时间的模型为求 $\sum\limits_{i=0}^{W}\sum\limits_{j=1}^{W+1} t_{ij}X_{ij}$ 的最小值, 同时服从式 (9.1) ~ 式 (9.3) 等约束, 而面向生存能力的模型为求 $\sum\limits_{i=0}^{W}\sum\limits_{j=1}^{W+1} [\ln(1-p_{ij})]X_{ij}$ 的最大值, 同时服从式 (9.1) ~ 式 (9.3) 及式 (9.5) 等约束。

例 9.1 一架 UAV 的任务是由基地飞往指定的目的地, 可选取 9 个可能途中基准点的任意一些点, 如图 9-1 所示。在每条边上的飞行时间和拦截概率由表 9-1 列出。

表 9-1 飞行数据

边	飞行时间	拦截概率
0, 1	2	0.1
0, 2	1	0.2
0, 3	3	0.1
1, 4	3	0
1, 6	2	0.3
2, 6	3	0.3
2, 8	4	0.1
3, 5	1	0.2
3, 6	2	0.2
3, 9	5	0.1
4, 7	3	0.1
5, 8	2	0.2
6, 7	2	0.1
6, 9	2	0.1
6, 10	2	0.5
7, 10	2	0.1
8, 9	3	0.1
9, 10	1	0.3

假设任务时间紧迫, UAV 必须在 6 min 内到达目的地。给定 $T_0 = 6$, 求解面向生存能力的问题, 得出最优航线如图 9-2 所示, 生存概率为 0.32。然而, 如果任务时间不紧迫, 但要求完成任务的最小概率为 0.7, 则转而求解面向时间的问题。此处, 生存概率是约束之一, 完成时间是目标, 最优航线如图 9-3 所示。

飞完这条航线的时间是 10 min, 生存概率是 0.73, 稍微高于最低极限 0.7。这一生存概率 (0.73) 也是所有航线中最高的可能值。

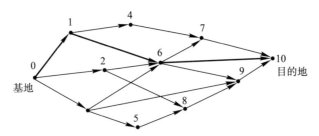

图 9-2   最优航线 (面向生存能力的模型, $T_0 = 6$; 飞行时间 $=6\,\text{min}$; 生存概率 $=0.32$)

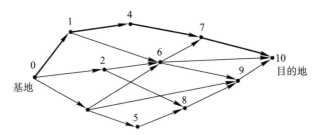

图 9-3   最优航线 (面向时间的模型, $\alpha=0.7$; 飞行时间 $=10\,\text{min}$; 生存概率 $=0.73$)

图 9-4 显示了对于各给定的飞行时间, 最高可能的生存概率, 这是通过求解一系列面向生存能力的问题而得出的。注意当飞行时间由 $10\,\text{min}$ 变为 $9\,\text{min}$ 时, 生存概率明显下降。

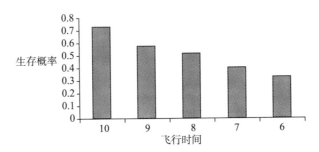

图 9-4   对给定飞行时间的最大可能生存概率

正如刚才所提到的, 对任何飞行时间长度, 最大可能的生存概率是 0.73。飞行时间少于 $6\,\text{min}$ 是不可行的。图 9-4 所示的这类图表, 可以帮助战地指挥官, 在为执行情报任务的 UAV 设置飞行路线时, 确定最佳方案。它表明了效能 (任务完成时间) 和风险之间的权衡。$Chapter9.xls$ 中的工作表 "情报 — 时间" 和 "情报 — 生存能力" 分别求解面向时间和面向生存能力的问题。这些模型采用 Excel Solver 来求解。

9.2.2 侦察 — 探测运动目标

考察一支特种作战部队 (SOF) 小分队, 被部署到荒凉的边境地区, 试图追捕一名可疑人员 (如恐怖分子), 以下称为目标。有情报显示, 根据通信侦听和人力情报, 目标将要进入该地区, 试图穿越此地并渗透进有人地带, 企图实施敌对行动。小分队得到一架小型 UAV 的支援, 一收到情报报告, 便立刻将其发射出去。UAV 飞临该地区上空, 将传感器视界内的实时视频图像传输给地面控制单元 (GCU)。该 UAV 是由 GCU 所在地点发射出去的。

1. 问题

UAV 的任务是赶在目标离开边境地区进入有人地带之前发现他。因为这一地区本来就比较荒凉, 并且 UAV 的标记很小, 假设它不会遭到拦截。出于同样的原因, 假设纳伪发现概率可以忽略不计。为了能够传输视频图像, UAV 必须与其 GCU 始终保持通视, 并且它必须在距离地面控制单元的某一空间范围内飞行。UAV 的续航能力有限, 不过假设它大于目标穿越此地向内地消失所需时间。关于目标的情报信息包括其运动速度和一组可行的路线。虽然目标的平均速度可根据其运动方式 (如徒步、骑马、驾车) 得出合理的估计, 但他可能选择的具体路线却无从知晓。特种作战部队小分队的目标是为 UAV 设计一种搜索方式, 使其发现运动目标的概率最大。假设目标意识到自己可能被 UAV 搜索, 并将选择合适路线以最大限度挫败 UAV 小分队的行动。

图 9-5 给出了一个示例, 显示了目标通向边境地区的可能进入点, 以及可能在该地区内选择的路线。

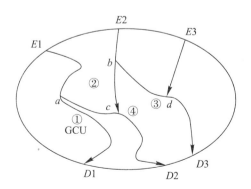

图 9-5 进入点、在边境地区内的路线和 GCU 的可能配置地点

有三个可能的进入点通向边境地区 —— $E1$、$E2$ 和 $E3$。每个进入点与一条或两条目标可能选择的路线相关联。例如, 如果目标通过 $E1$ 进入边境地区, 则两条可能的路线为 $(E1,a,D1)$ 和 $(E1,a,c,D2)$。进入点 $E2$ 后有两条关联路线, 进入点 $E3$ 后有一条关联路线。因而, 在图 9-5 中总共有 2+2+1=5 条可能的关联路线。除了三个进入点 $(E1,E2,E3)$ 和三个离开点 $(D1,D2,D3)$ 之外, 还有四个中间点 —— a、b、c、d。

这些路线构成了一个图形, 其中的节点为进入点、离开点和中间点 (所以图 9-5 中有 10 个节点), 而边为连接两个相邻节点的路段。标记为 1-4 的小圆圈表示 GCU 的可能配置地点。令 $r = 1, 2, \cdots, R$ 表示图 (图 9-5 中, $R = 5$) 中的一条路线, 令 $i = 1, 2, \cdots, I$ 表示一条边 (图 9-5 中, $I = 9$)。每条边属于一条或多条路线。令 l 表示 GCU 的一个可能配置地点, $l = 1, 2, \cdots, L$ (图 9-5 中, $L = 4$)。

假设目标在每条边上的运动速度已知。因此, 一旦收到目标已进入边境地区的信息, 并且如果其路线已知, 特种作战部队小分队能够精确预测他在任意时间点的所在位置 (见式 (9.6))。问题是目标的路线是未知的。假设时间是离散的, 并且特种作战部队的行动在时间步 $t = 0, 1, \cdots, T_0$ 上展开, 其中 T_0 为行动的时间范围 (也就是目标在边境地区内花费的最长可能时间)。

2. 模型

令

$$c_{it}^r = \begin{cases} 1 & \text{给定路线 } r, \text{ 如果在时间段 } t \text{ 内, 目标在边 } i \text{ 上} \\ 0 & \text{其他情形} \end{cases} \tag{9.6}$$

该三维数组 c_{it}^r 是任务计划的输入数据, 而任务计划是对各种可能路线的地形和距离进行分析得出的。

现在来看 UAV。假设在两个连续的时间步内, UAV 可能停留在当前边上, 或者运动至相邻的一条边上。这个假设是非限定性的; 如果需要, 在一个时间步内, UAV 可能飞向的一组边是可以扩展的。对给定的一条边 i, 令 J_i 表示一组边, 其中包括边 i, 以及在下一时间段内 UAV 可能飞向的所有边。依据假设, 这是边 i 和所有引出边的一个组合。例如

$$J_{(E2,b)} = \{(E2,b), (b,c), (b,d)\}$$

令 D_i 表示 GCU 配置地点的组合, 一架由这些地点发射的 UAV, 能够在第一个时间段内到达边 i, 同时, 令 A_i 表示与飞临边 i 的 UAV 保持

不间断通信的 GCU 配置地点的组合。

假设 UAV 和目标在相同的时间步内出现在边 i 上, 那么 UAV 在一个时间步内发现目标的概率为 q_i。而概率 q_i, $i = 1, 2, \cdots, I$ 取决于 UAV 传感器的视界、分辨率、背景杂波等。假设时间步之间的发现事件是独立的。例如, 如果 UAV 和目标在 T_i 个时间步内位于边 i 上, 在 T_j 个时间步内位于边 j 上, 则发现概率为 $1 - (1 - q_i)^{T_i}(1 - q_j)^{T_j}$。

1) 变量

本问题中的变量有两个取值:

$$X_{it} = \begin{cases} 1 & \text{如果在时间步 } t \text{ 内, UAV 在边 } i \text{ 上巡逻} \\ 0 & \text{其他情形} \end{cases}$$

$$Z_l = \begin{cases} 1 & \text{如果 GCU 部署于位置 } l \\ 0 & \text{其他情形} \end{cases}$$

2) 目标函数

对于这个问题, 目标发现概率自然是一个效能量度。然而, 为了使这个效能量度最大化, 需要知道目标可选取路线的概率分布。这些数据可能无法获取, 并且即使能够获取, 这个问题也会变成一个非线性最优化问题, 如稍后所描述的那样。作为替代, 我们考虑一个防止探测场景的情形变得更糟的效能量度。

假设目标已经选择了路线 r, 他在离开搜索区域之前不被发现的概率为 $\prod_{t=1}^{T_0} \prod_{i=1}^{I} (1 - q_i)^{c_{it}^r X_{it}}$。目标是找出一个 UAV 搜索和 GCU 部署计划, 以至于在情形更糟的场景下, 使这个概率最小化。从而, 目标函数为

$$\min_{X_{it}, Z_l} \max_r \prod_{t=1}^{T_0} \prod_{i=1}^{I} (1 - q_i)^{c_{it}^r X_{it}} \tag{9.7}$$

这一目标相当保守, 原因在于它实际上假设渗透者会选择路线以使其生存概率最大化, 并且是在完全了解 UAV 搜索计划的前提下做出选择。一种方法是将此问题作为一个 TPZS 对策问题 (见第 7 章) 来处理, 其中, 目标的路线和搜索者的搜索计划对对方而言都是未知的。根据 TPZS 对策, 我们需要计算对策值的上界。如前所述, 如果能得到一些关于路线 r 的可能性的先验信息, 表示形式为概率 α_r, $\sum_{r=1}^{R} \alpha_r = 1$, 则另一种方法是使不发

现概率最小化, 也就是

$$\sum_{r=1}^{R} \alpha_r \prod_{t=1}^{T_0} \prod_{i=1}^{I} (1-q_i)^{c_{it}^r X_{it}} \tag{9.8}$$

尽管式 (9.7) 中的非线性目标函数可转换为线性目标函数, 但式 (9.8) 中的目标函数无法转换。令 Y 为目标函数的对数, 则式 (9.7) 相当于

$$\begin{aligned} &\underset{X_{it}, Z_i}{\text{Min }} Y \\ &\text{st.} \\ &\sum_{t=1}^{T_0} \sum_{i=1}^{I} \ln(1-q_i) c_{it}^r X_{it} - Y \leqslant 0, \quad r=1,2,\cdots,R \end{aligned} \tag{9.9}$$

由于 $\ln(1-q_i) < 0$, 可将式 (9.9) 写为相同的形式

$$\begin{aligned} &\underset{X_{it}, Z_i}{\text{Max }} W \\ &\text{st.} \\ &-\sum_{t=1}^{T_0} \sum_{i=1}^{I} \ln(1-q_i) c_{it}^r X_{it} - W \leqslant 0, \quad r=1,2,\cdots,R \\ &W \geqslant 0 \end{aligned} \tag{9.10}$$

3) 约束条件

$$X_{il} - \sum_{l \in D_i} Z_l \leqslant 0, \quad i=1,2,\cdots,I \tag{9.11}$$

$$X_{il} - \sum_{j \in J_i} X_{j,t+1} \leqslant 0 \quad t=1,2,\cdots,T_0-1, i=1,2,\cdots,I \tag{9.12}$$

$$\sum_{i=1}^{I} X_{it} \leqslant 1, \quad t=1,2,\cdots,T_0 \tag{9.13}$$

$$M \sum_{l \in A_i} Z_l - \sum_{t=1}^{T_0} X_{it} \geqslant 0, \quad i=1,2,\cdots,I \tag{9.14}$$

$$\sum_{l=1}^{L} Z_l \leqslant 1 \tag{9.15}$$

约束条件 (9.11) 和 (9.12) 确保为 UAV 提供一个可行的搜索计划。由约束条件 (9.11) 可以断定, 只有当 UAV 可在第一个时间步内按时由发射

地点到达一条边时, 它才能够对这条边进行搜索。同第 9.2.1 小节中的约束条件 (9.2) 相似, 约束条件 (9.12) 确保 UAV 具有一个可行的连续搜索方式。在时间步 $t-1$ 内, 只有当 UAV 搜索了某条边, 或是与之相邻的一条边时, 它才能在时间步 t 内 ($X_{it} = 1$) 搜索到边 i。约束条件 (9.13) 限定 UAV 在任一给定的时间步内, 至多只能出现在一条边上。约束条件 (9.14) 将被搜索的边限制为那些位于 GCU 的有效距离和通视范围内的边。M 是一个大常数。约束条件 (9.15) 确保 GCU 至多被配置在一个地点。

这样, 最优化问题为式 (9.10) ~ 式 (9.15), 其中包含 $X_{it}, Z_l \in \{0,1\}$, 这是一个线性混合整数 (0-1) 规划问题。

例 9.2 考虑图 9-5 所示场景。表 9-2 列出了基础情形数据。对每条边 i, 表中给出目标的运动时间, 在第一个时间步内, UAV 能够由此到达边 i 的一组 GCU 配置地点 D_i, 以及能与飞临边 i 的 UAV 保持不间断通信的 GCU 配置地点 A_i。

表 9-2 运动时间和边的可到达性 —— 基础情形

边	(E1,a)	(a,D1)	(a,c)	(E2,b)	(b,c)	(c,D2)	(b,d)	(E3,d)	(d,D3)
运动时间	3	4	3	2	4	4	4	5	3
D_i	1,2,4	1,2,4	1,2,3,4	2,3,4	1,2,3,4	1,2,3,4	2,3,4	3,4	1,3,4
A_i	1,2,3,4	1,2,3,4	1,2,3,4	2,3,4	1,2,3,4	1,2,3,4	1,2,3,4	2,3,4	1,2,3,4

容易证明时间范围为 $T_0 = 10$。假设在每条边上的 (瞬时) 发现概率相等, $q = 0.7$。求解最优化问题式 (9.10) ~ 式 (9.15), 可以得到下列 UAV 对基础情形的最优搜索方式 (表 9-3)。

表 9-3 对基础情形的最优搜索方式

边	(E1,a)	(a,D1)	(a,c)	(E2,b)	(b,c)	(c,D2)	(b,d)	(E3,d)	(d,D3)
时间步	1,2	—	3	—	4,5	—	6	—	7,8,9,10

GCU 配置在地点 1。一旦从地点 2 发射, UAV 就会在前两个时间段内, 搜索边 $(E1,a)$。然后, UAV 在一个时间段内飞临 (a,c), 在两个时间段内飞临 (b,c), 在一个时间段内飞临 (b,d)。最后四个时间步用于 $(d,D3)$。在最坏情形场景下发现目标的概率为 0.91, 这意味着对五条可能路线中的每一条, 如果目标将其选为运动路线, UAV 都至少有两次探测机会。

现在假设边境地区的地形更为崎岖, 并且 GCU 配置地点与不同边之间的通信受到更多限制, 见表 9-4。GCU 最新变换的地点为 3。新的最优搜索方式由表 9-4 给出。在最坏情形场景下发现概率现在变为 0.7, 这意味着至少对一个场景 (路线), 只有一次探测机会。

表 9-4　对禁止飞行区的最优化搜索方式

边	$(E1, a)$	$(a, D1)$	(a, c)	$(E2, b)$	(b, c)	$(c, D2)$	(b, d)	$(E3, d)$	$(d, D3)$
A_i	2,3	1,2,3	1,2,3,4	2,3,4	1,3,4	1,2,4	1,2,3,4	2,3,4	1,2,3,4
时间步	2,3	—	1,4	—	5	—	6	—	7,8,9,10

9.3　无人战斗机

无人战斗机 (UCAV) 是一种自动推进飞行器, 以特有的方式在目标区上空巡航, 寻找目标。除了具备 UAV 的功能外, UCAV 还是一种武器, 可用来攻击地面或海上目标。UCAV 可以是可回收型或一次性使用型。可回收型 UCAV 是相对较大的 UCAV, 可以携带一枚或多枚炸弹或导弹等类弹药。发射后, 它们将沿着受控轨迹飞向目标区, 一到达目标区, 它们便开始搜索可利用自身所携带弹药予以攻击的目标。一旦弹药耗尽, UCAV 将返回基地接受维修和补充弹药。一次性使用型 UCAV 本质上是一种精确制导弹药, 其战斗部是武器平台整体的一部分。毫无疑问, 一次性使用型 UCAV 最多只能攻击一个目标。在本节中, 将描述两个 UCAV 模型: ① 一次性使用型飞行器; ② 可回收型多武器飞行器。

在以下模型中, 假设目标区内有两类目标: 有价值目标 (VT) 和无价值目标 (NVT)。有价值目标的定义取决于场景和任务目标。例如, 在某些情形下, 装甲车辆被当作 VT, 而另一些情形下, 地对空导弹连则被当作 VT。目标区内可能被 UCAV 当作目标的其他物体, 属于 NVT。特别地, 被消灭的 VT 将变为 NVT。考虑 UCAV 在目标区上空巡航搜索 VT 这一情形。一旦 UCAV 发现一个目标, 它会详细观察目标并确定这是一个 VT 还是 NVT。根据目标的分类, UCAV 可能攻击目标或者放弃目标继续实施搜索。如果 UCAV 攻击一个目标, 它会以一定的概率攻击并消灭目标。UCAV 传感器是有缺陷的, 它可能错误地将一个 VT 识别为 NVT (弃真误差) 和将一个 NVT 识别为 VT (纳伪误差)。

9.3.1 一次性使用型 UCAV

一架一次性使用型 UCAV 被发射以攻击某一地域的 VT。该地域内也含有 NVT。首先假设 UCAV 是无记忆的: 无法记住先前的无攻击决心, 从而可能重新造访和查明先前所发现的目标。

1. 问题

我们希望计算 UCAV 在给定时间窗口内成功打击一个 VT 的概率。问题的输入是: ① 目标区内 VT 和 NVT 的数量; ② UCAV 的平均发现间隔时间 —— UCAV 从一个目标飞到另一个目标所需要的时间; ③ UCAV 的毁伤概率; ④ 弃真以及纳伪发现概率。

2. 模型

在目标区内存在 T 个目标, 其中 K 个目标是 VT, 而 $T-K$ 个目标是 NVT。UCAV 在目标区上空巡航并以速率 λ 发现目标。发现之后, UCAV 立刻对目标加以识别, 并决定攻击目标或是放弃目标而飞向下一个目标。发现时间间隔服从指数分布, 其平均值为 $1/\lambda$, 这意味着在一个特定时间间隔 Δt 内, 发现次数是一个泊松随机变量, 其参数为 $\lambda \Delta t$。UCAV 正确识别 VT 和 NTV 的概率分别为 q 和 r。参数 q 表示 UCAV 传感器的灵敏度 ($1-q$ 为弃真概率), 而 r 则表示传感器的特异性 ($1-r$ 为纳伪概率)。换句话说, 如果 UCAV 发现一个 VT, 会以概率 q 攻击目标, 如果发现一个 NVT, 它会以概率 $1-r$ (错误地) 攻击目标。记住, UCAV 是无记忆的; 它可能会重新造访先前所发现 (识别为 NVT) 的目标, 并且可能对其实施攻击。在给定目标已受到攻击的前提下, VT 的杀伤概率为 p。对一个任务时间窗口 τ, 计算在该时间窗口内, UCAV 消灭一个 VT 的概率。

在一个发现事件之后, 有可能发生三种结果:

(1) 正确地攻击一个 VT, 概率为 $\varphi_1 = \dfrac{K}{T} q$;

(2) 错误地攻击一个 NTV, 概率为 $\varphi_2 = \dfrac{T-K}{T}(1-r)$;

(3) 不攻击, 概率为 $\varphi_3 = \dfrac{K}{T}(1-q) + \dfrac{T-K}{T} r = 1 - \varphi_1 - \varphi_2$。

注意: 这些概率取决于 VT 和 NTV 数量的比值, 而不是绝对值。

假设在此时间窗口内, 有 n 个发现机会, UCAV 攻击一个 VT 的概率为

$$P_n[VT] = \sum_{i=1}^{n} \varphi_3^{i-1} \varphi_1 = \frac{1 - \varphi_3^n}{1 - \varphi_3} \varphi_1 \qquad (9.16)$$

式 (9.16) 中和的第 i 项是第 i 次发现将导致正确攻击一个 VT 的概率, 这要求前 $i-1$ 次发现不导致攻击这一结果。式 (9.16) 中的第二个等式是因为该和是一个几何级数。当 $n \to \infty$ (例如, 当任务不存在时间约束并且 UCAV 具有无限的续航能力) 时, 则 $P_n[VT] \to \dfrac{\varphi_1}{1-\varphi_3} = \dfrac{\rho q}{1+\rho q - r}$,
其中 $\rho = \dfrac{K}{T-K}$ 是目标区内 VT 和 NVT 数量的比值。

发现的次数服从泊松分布, 因此, 给定一个时间窗口 τ, 不发生目标攻击, 发现 n 次的概率为

$$\Pr[N = n] = \frac{(\lambda\tau)^n \, \mathrm{e}^{-\lambda\tau}}{n!} \tag{9.17}$$

从式 (9.16) 和式 (9.17) 中, 得出 UCAV 攻击一个 VT 的 (无条件的) 概率为

$$
\begin{aligned}
P_\tau(VT) &= \sum_{n=0}^{\infty} \frac{1-\varphi_3^n}{1-\varphi_3} \varphi_1 \frac{(\lambda\tau)^n \, \mathrm{e}^{-\lambda\tau}}{n!} \\
&= \frac{\varphi_1}{1-\varphi_3} \left(1 - \mathrm{e}^{\lambda\tau(1-\varphi_3)} \right) \\
&= \frac{\rho q}{1+\rho q - r} \left(1 - \mathrm{e}^{-\lambda\tau\left(1 - \frac{\rho}{1+\rho}(1-q) - \frac{1}{1+\rho}r\right)} \right)
\end{aligned}
\tag{9.18}
$$

一个 VT 被毁伤的概率为 $pP_\tau(VT)$。由式 (9.18) 也能看出, 由发现到目标被攻击的时间为指数分布的随机变量, 其平均值为 $1/(\lambda(1-\varphi_3))$。

例 9.3 目标区中, VT 和 NVT 的数量比为 $\rho = 1$。发现速度为每分钟 $\lambda = 1$, 概率为 $q = 0.7$, $r = 0.8$ 和 $p = 0.5$。时间窗口为 $\tau = 10\,\mathrm{min}$。杀伤概率为 $pP_{10}(VT) = 0.5 \times 0.77 = 0.385$ (见 $Chapter9.xls$ 中工作表 "一次性使用, 无记忆")。图 9-6 显示了 UCAV 灵敏度 (q) 和特异性 (r) 对其攻击一个 VT 概率的影响程度。

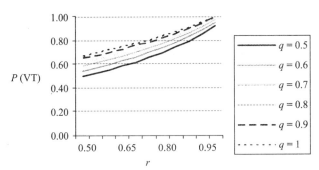

图 9-6　攻击一个 VT 的概率为 r 和 q 的函数

注意: 这两个误差概率的影响是非对称的。当 $r = 0.5$ 和 $q = 1$ 时, $P_{10}(VT) = 0.67$, 而与之相反, $r = 1$ 和 $q = 0.5$ 时, 我们可以得出 $P_{10}(VT) = 0.92$。从图 9-6 中, 我们能够推断出特异性比灵敏度对 UCAV 性能的影响更大。这毫不奇怪, 原因在于弃真误差能够在后续任务中得到纠正, 而纳伪误差则不能; UCAV 攻击错误目标 (NVT) 会导致任务失败。

图 9-7 显示了目标比值 ρ 对 VT 攻击概率的影响, 对应三个发现速率 λ 的值。

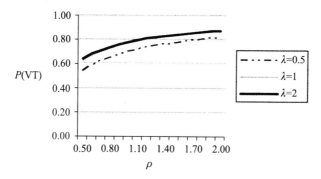

图 9-7 攻击一个 VT 的概率为 ρ 和 λ 的函数

从图 9-7 中可以看出, 发现速率高于 1 并不会影响 VT 攻击概率; 此概率将迅速趋向于 $\frac{\varphi_1}{1-\varphi_3}$。

假设 UCAV 具有完美的记忆力, 并且它不会重新造访先前所发现并识别为 NVT 的目标。UCAV 会从一组尚未发现的目标中随机选取一个目标。在这一案例中, 最大可能发现次数为 T, 并且假设此项任务时间窗口的长度能够满足达到这一最大值。注意: 如果全部 K 个 VT 被 UCAV 误分类为 NVT, 并且全部 $T-K$ 个 NVT 被正确识别, T 次发现可能不会导致一次攻击。在以概率 $(1-q)^K r^{T-K}$ 发生的这一事件中, 假设 UCAV 随机选择并攻击一个目标。不同于无记忆的情形, 其中攻击一个 VT 的概率仅取决于 VT 和 NVT 之间的数量比, 此处这一概率取决于 VT 和 NVT 的绝对数量, 就是说, $P(VT) = P(K, T)$。令 $Q(K, T)$ 为搜索完成之前发生一次成功攻击的概率。这一概率可以递归得出

$$Q(K,T) = \frac{K}{T}(q + (1-q)Q(K-1,T-1))$$
$$+ \frac{T-K}{T}rQ(K,T-1) \tag{9.19}$$

在式 (9.19) 中, 边界条件为 $Q(0,t) = 0$, $t = 0, 1, \cdots, T$ 和 $Q(1,1) = q$。

式 (9.19) 右边的第一项表示一个 VT 被发现但被误识别为 NVT 的情形。第二项表示一个 NVT 被发现并被正确识别的情形。在这两种情形下,搜索 VT 的行动将继续展开。现在给出攻击一个 VT 的概率

$$P(K,T) = Q(K,T) + \frac{K}{T}(1-q)^K r^{T-K} \tag{9.20}$$

例 9.4 在目标区有 $T = 10$ 个目标,其中有 $K = 5$ 个 VT。灵敏度和特异性概率为 $q = r = 0.75$。攻击一个 VT 的概率为 0.769 (见 *Chapter9.xls* 中工作表 "一次性使用,完全记忆")。由式 (9.16) 可得,对于无记忆的 UCAV,其最大可能攻击的概率 (当 $n \to \infty$ 时) 为 0.75。图 9-8 显示了在 VT 和 NVT 数量相等,并且目标总数在 $2 \sim 20$ 的情形下 $P(VT)$ 的值。很显然,完全记忆的 UCAV 性能优于无记忆的 UCAV,但渐近于其概率值 0.75。还要注意当目标数量为 4 时,完全记忆的 UCAV 在这一案例中表现最优越。

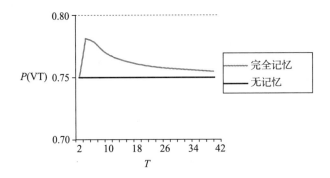

图 9-8 两类 UCAV 攻击一个 VT 的概率 ($q = r = 0.75$)

图 9-9 和图 9-10 分别显示了在 $q = 1, r = 0.5$ 和 $q = 0.5, r = 1$ 两个情形下的概率。

我们可以看出,完美特异性 ($r = 1$) 和低灵敏度 ($q = 0.5$) 这一情形完全优于低特异性 ($r = 0.5$) 和完美灵敏度 ($q = 1$) 的相反情形。这一发现引出一个结论,在减小纳伪误差上投资比在减小弃真误差上投资效果更明显。此外,尽管在第一种情形下 (图 9-9),完全记忆 UCAV 优于无记忆的 UCAV,在此前的基础案例中也是如此,当特异性达到完美时,相反的结论在第二种情形下 (图 9-10) 是成立的。这不足为奇; 如果 UCAV 总是能发现一个 NVT,它终究将捕获到一个 VT。

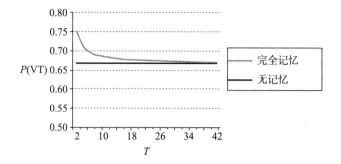

图 9-9　两类 UCAV 攻击 VT 的概率 ($q = 1$, $r = 0.5$)

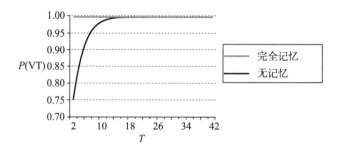

图 9-10　两类 UCAV 攻击 VT 的概率 ($q = 0.5$, $r = 1$)

9.3.2　可回收型多武器 UCAV

一架可回收型 UCAV 携带多枚弹药在目标区上空巡航, 搜索 VT。一旦 UCAV 发现一个目标并将其识别为 VT, UCAV 就会用其中一枚弹药攻击目标。这种 UCAV 是无记忆的, 并且以随机 (均匀的) 方式发现目标。

1. 问题

假设目标区内有一定数量的 VT 和 NVT, UCAV 上携带一定数量的弹药, 目标是计算被毁伤 VT 数量的概率分布函数和行动的预期持续时间。假设相对于一项典型的任务, UCAV 具有很长的续航能力, 当最后一枚弹药发射后, 该作战行动即告结束。

2. 模型

令 T 表示目标区中目标 (VT 和 NVT) 的总数, 并且令 K 表示 VT 的初始数量, 如此, $T - K$ 为 NTV 的初始数量。作战开始时, UCAV 携带有 N 枚弹药, 并且 UCAV 正确识别 VT 和 NVT 的概率分别为 q 和 r。平均

发现间隔时间 —— 两次顺次发现间的时间为 E_D。平均攻击时间 —— 从发现到弹药被发射的时间为 E_A。杀伤概率为 p。

现在构建一个模型以得出杀伤 VT 数的概率分布 (特别地, 其期望值) 和行动的预期持续时间。假设在攻击行动的某一阶段, 存在 k 个 VT, $k \leqslant K$, 和 $T - k$ 个 NVT。在发现前提下, UCAV 攻击一个 VT 的概率为 $\frac{k}{T}q$, 而攻击一个 NVT 的概率为 $\frac{T-k}{T}(1-r)$。

下面定义一个马尔可夫链 (见附录 A) 以描述 UCAV 的攻击行动。该链中步长为一个探测事件, 状态为一个 (n,k) 对, 其中 n 为 UCAV 上剩余弹药的数量, k 为目标区内剩余 VT 的数量 (记住被消灭的 VT 变成 NVT)。探测事件发生后, 有三种可能的转移。

$$(n,k) \to \underbrace{(n-1,k-1)}_{\substack{\text{UCAV 消灭} \\ \text{了一个 VT}}} \quad \text{概率为} \frac{k}{T}qp \tag{9.21}$$

$$(n,k) \to \underbrace{(n-1,k)}_{\substack{\text{UCAV 捕获了一个} \\ \text{VT 但没有命中,} \\ \text{或捕获了一个 NVT}}} \quad \text{概率为} \frac{k}{T}q(1-p) + \frac{T-k}{T}(1-r) \tag{9.22}$$

$$(n,k) \to \underbrace{(n,k)}_{\substack{\text{UCAV 未} \\ \text{捕获目标}}} \quad \text{概率为} \frac{k}{T}(1-q) + \frac{T-k}{T}r \tag{9.23}$$

初始状态为 (N,K), 吸收状态 (见附录 A) 为 $(0,k)$, $k = \text{Max}\{0, K - N\}, \cdots, K$。注意: 如果 UCAV 具有完美的灵敏度和特异性, 即 $q = r = 1$, $N > K$, 并且 UCAV 已知 VT 的数量, 那么状态 $(n,0)$, $n = 1, 2, \cdots, N - K$ 也是吸收的, 道理在于一旦所有 VT 被消灭, UCAV 将离开目标区。可能的状态为

$$
\begin{aligned}
& (N, K) \\
& (N-1, K), (N-1, K-1) \\
& (N-2, K), (N-2, K-1), (N-2, K-2) \\
& \cdots \cdots \\
& (0, K), (0, K-1), \cdots, (0, \text{Max}\{0, K-N\})
\end{aligned}
\tag{9.24}
$$

并且状态的数量为

$$
S = \begin{cases} (K+1)\left(\dfrac{K+2}{2}+N-k\right) & N > K \\[3mm] \dbinom{N+2}{2} & N \leqslant K \end{cases} \tag{9.25}
$$

从现在开始, 假设 UCAV 的载弹量不大于目标区内 VT 的数量, 就是说, $N \leqslant K$。在此情形下, 吸收状态的数量为 $N+1$ (见式 (9.24) 中最后一行), 并且过渡状态 (见附录 A) 的数量为 $\dbinom{N+1}{2}$。

马尔可夫转移矩阵可以写成

$$
\boldsymbol{M} = \begin{bmatrix} \boldsymbol{I}_{n+1} & 0 \\ \boldsymbol{R} & \boldsymbol{Q} \end{bmatrix} \tag{9.26}
$$

式中: $\boldsymbol{I}_{n+1}$ 是一个与吸收状态相对应的 $(N+1) \times (N+1)$ 单元矩阵: $\boldsymbol{Q}$ 是一个与过渡状态相对应的 $\dbinom{N+1}{2} \times \dbinom{N+1}{2}$ 矩阵; 而 $\boldsymbol{R}$ 是一个 $\dbinom{N+1}{2} \times (N+1)$ 矩阵, 表示由一个过渡状态向一个吸收状态的转移。被毁伤 VT 数量的概率分布由 $(I-\boldsymbol{Q})^{-1}\boldsymbol{R}$ 中的第一行给出, 其中 I 是一个 $\dbinom{N+1}{2} \times \dbinom{N+1}{2}$ 单元矩阵 (见附录 A)。注意: $(I-\boldsymbol{Q})^{-1}\boldsymbol{R}$ 的第一行对应于第一枚弹药发射之前的任务初始状态。对一个临时状态 (n,k) 的期望访问次数 $\mu_{(n,k)}$, 为 $(I-\boldsymbol{Q})^{-1}$ 中第一行的第 (n,k) 项 (见附录 A), 因而, 任务的期望持续时间为

$$
E[\text{Time}] = E_D \sum_{(n,k)\text{过渡}} \mu_{(n,k)} + NE_A \tag{9.27}
$$

例 9.5 一架携带有 $N=3$ 枚弹药的 UCAV, 被发射出去攻击一个目标区, 该地域内包含 $T=12$ 个目标, 其中有 $K=6$ 个 VT。VT 的识别概率 $q=0.7$, NVT 的识别概率 $r=0.8$。杀伤概率 $p=0.5$。平均发现间隔时间 $E_D = 3\,\text{min}$, 平均攻击时间 $E_A = 0.5\,\text{min}$。根据式 (9.25), 存在 10 个状态, 其中 4 个状态是吸收的。转移矩阵 (见 *Chapter9.xls* 中工作表 "可回收型") 为

状态	(0,6)	(0,5)	(0,4)	(0,3)	(3,6)	(2,6)	(2,5)	(1,6)	(1,5)	(1,4)
(0,6)	1	0	0	0	0	0	0	0	0	0
(0,5)	0	1	0	0	0	0	0	0	0	0
(0,4)	0	0	1	0	0	0	0	0	0	0
(0,3)	0	0	0	1	0	0	0	0	0	0
(3,6)	0	0	0	0	0.55	0.28	0.18	0	0	0
(2,6)	0	0	0	0	0	0.55	0	0.28	0.18	0
(2,5)	0	0	0	0	0	0	0.59	0	0.26	0.15
(1,6)	0.28	0.18	0	0	0	0	0	0.55	0	0
(1,5)	0	0.26	0.15	0	0	0	0	0	0.59	0
(1,4)	0	0	0.25	0.12	0	0	0	0	0	0.63

其中 $M=$ 位于表左侧。

M 中高亮部分为子矩阵 Q。矩阵 $I-Q$ 为

$$\begin{pmatrix} 0.45 & -0.3 & -0.2 & 0 & 0 & 0 \\ 0 & 0.45 & 0 & -0.3 & -0.18 & 0 \\ 0 & 0 & 0.41 & 0 & -0.26 & -0.15 \\ 0 & 0 & 0 & 0.45 & 0 & 0 \\ 0 & 0 & 0 & 0 & 0.41 & 0 \\ 0 & 0 & 0 & 0 & 0 & 0.37 \end{pmatrix}$$

并且, 其逆矩阵 $(I-Q)^{-1}$ 为

$$\begin{pmatrix} 2.22 & 1.36 & 0.95 & 0.83 & 1.19 & 0.38 \\ 0 & 2.22 & 0 & 1.36 & 0.95 & 0 \\ 0 & 0 & 2.45 & 0 & 1.57 & 0.97 \\ 0 & 0 & 0 & 2.22 & 0 & 0 \\ 0 & 0 & 0 & 0 & 2.45 & 0 \\ 0 & 0 & 0 & 0 & 0 & 2.73 \end{pmatrix}$$

利用式 (9.27), 可以得出期望行动持续时间为

$$E\,[\text{time}] = 3 \times (2.22 + 1.36 + 0.95 + 0.83 + 1.19 + 0.38) + 3 \times 0.5$$
$$= 22.3(\text{min})$$

从 $(I - Q)^{-1}$ 的第一行, 可以得出概率分布:

状态	(0,6)	(0,5)	(0,4)	(0,3)
	0.23	0.46	0.27	0.04
	0.37	0.49	0.14	0.00
	0.00	0.41	0.47	0.11
	0.61	0.39	0.00	0.00
	0.00	0.64	0.36	0.00
	0.00	0.00	0.68	0.32

UCAV 所携带的三枚弹药中①, 每一枚杀伤一个 VT 的概率为 0.04, 而无一成功 (状态 (0,6)) 的概率为 0.23。

9.4 小结、扩展和深入阅读

在本章中, 我们展示了两类 UAV 模型: 9.2 节中用于 UAV 航线规划的说明性模型和 9.3 节中用于 UCAV 自主部署的描述性模型。这些简单而基本的模型展示了决定 UAV 行动的主要因素 —— 时间、生存能力、探测能力和记忆力 —— 突出强调了 UAV 建模的主要特征 —— 航线规划、时间安排和效能评估。这些模型可以从几个方面予以扩展, 现简要叙述如下。

9.4.1 优化 UAV 运用

虽然 9.2 节中的模型逼真地反映了 UAV 作战行动的目标函数, 如完成任务时间、完成任务概率和发现目标概率, 但它们忽略了许多在此背景下的典型约束条件。由于存在后勤约束, UAV 的续航能力可能是有限的, 因此在最优化模型中, 维修和燃油补给必须有所体现。还可能存在物理约束, 这与 UAV 的具体飞行能力有关, 不仅仅是地形, 此类约束将限制 UAV 的机动能力, 进而限制其可用航线。此外, 所展示的模型是二维的, 理由是只考虑了 UAV 配置地点的地面发射 —— (i,j) 坐标。实际上, UAV 所处高度也会影响它完成任务的能力, 因此这一点必须考虑在内。

此外, 9.2 节中的模型只对一架 UAV 的运用进行了优化。在许多战斗场景中, 地面部队可能操控远远不止一架 UAV。在此类场景中, 挑战在于

---

① 原文为三架 UCAV, 与上文有出入, 译者注。

有效协调各架 UAV 的飞行航线和时间安排, 从而使目标函数得以优化。在这种多架 UAV 的场景中, 有更多约束关系到飞行安全 —— 不同 UAV 飞行模式间的冲突化解, 控制 —— 将 UAV 分配给地面控制中心, 最重要的是, 有效管理和融合来自各 UAV 传感器的信息。科瑞斯和罗伊斯特 (2008) 提出了一个模型, 表达了上文提及的多架 UAV 背景下的一些扩展因素。阿里汉巴里和豪 (2008) 提出了一种鲁棒的 UAV 任务指派方法, 还有拉斯姆森和希玛 (2008) 开发了一种树形搜索算法, 以解决将共同行动的 UAV 指派给多项任务的问题。UAV 在搜索任务中的最优部署和运用属于一类特殊的搜索问题 (第 7 章有所讨论)。戴尔等 (1996) 研究了 "限定路线、运动目标背景下" 的多重搜索问题, 其成果有可能适用于 UAV。

9.4.2　无人战斗机

在 9.3 节中, 我们展示了两个针对单架 UAV 的描述性模型。现实当中, UCAV, 特别是一次性使用型 UCAV, 多采用成群部署, 在目标区上空巡航。类似于多重搜索 UAV, 一个关键性问题是如何协调 UCAV, 以及所作协调对任务执行结果有哪些影响。9.3.1 节中模型的一个简单扩展是运用一群一次性使用型 UCAV 攻击一群目标 (如一个营的装甲车辆)。与 9.3.2 节中的马尔可夫模型相类似, 一种战斗状态可以用一对 (n,k) 来表示, 其中 n 为 UCAV 的数量, k 为 VT 的数量。然而, 不同于 9.3.2 节中的单架可回收型 UCAV 携带多枚弹药, 如果缺乏协调, 两架或多架一次性使用型 UCAV 可能同时独立捕获同一个 VT, 从而浪费宝贵的攻击资源。这种情形会引出一个更为复杂的马尔可夫模型, 科瑞斯等 (2006b) 对此有所描述。

9.3.2 节中所描述的模型, 以及上文所提论文中的模型, 限于讨论同类目标和同类 UCAV。如果付出大量计算成本, 这些模型可以得到扩展, 用来解决非同类目标和多类 UCAV 的场景。其他值得关注和潜在的重要扩展是将决策规则融入其中, 使 UCAV 表现出一定程度的认知能力。特别地, 实际上灵敏度和特异性概率均有可能取决于 UCAV 查明一个目标所需时间。这方面的特征在当前的模型尚未涉及, 并有可能引出值得关注的最优化模型。

习　题

9.1 考虑例 9.1 并且假设由于作战或者安全因素, UAV 无法飞越边 (0,1)。利用 $Chapter9.xls$ 中工作表 "情报 — 生存能力", 回答下列问题 (提示: 赋予 t_{01} 一个非常大的值)。

  (1) 任务能否在 8 min 内, 以不低于 0.7 的生存概率完成?

    答案: 不能。

  (2) 如果想在 7 min 内完成任务, 最优航线是哪条? 并且 UAV 安全到达目的地的概率是多少?

    答案: $(0,2),(2,6),(6,9),(9,10)$; 0.353。

  (3) 如果要求完成任务的概率是 0.6, 最快航线是哪条?

    答案: 没有可行航线。

9.2 考虑例 9.1。根据补充的情报信息, 决定 UAV 的飞行航线必须经过途中基准点 8。写出一个对式 (9.1) ~ 式 (9.3) 的附加约束条件, 以反映这一要求。

    答案: 要求 $X_{28} + X_{58} = 1$。最优解应该是使 UAV 从途中基准点 8 飞向途中基准点 9 ($X_{89} = 1$)。

9.3 军队正在考虑采用两种备选的一次性使用型 UCAV: UCAV1, 无记忆、续航能力有限但具有高特异性, 而 UCAV2 具有无限的续航能力、完全记忆力, 但特异性较低。具体来说, UCAV1 的探测速率 $\lambda = 1$, 续航时间 $\tau = 15$ min, 特异性 $r = 0.95$。UCAV2 的特异性 $r = 0.7$。两种 UCAV 的灵敏性和杀伤概率相同, 分别为 $q = 0.7$, $p = 0.5$。其他所有参数 (如成本、维修、互操作性) 假设相同。基准场景是一个存在 10 个目标 (其中 5 个为 VT) 的目标区。哪种 UCAV 效能更高? 利用 $Chapter9.xls$ 中两个 "一次性使用型" 工作表。

    答案: UCAV1。P_K(UCAV1)=0.465, P_K(UCAV2)=0.359。

9.4 考虑例 9.5, 目标数 $T = 30$, VT 数 $K = 17$。

  (1) 计算 VT 被毁伤数的期望值,

  (2) 将被毁伤 VT 数的期望值作为目标区中 VT 数的函数, 绘制曲线图。

    答案: (1) 1.22。

第 10 章

恐怖和叛乱

反恐就好像担任守门员,就算
你有一百次精彩扑救,可人们只会
记住你漏掉的那个球。

保罗·威尔金森

10.1　引言

截止到目前,所研究的是"纯"军事局势,其道理在于所有参与者均为既定的国家军事实体,如地空导弹发射连、步兵营、空军中队、无人机群或海军舰船编队等。此前各章所描述的武力交战、战斗局势以及冲突等情形,均发生在这些典型的军事实体之间。在这一章我们扩展一下范围,考察那些非政府的暴力参与者,如恐怖组织、游击队和叛乱分子 —— 本节总称其为反叛 (者)。

针对平民的恐怖活动和针对政府的叛乱活动是那些非政府的个人或组织所为的行径。由于地球上适宜人类居住的部分分成许多国家,叛乱分子必然栖身于某个 "东道" 国。如果这个东道国本身就是叛乱分子的目标,那么这些非政府的参与者必然小心翼翼地伪装藏匿于国家警察和军队的视线之外,并依赖民众的支持。由此推知叛乱分子所用武器必然是相对简单和小型的。为了发展壮大和采取行动,他们必须特征不明显。叛乱分子不像许多国家那样,维持飞机、坦克或舰船库存,而是取决于小型武器、简易爆炸装置、生物制品、毒药和其他无须永久性暴露其中即可引起伤害的手段。

由国家力量平息叛乱有时称为非对称或非正规作战。非对称性体现在三个方面: 军队规模、军事能力和情报。单就实体力量估计而言, 叛乱武装在能力上是无法与国家武装力量相提并论的; 政府武装可用的战斗人员数目至少比作乱的叛军大一个数量级 (如 2007 年 6 月, 有超过 500 000 联军和伊拉克安全部队在伊拉克执行任务, 而叛军估计只有 15 000 到 70 000 人, 奥汉仑和坎贝尔, 2007)。政府军通常装备更为精良, 训练更为有素, 他们作战所用武器系统比叛军更加先进和有效。叛军唯一的优势在于其行踪捉摸不定和真伪难辨。与目标交战时, 政府军拥有有效的军事手段和打击能力, 但问题是他们发现不了目标。也就是说, 政府军不明情况。而另一方面, 叛军有许多暴露的目标可供选择, 其态势感知无论是对平民还是军事目标, 都几乎是清晰明了的。

在这一章, 我们探讨与恐怖和叛乱相联系的三类问题。10.2 节给出了一个在人群密集场所自杀式炸弹的效果评估模型, 并特别对人群阻挡效果进行了建模和评估。第二个问题是关于以故意散播传染媒为形式的生化恐怖主义。10.3 节以天花为例, 对前一问题展开讨论, 并基于古典的易感 — 感染 — 康复 (SIR) 模型 (安德森和梅, 1991), 提出了一个流行病学模型。这个流行病学模型采用预防接种能力与其他参数的函数, 描述了大面积预防接种过程, 评估了所需隔离能力以及死亡数字。最后, 在 10.4 节, 给出了基于兰彻斯特方程的一个简单动力学模型, 描述了叛乱以及在政府平叛行动中民众态度的演化。

10.2 自杀式炸弹的效果

涉及自杀式炸弹 (SB) 的恐怖事件是政府最为关切的问题之一, 这主要是由于其对民众的心理影响效果有可能被媒体的宣传所放大。典型的自杀式炸弹事件发生在相对较小的人口密集场所, 如饭馆、公交车和车站, 下文称为现场。自杀式袭击者进入现场, 试图引爆他所携带的炸弹以使伤亡人数最大。在这一节, 我们将建立一个模型, 目的是研究这种炸弹的效果, 这是一个各相关参数, 特别是现场人群密度的函数。

人们通常预料, 伤亡数目会随着人群密度的增加而增加, 尽管其增加率是递减的, 并且对固定数目人群, 会随着现场范围的增大而减少。第一个结论的道理在于人群密度越高,炸弹的随机碎片击中人身的概率也会增加,因此也增加了伤亡的期望数。基于类似道理,第二个结论似乎也是合理的;对固定规模的人群,现场区域越大,则意味着密度越低。

我们将证明实际情形并非必然如此。人群阻挡对期望伤亡数具有重要影响。人群阻挡效应就是指某些人由于其他人的盾护而免受自杀式炸弹碎片的伤害,而那些人正好站在自杀式炸弹和受保护者之间。这里给出的自杀式炸弹模型见于科瑞斯的文章 (2005a)。开普兰和克雷斯的文章 (2005) 描述了一个扩展模型,用以考察自杀式炸弹减缓策略的效能。

10.2.1 碎片扩散

一个典型的自杀式袭击者将爆炸物绑在腰带上,隐藏在大衣或长衬衫下面。爆炸物含有炸药和小金属片如螺钉和铁钉。自杀式袭击者试图尽可能置身于人群中心,然后引爆炸弹。炸弹的金属碎片呈束状喷射形式向外扩散,击中自杀式袭击者附近人群。由于炸药量相对较少 (3 kg ~ 4 kg),因此假定炸弹碎片的能量可以伤害无遮蔽的人,或者以较低的概率伤害恰好站在暴露者后面的人。有效碎片 —— 具有潜在效力的碎片数 —— 大约占腰带中碎片的一半,另外一半浪费在自杀式袭击者自己身上。假定炸药和碎片均匀分布在腰带上,腰带用整个圆圈表示,如图 10-1 所示。

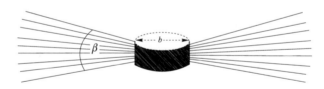

图 10-1   自杀腰带及其 (爆炸碎片) 喷射束

令:

N —— 喷射束中的有效碎片数;

R —— 距自杀式袭击者腰带的距离;

b —— 自杀腰带的直径 (人体的平均直径);

β —— 有效喷射束的散射角;

$P_H(R)$ —— 暴露的人在距离 R 处被击中的概率。

首先计算在距自杀式袭击者 R 处的碎片密度。

如图 10-1 所示,喷射束在垂直方向的分布夹角为 α,α 在 $\left(-\dfrac{\beta}{2}, \dfrac{\beta}{2}\right)$ (相对于炸点引出的水平线) 之间。炸点为球体中心,如图 10-2 所示。在

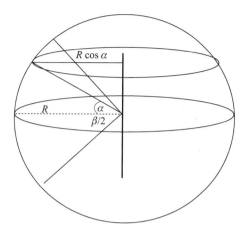

图 10-2　扩散面积

距离 R 处的弧长为 $\mathrm{d}s = R\mathrm{d}\alpha$。夹角 α 所对的整条圆周带的表面积为 $2\pi R\cos\alpha R\mathrm{d}\alpha = 2\pi R^2\cos\alpha\mathrm{d}\alpha$。因此在距离 R 处总扩散面积为

$$2\int_0^{\frac{\beta}{2}} 2\pi R^2\cos\alpha\mathrm{d}\alpha = 4\pi R^2\int_0^{\frac{\beta}{2}}\cos\alpha\mathrm{d}\alpha = 4\pi R^2[\sin\alpha]_0^{\frac{\beta}{2}} = 4\pi R^2\sin\frac{\beta}{2} \quad (10.1)$$

从而推得在距离 R 处的碎片密度为

$$\sigma_R = \frac{N}{4\pi R^2\sin\frac{\beta}{2}} \quad (10.2)$$

用直径为 b, 高度为 cb, $c > 1$ 的圆柱表示模型中的人。圆柱暴露给炸弹碎片 A 的区域近似为一个矩形, 宽度为 b, 高度由扩散角 β 决定, 如图 10-3 所示, 即

$$A = b\mathrm{Min}\{2R\tan(\beta/2), cb\} \quad (10.3)$$

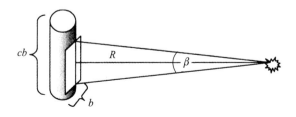

图 10-3　暴露面积

假设碎片均匀独立扩散, 人在距离 R 处至少被一个碎片击中的概率为

$$P_H(R) = 1 - \left(1 - \frac{A}{4\pi R^2 \sin \frac{\beta}{2}}\right)^N \tag{10.4}$$

由式 (10.2) 推出

$$P_H(R) = 1 - \left(1 - \frac{A}{N/\sigma_R}\right)^N \approx 1 - \mathrm{e}^{-A\sigma_R} \tag{10.5}$$

假设炸药效能和现场大小使得空气阻力和重力不至于对碎片的轨迹和能量产生重大影响。碎片杀伤力不会随着距离增大而消失。

10.2.2 现场建模

某些典型的自杀式炸弹袭击现场, 如饭馆, 可以表示为以自杀式炸弹为中心的圆形区域。令 R_0 表示自杀式炸弹 (炸药腰带) 到爆炸现场边缘的距离。假设人群在现场随机均匀分布。为便于建模起见, 可以方便地把圆形现场看作宽度为 b 的一系列 M 个同心圆环。每个人都在某个圆环内占据一个直径为 b 的圆形孔。特别地, 自杀式袭击者位于中心孔, 如图 10-4(a) 所示。

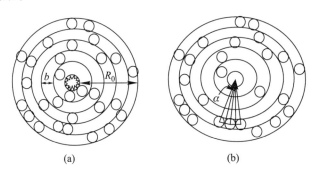

(a)   (b)

图 10-4　现场

可能落入第 m 个圆环内的圆形数目 a_m, 取决于炸点与圆环 m 内一个小圆圆心之间连线与该圆过炸点的切线之间的夹角 α_m, 如图 10-4(b) 所示, 即 $a_m = \dfrac{2\pi}{2\alpha_m}$。但是 $\sin \alpha_m = \dfrac{b/2}{mb} = \dfrac{1}{2m}$; 因此 $\alpha_m = \arcsin(1/2m)$, 并且

$$a_m = \frac{\pi}{\arcsin(1/2m)}, \quad m = 1, 2, \cdots, M \tag{10.6}$$

显然上式不取决于 b, 此后, 取 $b = 1$。

能够验证 (至少对 $M \leqslant 200$ 成立, 远多于我们所需的自杀式炸弹现场圆环数), 只有当 $m = 1$ 时, a_m 为整数 ($a_1 = 6$)。假设在每一个圆圆环内, 挤满小圆孔, 可能有少量重叠, 令 $k_m = \lceil a_m \rceil$, 即 k_m 为 a_m 的取整函数。定义第 m 圆圆环的重叠因子为

$$d_m = \frac{k_m - a_m}{k_m} \tag{10.7}$$

例如, 对 $m = 1, 2, 3, 4, 5, 6$, 其重叠因子分别为 $0, 0.04, 0.01, 0.04, 0.02, 0.01$。对较大的 M 值, d_m 甚至变得更小, 因为在式 (10.6)[①]中, 分子不大于 1, 而分母随 m (严格) 单调递增。如图 10-5 所示 $m = 1, 2$ 的情形, 注意在第二个圆环内小圆稍微有些重叠。

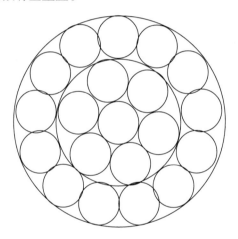

图 10-5   圆孔数目 ($k_1 = 6$, $k_2 = 13$)

这些重叠是少量的, 可以通过稍微增加圆环的宽度而去掉重叠。此后假设现场第 m 个圆环含有 k_m 个圆孔。令

$$K(m) = \sum_{n=1}^{m} k_n \quad m = 1, 2, \cdots, M \tag{10.8}$$

$K(M)$ 为现场可能人数 (不包括自杀式袭击者) 的最大值。例如, 如果 $M = 10$, 则 $K(m) = 6 + 13 + 19 + 26 + 32 + 38 + 44 + 51 + 57 + 63 = 349$。由于假设人群在现场是随机均匀混合的, 所以在第 m 个圆内的期望人数为

$$\mu_m = \frac{k_m}{K(M)} L \tag{10.9}$$

---

① 应为式 (10.7), 原文有误, 译者注。

式中: L 为现场人数。

10.2.3 人群阻挡的效果

伤亡数取决于现场人群的空间分布。某些人挡住了碎片, 可能变成另外一些人的盾。如图 10-6 所示, B1 完全遮挡了目标 (Target, T), B2 则部分遮挡了目标。

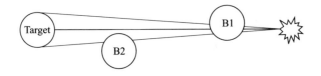

图 10-6 部分和全部阻挡

当且仅当目标中心得到屏护, 免遭束状喷射伤害时, 可以假设目标 (人) 是受到保护的, 不致被沿其路线运动的碎片伤害。也就是说, 当且仅当至少存在一个人, 刚好阻挡住自杀式炸弹炸点中心到目标中心的视线 (LOS) 时, 目标是安全的。图 10-6 中 B1 保护了目标, 而 B2 则不能保护目标。我们不从人数的角度, 而是通过考察各圆环内的圆孔来描述这种情形。这样, 当且仅当在 $1, 2, \cdots, m-1$ 圆环内, 至少有一个圆孔被占据并且与视线 SB-T 相交时, 圆环 m 内的人 (T) 是受到保护的。

鉴于每个圆环内挤满了圆孔, 在每一个圆环 $1, 2, \cdots, m-1$ 内, 恰好有一个圆孔和视线 SB-T 相交。由此推知, 当且仅当这 $m-1$ 个圆孔中至少有 1 个由现场其他 $L-1$ 个人占据时, T 是安全的。记该事件补的概率 (也就是 m 圆环内的一个目标处于暴露状态而易受爆炸伤害的概率, 给定现场有 L 个人) 为 $\pi(L, m)$。考虑在 m 圆环内的某个人, 由于人在现场独立均匀分布, 其余 $L-1$ 个人中的第一个人不会占据阻挡圆孔的概率, 即为该人由 $K(m)-1$ 个可用圆孔中的 $K(m)-m$ 个空位圆孔中选择一个的概率。第二个人可以在 $K(m)-2$ 个可用圆孔中的 $K(m)-m-1$ 个空位圆孔中选位, 依此类推。就有

$$\pi(L, m) = \begin{cases} \prod_{l=1}^{L-1} \left(1 - \dfrac{m-1}{K(M)-l}\right) & L < K(M)-m+2 \\ 0 & 其他 \end{cases} \tag{10.10}$$

容易看出 $1 = \pi(L, 1) \geqslant \pi(L, 2) \geqslant \cdots \geqslant \pi(L, M)$。

被碎片直接击中所造成的伤亡叫做主要伤亡。在第 m 个圆环内, 主要伤亡数的数学期望为

$$E_{L,m} = \mu_m \times \pi(L,m) \times P_H(m) \tag{10.11}$$

由式 (10.5) 得

$$P_H(R) = 1 - e^{-A\sigma_R} = 1 - e^{-\frac{N\mathrm{Min}\{2m\tan\beta/2,c\}}{4\pi\sin\frac{\beta}{2}m^2}} \tag{10.12}$$

主要伤亡总数的期望为

$$E_L(M) = \sum_{m=1}^{M} E_{L,m} \tag{10.13}$$

次发伤亡是指刚好位于位置暴露而被碎片击中人员后面的人员伤亡。在本模型中, 如果恰好有一个圆孔 A 阻挡了 B 和自杀式炸弹之间的视线, 并且圆孔 B 与 A 相切, 则人员 B(圆孔 B) 就易受次发伤亡。换句话说, 如果 m 圆环内有一个人位于 $m+1$ 圆环内一个人和自杀式炸弹之间, 则 $m+1$ 圆环内的这个人就易受到次发伤亡。给定直接屏护已经被击中, 假设次发伤害独立发生, 概率为 q。当 $m-1$ 和 m 圆环内位于视线上的圆孔被占据, 而 $1,2,\cdots,m-2$ 圆环内位于视线上的圆孔未被占据时, 在 m 圆环内就可能发生次发命中的情形。事件 $A = \{$沿视线圆孔 $1,2,\cdots,m-2$ 空位$\}$ 是两个不相交事件 B 和 C 的并: $B = \{$沿视线圆孔 $1,2,\cdots,m-1$ 空位$\}$, $C = \{$沿视线圆孔$1,2,\cdots,m-2$ 空位且圆孔 $m-1$ 占位$\}$。所关心的事件 C 概率为 $P(C) = P(A) - P(B) = \pi(L,m-1) - \pi(L,m)$。显然, 这类事件仅从第二个圆环向外才有可能发生。这样在 m 圆环内, 一个人易受主要伤亡的概率为 $\pi(L,m)$, 易受次发伤亡的概率为 $\pi(L,m-1) - \pi(L,m)$。此人被碎片击中的概率为 $\pi(L,m)P_H(m) + q(\pi(L,m-1) - \pi(L,m))P_H(m-1)$。从而推出在 m 圆环内, 主要伤亡和次发伤亡人数的期望值为

$$\hat{E}_{L,m} = \begin{cases} E_{L,m} & m = 1 \\ \mu_m[\pi(L,m)P_H(m) + q(\pi(L,m-1) - \pi(L,m))P_H(m-1)] & m > 1 \end{cases} \tag{10.14}$$

10.2.4 分析

图 10-7 和图 10-8 表示在完全阻挡 $(q = 0)$ 和部分阻挡 $(q = 0.5)$ 情形下, $E_L(M)$ 作为人群数量函数的取值。考察 $M = 10, 20$ 两种现场范围, 以

及喷射束的两个夹角值 $\beta = 10°, 60°$。假定碎片数为 $N = 100$，人的平均身高为其宽度的 3.5 倍 $(c = 3.5)$ 参见 $Chapter10.xls$ 中的工作表 SB。

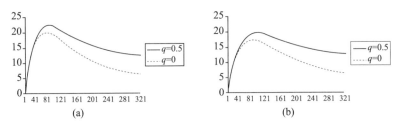

图 10-7　伤亡期望数 $(M = 10,\ \beta = 10°\ (a),\ 60°\ (b))$

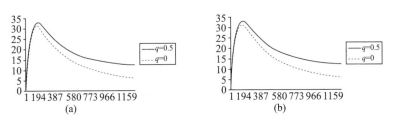

图 10-8　伤亡期望数 $(M = 20,\ \beta = 10°\ (a),\ 60°\ (b))$

图 10-7 和图 10-8 表明自杀式炸弹的效果并不一定是随着现场人数增加而增加的。在某一界限之外，伤亡的期望数变得更小。这种现象归因于人群阻挡，并且随着人群密度的增加这种现象越明显。注意在完全阻挡情形下 $(q = 0$，仅有主要伤亡$)$，伤亡的期望数减少到 6。这个结果总体上是真实的，理由是当现场挤满人时，爆炸的效果被限制在第一圆环 $(k_1 = 6)$。爆炸的效能也取决于喷射束夹角的大小。夹角较窄的喷射束，其效果强于较宽的喷射束。还注意到只有当现场拥挤时，所增加的次发伤害才是明显的。在低密度现场，只有碎片直接碰击影响伤亡数。

图 10-9 描绘了现场范围对伤亡期望数的影响效果。假设人群人数 $L = 100$，现场范围由 $M = 6$ (能容纳 100 人的最小现场范围) 变化到 $M = 50$。假定是完全遮挡 $(q = 0)$。

从图 10-9 中可看出，现场范围的大小对损伤程度的影响是非单调性的。对某个人群 (例如 $L = 100$)，在某一个容量 $(M = 25)$，达到最大伤害数。

图 10-7 ~ 图 10-9 所显示的结果看起来和现实自杀式炸弹事件的相关数据是一致的，不过用严格的统计分析证明模型的数值结果是困难的，虽

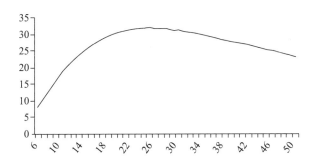

图 10-9 伤亡期望数为现场范围的函数 ($\beta = 10°$)

然这并非不可能。首先, 在实际事件发生当时, 没有现场人数 L 和现场大小的可靠记录, 充其量可以通过采访目击者估计这些数字。其次, 在自杀式炸弹袭击中, 虽然碎片是主要致命原因, 而某些牺牲者则死于冲击波效应。此外, 尽管所记录的某些伤害和精神性休克与次发伤害有关, 如碎屑引起的割伤和擦伤, 其中大部分仍可能是直接由碎片撞击所引起的。第三, 自杀腰带中有效碎片数也只能是估计值。第四, 自杀式炸弹在现场的位置也影响结果。一些自杀式爆炸事件伤亡相对较小, 主要原因是部分成功拦阻了自杀式炸弹, 或自杀式炸弹在现场主要区域之外自我引爆。

模型可能忽略的一个方面是, 在自杀式炸弹威胁即将发生的情况下, 一个自然的反应是逃跑, 从社会安宁的角度看, 这未必是最好的策略。在某些现实情形下, 如此反应实际会增加伤害的期望数。奋不顾身地扑向未爆炸的手榴弹以保护同志, 这种战士的本能天性是正当的。被忽略的另一个事实是此类模型和分析能够有助于我们识别对自杀式袭击者最具吸引力的情形, 从而更好地采取保护措施。

10.3 生化恐怖应对策略 —— 天花案例

在反恐战争中, 对涉及传染媒的生化恐怖做出响应是当局的主要关切。为有效应对此类威胁, 必须做出许多作战和后勤决策。这些决策可以粗略地分为两级: 结构 (战略) 性决策, 它是在可能的生化袭击发生之前, 预先做出的决策, 操作性 (实时) 决策, 它是在事件发生期间必须做出决策。

某些结构性问题如下:

(1) 确定生产和库存疫苗有多少;

(2) 选择供应管理策略, 对疫苗剂量和其他相关补给品进行分配、配

置和库存管理;

 (3) 建立基础设施 (预防接种站、检疫机构、运输能力等);

 (4) 选择预防接种程序 (如单纯接种、接种前筛查禁忌症等);

 (5) 确定人力需求和人事安排。

 操作性 (实时) 问题包括:

 (1) 侦测和鉴别生化恐怖事件类型;

 (2) 管理接触人群追跟踪过程 (如果采用);

 (3) 确定监控、隔离、检疫、追踪和预防接种等力量的优先级;

 (4) 协调疫苗和其他补给品的供给链;

 (5) 识别响应过程中的瓶颈和潜在的阻碍;

 (6) 确定医疗服务能力和服务率。

 最关键的决策之一 (有结构性成分, 也有操作性成分) 是采用何种预防接种策略。预防接种策略分为两级。第一级, 决策者本质上必须在两个选择之间抉择: 未雨绸缪的策略, 对整个人群实施预先的预防接种, 和 "相机行事" 策略, 随着疾病爆发, 开始实行袭击后应急响应 (接种、宵禁、隔离) 方案。这两种策略有可能混合实施, 例如, 仅对第一批响应人员 (如卫生保健人员和法律执行人员) 实行预先接种。社会学和心理学因素 (真的有威胁吗? 还是只是捕风捉影?) 加上医学因素 (对疫苗负效应副作用的恐惧), 常常阻碍决策者采取重大的预先行动。

 如果没有采取重大的预先防范措施, 第二级的问题则是采取哪种事后预防接种策略。两种主要策略是大面积预防接种和跟踪预防接种。在大面积预防接种中, 需动用最大预防接种能力对整个人群进行无一例外地疫苗注射。在跟踪预防接种 (也称为环形或定向) 接种, 只需动用有限的预防接种能力有选择地对感染症状的个人接触者 (或嫌疑接触者) 进行疫苗注射。在这一节, 我们构建一个描述性模型, 用来分析针对高传染性天花流行病的大面积预防接种的效能。

10.3.1   流行病与可能的干预措施

 设想恐怖分子在公众场合释放了天花病毒, 直到一些出现症状的患者被报道和诊断出来后, 当局才意识到事件的发生。一旦检测出传染病, 响应机制即行启动, 可能包括隔离、检疫、追踪感染 (及确诊) 人群接触者, 对某些或全体民众进行预防接种。天花有一个潜伏期, 在此期间, 被感染个体既没有症状也不会传染。潜伏期分为两个时间段: 可免疫期 (也称疫苗敏感期) 和非免疫期。假定在可免疫期接种疫苗对感染和未感染人群是完全有效的。在非免疫期, 接种无效, 因此被感染人群将最终发病。一旦潜伏期结束, 感染人群就会出现症状, 并且只要症状持续, 就一直具有传染性。康复者具有免疫力而且不再传染。

图 10-10 表达了疾病发展阶段。在任意给定时刻 t, 未预防接种人群分为六个可能阶段: S—— 易受感染; A—— 已被感染但不传染, 且可免疫; B—— 已被感染但不传染, 不可免疫; I—— 已被感染, 传染, 未隔离; Q—— 已被感染, 传染, 已被隔离 R—— 已排除 (已康复、已接种、死亡)。图 10-10 给出了这些阶段之间的转换。一旦传染病被识别出来, 所检测出 (出现症状) 的感染人群 (阶段 I) 即被隔离 (进入阶段 Q), 并且启动接种疫苗过程。在阶段 S、A 和 B, 仅对无症状人员施行疫苗接种。疫苗接种对处在阶段 S 和 A 的人有效, 但对 B 阶段的人则无效, 如图 10-10 所示。已检测出的有症状人员 (在阶段 I) 被立即隔离。

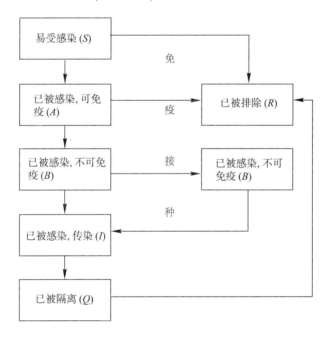

图 10-10　传染病发展阶段

10.3.2　一个大面积预防接种模型

该大面积预防接种模型是基于一般的 SIR 传染病模型 (安德森和梅,

1991), 其中仅考虑阶段 S、I 和 R。从现在开始, 我们使用同样的符号表示阶段名称及处在相应阶段的人群集合。SIR 模型是一组类似于第 5 章的确定型兰彻斯特模型的常微分方程 (ODE)。不过本章所给出的模型是采用差分方程的形式。这种形式与天花大面积预防接种过程的典型时间分辨率 (天) 更一致, 在计算上更易于处理。

$$S(t+1) = S(t)(1 - \gamma I(t))$$
$$I(t+1) = I(t)(1 + \gamma S(t) - \rho) \qquad (10.15)$$
$$R(t+1) = R(t) + \rho I(t)$$

式中: 参数 t 以天为单位。

新感染人数取决于易感 S 人群 (此后, 除非强调时, 略去自变量 t) 和感染 I 人群之间的交互, 它可以用这两个变量的积来测算。参数 γ 表示交互的强度。一个感染者在一天内被排除的概率为 ρ, 则平均排除为 ρI。从而易感人群数目下降率为 γSI, 感染者人数的净变化为 $\gamma SI - \rho I$。假设总人口是固定的: $S + I + R = P$。像第 1 章和第 5 章所描述的那样, 我们这里使用期望值分析 (EVA), 其理由是所涉及人口通常是大量的。人口较少时结果可能是不准确的。事实上, 在某些情况下, 式 (10.15) 中的状态变量甚至可能出现负值。

在天花案例中, 还需要考虑潜伏和隔离阶段。如此, 假设 $S + A + B + I + Q + R = P$。令 ω 表示每天疫苗接种能力并且假设接种完全有效。记住仅对处于阶段 S、A 和 B 的人群进行接种。如果处在 I 阶段的人出现在接种中心, 应假设其像其他人一样得到处置 (如登记、筛查), 确诊然后隔离。尽管不进行接种, 这些人也消耗疫苗接种能力。鉴于接种能力固定为 ω, 而 S、A、B 和 I 的值是随时间而变化的。由于假设接种队列是同质的, 理由在于它所反映的是未隔离和未排除人口的阶段分布。在给定的一天 t, 人群中的某个人通过接种中心的概率为 $V(t) = \text{Min}(1, \omega/(S(t) + A(t) + B(t) + I(t)))$。这样, 在接种中心, 进行隔离的处在阶段 I 的人数为 IV。在给定日子, 有比例为 λ 的处在 I 阶段人群, 未安排其出现在接种中心, 而是自发到接种中心之外的其他医疗机构 (家庭医生诊室、急救室) 接受诊断和隔离。这是一个离线 (off-line) 隔离过程, 其中有 $\lambda I(1-V)$ 个被感染者在到达接种中心之前就处在就诊和隔离状态。隔离者以比率 ρ 被排除 (死亡或康复)。令 α 和 β 分别表示每日从 A 阶段到 B 阶段, B 阶段到 I 阶段的转移比率。描述天花大面积预防接种过程演变的差分方程

组为

$$S(t+1) = S(t) - \underbrace{\gamma S(t)I(t)}_{\substack{\text{被感染的} \\ \text{易感人数}}} - \underbrace{S(t)V(t)}_{\substack{\text{接种易感} \\ \text{人数}}} \tag{10.16}$$

$$A(t+1) = \underbrace{\gamma S(t)I(t)}_{\text{新感染人数}} - \underbrace{\alpha A(t)}_{\substack{\text{从阶段 } A \text{ 转} \\ \text{移到 } B \text{ 的人数}}} - \underbrace{A(t)V(t)}_{A \text{ 阶段接种人数}} \tag{10.17}$$

$$B(t+1) = \underbrace{\alpha A(t)}_{\text{阶段 } B \text{ 新增人数}} - \underbrace{\beta B(t)}_{\text{转移到阶段 } I \text{ 的人数}} \tag{10.18}$$

$$I(t+1) = \underbrace{\beta B(t)}_{\substack{\text{阶段 } I \\ \text{新增人数}}} - \underbrace{I(t)V(t)}_{\substack{\text{接种过程隔离} \\ \text{的可传染人数}}} - \underbrace{\lambda I(1-V(t))}_{\substack{\text{到达接种中心前} \\ \text{隔离的可传染人数}}} \tag{10.19}$$

$$Q(t+1) = \underbrace{I(t)V(t)}_{\substack{\text{接种中心新} \\ \text{隔离人数}}} + \underbrace{\lambda I(t)(1-V(t))}_{\substack{\text{接种中心外} \\ \text{新隔离人数}}} - \underbrace{\rho Q(t)}_{\substack{\text{由隔离状态} \\ \text{排除人数}}} \tag{10.20}$$

$$R(t+1) = \underbrace{\rho Q(t)}_{\substack{\text{由隔离状态} \\ \text{排除人数}}} + \underbrace{(S(t)+A(t))V(t)}_{\text{接种生效人数}} \tag{10.21}$$

由于疾病传染和接种免疫, 分组人口 S (式 (10.16)) 随着时间减少。处在潜伏期 (A, 见式 (10.17)) 的人数随着感染而增加, 随着转入阶段 B 或由于预防接种转入阶段 R 而减少。方程 (10.18) 表示阶段 B 的动力学特征; 此阶段的人口集合由来自阶段 A 的人补充, 同时向阶段 I 释放发生症状的感染人群。已被感染, 发生症状, 传染的人口集合 I 的变化如式 (10.19) 所示。新增的出现症状和传染人口产生自阶段 B, 而现有的此类人口, 或者在接种中心, 或者向医疗机构报到而被排除。被隔离人口集合 (10.20) 以隔离速率增加 (见式 (10.19)), 随着人群的康复或死亡而减少。最后, "吸收" 阶段 R 由来自隔离状态和得到有效预防接种的人流而补充。

更为详细的天花接种免疫过程模型见于卡普兰等 (2002)、科瑞斯 (2005b) 和科瑞斯 (2006a) 等文献。

10.3.3 数值例子

考虑 1000 万人口。生化恐怖袭击造成的最初感染人数为 $A(0) = 1000$ 人。流行病参数 (见科瑞斯, 2005b, 2006a) 见表 10-1。差分方程式

(10.16) ～ 式 (10.21) 的求解见 *Chapter*10.*xls* 的工作表 Mass Vacc。图 10-11 和图 10-12 表明了在各种预防接种比例下, 流行病随时间的演变过程。图 10-11 表明感染和传染人群数 (阶段 I), 图 10-12 表明被隔离的感染人群数 (阶段 Q)。

表 10-1 流行病参数 (比率指每天所发生的)

值	定义	符号
10^{-7}	感染率	γ
0.33	从阶段 A 到 B 的转移率	α
0.087	从阶段 B 到 I 的转移率	β
0.33	从阶段 I 到 Q 的转移率 (离开预防接种过程)	λ
0.083	从阶段 Q 到 R 的转移率	ρ

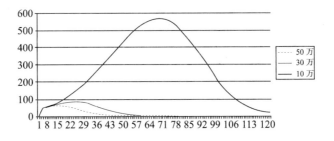

图 10-11　对应三种接种能力的新增感染伤亡数

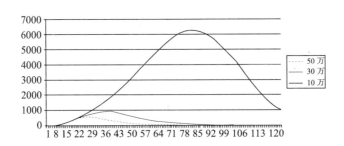

图 10-12　对应三种接种能力的隔离伤亡数 (阶段 Q)

首先, 我们做一个 (乐观的) 假设, 生化袭击一暴发, 当局立即有所察觉, 也就是说, 袭击后立即启动大面积预防接种过程。实际上, 生化恐怖袭击很可能是隐密进行的, 因此过一段时间才会检测出首批出现症状的患者

(阶段 I) (这种情形随后讨论)。

阶段 I 新增感染伤亡数为 βB (见式 (10.19))。图 10-11 给出了对应三种日接种能力 (ω=50万, 30万和 10万) 的新增感染和出现症状人数 (阶段 I), 此后称为伤亡数。

当日接种能力为 50 万、30 万、10 万时, 伤亡总数分别为 1508、2823 和 33576。显然影响效果是非线性的。例如, 如果日接种能力从 50 万减少到 10 万, 伤亡数增加了 22 倍以上。当日接种能力为 50 万时, 传染病的峰值在第 12 天出现 (新增伤亡数 60 人)。当日接种能力为 30 万和 10 万时, 峰值分别在第 21 天 (新增伤亡数 85 人) 和第 65 天发现发生 (新增伤亡数 563 人)。此外, 对应三种接种能力, 传染病分别在 63、78 和 156 天之后完全消除。

由模型和分析中, 得出一个重要的认识是它跟后勤有关, 所涉及问题是需要多大隔离能力。图 10-12 (看起来很像图 10-11) 表示在隔离中的伤亡数。所需隔离能力取决于这些图形的峰值。如果日接种能力为 50 万, 则需要 589 个隔离床位。如果日接种能力为 30 万, 则需要 913 个隔离床位。然而对应日接种能力 10 万, 所需隔离能力为 6266 个床位。

现实是疫苗接种过程在袭击之后几天才开始, 此时第一批出现症状的患者进入医疗机构, 当局准备就绪启动预防接种过程。令 d 表示从袭击当天到接种过程开始之日所经历的天数。图 10-13 表示对应三种延迟情形新增感染数: 无延迟、延迟 4 天和延迟 8 天。假设日接种能力为 50 万。当 d=0, 4 和 8 天时, 伤亡总数分别为 1508 (图 10-11)、2281 和 3289。

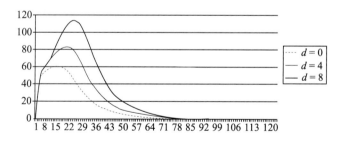

图 10-13　对应三种检测延迟情形的新增感染伤亡数

注意到传染病检测过程中的延迟对传染病的持续时间影响不大。图 10-14 表示在隔离状态下与时间相关的伤亡数。

当 $d=8$ 时, 所需隔离能力是没有延迟时所需隔离能力的两倍以上。

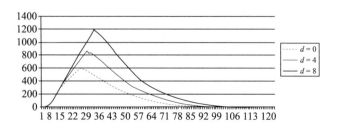

图 10-14 对应三种检测延迟的隔离状态下伤亡数 (阶段 Q)

10.4 平叛

叛乱分子利用其特征不明显和难以捉摸的特点, 对政府发动攻击。其生存及采取行动的效率和能力取决于他们同普通民众之间的联系。叛乱分子从民众中招募新人, 在后勤和安全方面依赖民众的支持。如引言所述, 叛乱分子的主要优势在于其捉摸不定和真伪难辨。就算政府军在火力和技术上占据明显优势, 问题却是他们发现不了叛乱分子目标。结果这些目标不仅可以规避政府军的打击, 继续进行叛乱活动, 而且由于政府军目标识别能力差而造成对普通民众的附带毁伤, 还可能产生普通民众对政府的逆反响应, 转而广泛支持叛乱分子。这种广泛支持又会催生叛乱分子新募人员中的骨干分子。另一方面, 由于政府军目标特征明显, 又处在明处, 叛乱分子具有完全的态势感知能力, 因此其对政府军的攻击更为集中和有效。叛乱分子还针对民众采取胁迫活动 (如自杀式袭击、汽车炸弹), 目的是迫使民众站到叛乱分子一边。不过, 这些行动的效果有可能好坏参半。民众的态度 (对叛乱分子的命运具有重大影响), 受其安全感的影响极大 (林恩, 2005; 哈梅斯, 2006)。民众会和其感觉能更好保护自己, 或至少威胁更小的一方站在一边。因此, 叛乱分子对民众的胁迫行为有可能是把双刃剑。一方面, 它可能催使民众相信和叛乱分子站在一边, 将换得保护自身免受叛乱分子 "暴力" 行为的伤害, 但是另一方面, 它也可能激起对叛乱分子的反抗, 促使民众支持政府平叛。在这个模型中, 我们假设叛乱分子未采取这种胁迫行为。政府的主要目标是剿灭叛乱分子。

下一节, 我们提出一个动力学模型, 它是确定型兰彻斯特系统的变体 (见 5.2 节), 用来研究影响叛乱与平叛作战结果的各种参数之间的因果关系: 兵力规模、损耗率、新员补充率、民众支持和情报等。

10.4.1 模型

模型关注三个群体之间的动态: 叛乱分子 I、民众中的政府拥护者 S, 以及民众中的政府反对者 (叛乱分子支持者) C。由于叛乱分子给政府军造成的损耗不足以对其规模和能力构成重大影响, 假设第四个群体 —— 政府军 G —— 在叛乱过程中始终保持人数固定不变。这样, 如果没有援军, 政府军 G 在整个叛乱过程中保持为常数。类似的假设适用于民众; 叛乱分子和普通民众所承受的损耗 (附带伤亡的结果) 对人口规模也不构成重大影响, 相对于 P 所受损耗, 人口规模本质上要大若干个数量级。因此假设总人口 $P = S + C + I$ 保持为常数。

叛乱分子混迹于民众中, 在缺乏情报的条件下, 叛乱分子成为政府军目标的特征测度为 I/P, 这可以理解为一个随机选定目标恰好是叛乱分子的概率。如果政府军的损耗系数为 γ, 则由政府军所引起的损耗为 γG (见第 5 章兰彻斯特平方律), 其中一部分 I/P 影响叛乱分子, 一部分 $(S+C)/P$ 影响普通民众。这样, 叛乱分子的损耗同时取决于 G 和 I (见第 5 章游击战模型, 梯曲曼 (1962))。叛乱分子以比率 ρC 从反对人口中征募新人。叛乱分子的动态变化由下列常微分方程表示 (下面 $\dot{X}$ 表示 X 对时间 t 的导数):

$$\dot{I} = -\gamma GI/P + \rho C \tag{10.22}$$

上述方程假设政府军没有情报来源; 在不知情的情况下射击, 因此命中叛乱分子的概率为 I/P。现实中, 政府军会投入精力搜集情报, 由此增强其态势感知。用 $\mu, 0 \leqslant \mu \leqslant 1$ 表示情报水平, 此参数可以理解为政府军获取高质量情报的概率, 高质量情报有助于有效识别目标。这样, 政府军将以概率 μ 将力量集中用于叛乱分子目标, 引出兰彻斯特平方律 (见第 5 章), 同时以概率 $1 - \mu$ 分散使用力量, 引出上文提到的梯曲曼游击战模型 (梯曲曼, 1962)。所以, 当获取部分情报时, 式 (10.22) 变为

$$\dot{I} = -\gamma G(\mu + (1 - \mu)I/P) + \rho C \tag{10.23}$$

民众的附带伤亡率为 $\gamma G(1 - \mu)(1 - I/P)$。

有若干种因素影响民众对政府的态度。这些因素包括经济形势、公民自由、政治领导。不过如上所述, 最重要的因素是安全感。本模型集中关注安全因素, 表示这个因素的一个简单方法是对政府军所造成的叛乱分子损耗与政府军平叛行动所造成的附带民众伤亡之间的差别赋予权重。这个

加权损耗比用 β 表示为

$$\beta = \gamma G(\mu + (1-\mu)I/P) + \nu\gamma G(1-\mu)(1-I/P)$$
$$= \gamma G(\mu + (1-\mu)((1+\nu)I/P - v)) \tag{10.24}$$

此权重参数 ν 表示民众所持的对叛乱分子伤亡数与附带的无辜平民伤亡数之间的权衡。ν 值越大, 民众对自身伤亡数越敏感。如果 $\beta > 0$, 则态度摇摆平衡由反对者转向支持者, 如果 $\beta < 0$, 则相反转变成立。注意: 当且仅当 $\mu/(1-\mu) > \nu - (1+\nu)I/P$ 时, $\beta > 0$。假设与损耗比线性相关, 并注意到 $S = P - C - I$, 我们得到民众中支持者 — 反对者的动态可表示为

$$\dot{C} = -\text{Min}\{\beta,0\}\eta_S(P-C-I)$$
$$-(\text{Max}\{\beta,0\}\eta_C + \rho)C \tag{10.25}$$

式中: η_C、η_S 为转移系数。式 (10.25) 中第一项是指当 $\beta < 0$ 时, 从 S 流入 C 的数量。第二项表示从 C 向 S 和 I 流出的数量。方程组 (10.23) 和 (10.25) 描述叛乱演化过程。通过假设总人口数 P 保持不变, 消去了变量 S。

10.4.2 数值例子

考察一起叛乱, 开始时有 $I_0 = 2000$ 个叛乱分子。政府军为 $G=100000$。民众人口数为 $P = 10^7$, 最初其中有 20%为政府反对者, 80%为政府支持者。其他参数值由表 10-2 摘要给出。模型时间分辨率为天, 以差分方程形式求解微分方程 (10.23) 和式 (10.25) (见 $Chapter 10.xls$ 中工作表 Counterinsurgency)。

表 10-2 叛乱参数

值	定义	符号
1.5×10^{-4}	政府军损耗	γ
0.5×10^{-4}	叛乱分子征募	ρ
2	民众损耗权衡	ν
0.7	情报水平	μ
0.001	$S \to C$ 转移	η_S
0.001	$C \to S$ 转移	η_C

γ、ρ、η_S 和 η_C 的单位为时间的倒数,而 ν 和 μ 无量纲。

注意: 在叛乱开始时 $2.33 = \mu/(1-\mu) > \nu - (1+\nu)I/P = 2 - 3 \times 2000/10^7 = 1.9994$, 也就是 $\beta > 0$。因此, 在叛乱刚开始时, 反对者转变为支持者的人数多于支持者转变为反对者的人数,民众中对政府的反对意见在逐渐消失。

图 10-15 和图 10-16 描绘了在三种情报水平下 —— 0.7 (基础案例,见表 10.2), 0.5 (较差情报) 和 0.9 (较好情报), 在 7 年时间内的叛乱演化过程。图 10-15 表示叛乱分子人数,图 10-16 表示民众中反对者的人数。

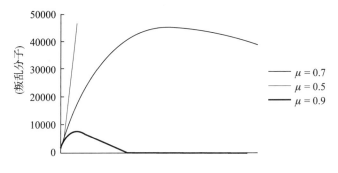

图 10-15　三种情报水平下叛乱分子规模

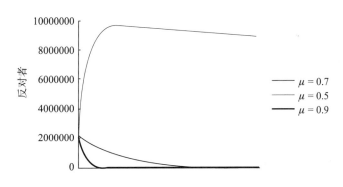

图 10-16　三种情报水平下反对者人数

我们看到叛乱分子的死亡数对情报水平极为敏感。当情报质量较差时 ($\mu = 0.5$), $\beta < 0$, 叛乱分子人数单调增长, 直至叛军接管政府。当 $\mu = 0.7$ 时, 叛乱分子人数上升的时间几乎长达 4 年, 达到超过 40 000 人规模, 随后开始下降。凭借高质量的情报 ($\mu = 0.9$), 叛乱分子在 190 天后达到稍微超过 7500 人的最大规模, 但在不到 2.5 年后即被完全剿灭。

关于民众中反对者的人数 C, 可以看到类似的动态。当 $\beta < 0$ 时, C 会增加, 直至民众中再没有支持者。当 C 达到其峰值后会稍微下降, 这是因为叛乱分子不断进行的招募。如果 $\mu > 0.7$, 则 $\beta > 0$, 民众中对政府军的抵抗力量就下降。可是, 当 $\mu = 0.7$ 时, 反对者人数下降仍不够快, 因此叛军能够增长到超过 40 000 人 (图 10-15)。可以证明, 招募系数 ρ (在模型中取固定值), 也可以是变量; 当 $\beta > 0$ 时, 它可能减小。

截至目前, 假设情报水平 μ 是固定不变的。在现实中, 它可能随时间而变化, 当政府军成功渗入叛军内部获取更多情报时, 它会增高。设想情报水平是时间的 S 型函数; 它最初缓慢地增长, 然后迅速增长, 直至政府军达到最大情报搜集能力时, 它才下降。令 $\mu(t) = a/(1 + be^{-kt})$, 其中 $\mu(0) = a/(1 + b)$ 为初始情报水平, a 为可能的最高情报水平, k 为决定两个极值之间 $\mu(t)$ 演化过程的尺度参数 (图 10-17)。当 μ 为变量时, β 的符号可能随时间而变化; 对于较小的 μ 值, 叛军数目最初在增长, 后来当 μ

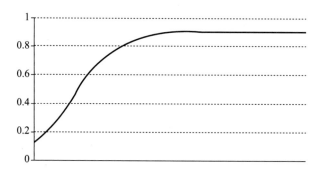

图 10-17　情报水平 $\mu(t) : a = 0.9, b = 6, k = 0.02$

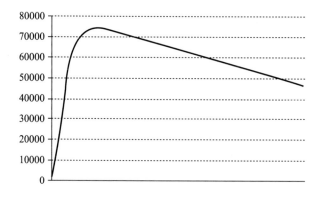

图 10-18　对于可变情报水平的叛乱分子规模

值变大时开始下降。当 μ 所起作用如图 10-17 所示时, 图 10-18 和图 10-19 分别给出了叛乱分子和反对者数目的演化过程。

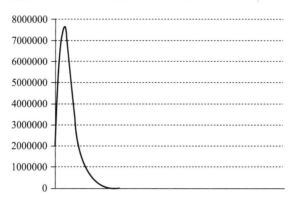

图 10-19　对于可变情报水平的反对者人数

反对者人数最初急剧增加, 随后叛军人数增加, 这是由于最初情报质量较差 ($\mu(0) = 0.13$)。随着时间的推移, 情报水平提升, 这种趋势发生了逆转。相对于 I、C 的下降更为急剧, 这是因为根据模型, 叛乱分子人数下降只是政府军所致损耗的结果; 它可能由于民众的支持而增加, 但它不会仅仅由于缺乏民众的支持而下降。

习　题

10.1 考虑 10.2 节的自杀式炸弹模型。在现场 $L = 50$, $M = 12$。基于事件的性质, 人群集中于一个圆环内。计算给定情形下伤亡的期望数:

(1) 人群集中在 $m = 9$ 的圆环内。

(2) 人群集中在 $m = 12$ 的圆环内 (现场围墙)。

(3) 像在模型中那样, 人群在现场均匀分布, 而且 $q = 1$ (有一定次发伤害)。

提示: $Chapter10.xls$ 中的工作表 SB。

答案: (1) 25; (2) 16; (3) 17.8

10.2 再一次考虑自杀式炸弹模型。设想自杀式袭击者不置身于现场中心, 而是在边界引爆了炸弹。定量讨论这种情况下的袭击效果。设想现场由一个圆环和一个中心点 ($M = 1$) 构成。人群有 4 个人 ($L = 4$) 随机分布在现场, 没有阻挡, 一个人确定将被碎片击中 ($P_H = 1$) 并且次发伤害为零 ($q = 0$)。给定 10.3.3 节的数据, 比较两个场景下的伤亡期望数: ① 自杀式袭击者位于现场中心 (见图 10-5 的中心部分); ② 自杀式袭击者位于外围圆环中的六个圆孔之一。假设只有当两个相应圆孔的圆心连线不和其他占位圆孔相接触时, 一个人才暴露给自杀式炸弹。

答案: (1) 4; (2) $3 \times \dfrac{7}{15} + 2 \times \dfrac{7}{15} + 1 \times \dfrac{1}{15} = 2.4$

10.3 考虑 10.3 节中的生化恐怖模型。显然, 对袭击的及时检测和有效隔离过程能够减少伤亡数。利用 $Chapter10.xls$ 中的工作表 Mass Vacc, 绘制一幅表示总伤亡数的图形, 总伤亡数为: ① 检测延迟 d 的函数; ② 离线隔离率 λ 的函数。利用 10.3.3 节的数据。

10.4 考虑 10.4.2 节的数值例子, 假定作为时间函数的情报水平 μ 为常数。利用 $Chapter10.xls$ 中的工作表 Counterinsurgency 回答下列问题:

(1) 最多 2.5 年后就能剿灭叛乱分子的最低情报水平为多少?

(2) 如果 $\mu = 0.8$, 可在 2 年内剿灭叛乱分子的政府军的最小规模为多大?

答案: (1) 0.885; (b) 150 000

附录 A 概率 —— 不确定性数学

在构造作战模型时唯一最有用的数学分支领域是数学概率论。本附录是对这个主题的初步介绍。

A.1 预备知识

讨论任何概率问题时,最重要的思想是观察试验。我们可以抛掷硬币,观察它落地时是正面还是反面朝上,或者向目标射击,观察误差距离,或者捡起一张 "纽约时报",观察 Pirates 这个词是否出现在标题中。当进行试验时,可能发生也可能不发生的事情称为事件。习惯上,事件用字母开头的大写字母表示符表示,尤其是 E。一个事件的概率 $P(E)$ 是进行试验时其可能性的测度,$P(E)$ 在连续标度 $[0,1]$ 上测量,其中 0 表示不可能性,而 1 表示确定性。

清楚了解试验极为重要。令 E 为某部试验雷达,在三级海况下,5 英里距离上,探测出一部特定的潜艇潜望镜的事件。$P(E)$ 可能关系到任何因素,这取决于诸多细节,如潜望镜每隔多久浮现一次,浮现后保持多长时间,以及雷达所处高度等。除非清楚地了解试验本身,否则关于概率的表述相当没意义。

我们常设想试验是可以重复的, 所以能够一遍又一遍进行试验。随着试验的重复, 每次试验的结果可能会有所变化, 但是在每次尝试中, 试验仍以相同的机会产生各种结果。在这种情形下, 可以近似估计简单事件的概率, 例如硬币正面朝上的概率, 估计方法是通过计数 n 次抛掷中正面朝上的次数除以抛掷总数。随着抛掷次数越来越多, 这个比率越来越接近所求概率的精确值。以类似的方式, 可以计算一枚骰子各面相关的概率, 一个新生婴儿是男孩的概率等。用符号表示, 任何此类事件的真实概率为

$$P(E) = \lim_{n \to \infty} \frac{n \text{ 次试验中事件发生的次数}}{n} \tag{A.1}$$

概率论涉及明确定义的试验中事件概率的计算。概率只是简单的数值, 但事件和试验还得赋予其一个数学形式。经验表明最有用的形式是想象试验总是产生一个属于样本空间的结果, 而且任何事件只是样本空间的子集。

例 A.1 两个海军战斗群 (每个有 4 艘军舰) 受到空袭。

试验: 对空袭后受损军舰进行计数。
结果: $(4,4),(4,3),(4,2),(4,1),(4,0),(3,4),\cdots(0,0)$。
样本空间: 由 25 个结果 $\{(i,j)i, j = 0, 1, 2, 3, 4\}$ ($\{\cdots\}$ 表示集合的符号) 构成。
事件: $E = \{$受损军舰数不超过 2$\} = \{(0,0), (0,1), (0,2)(1,0), (1,1), (2,0)\}$。

例 A.2 以 5 枚射弹攻击目标。

试验: 观察一次射击的结果, 直到第一次命中或弹药用光为止。
结果: 一个未命中 (M) 序列, 可能或不可能以一次命中 (H) 结束。
样本空间: {H,MH,MMH,MMMH,MMMMH,MMMMM}。
事件: $E = \{$未命中目标$\} = \{$MMMMM$\}$

我们看到事件是和一组试验结果的集合相联系的。集合可能相交和相并。两个集合 A 和 B 的交集, 用 $A \cap B$ 表示, 是一个由既在 A 中也在 B 中的所有元素组成的集合。考虑例 1, 令 A 为事件 "战斗群 2 损失了 1 艘军舰" $= \{(0,1), (1,1), (2,1)(3,1), (4,1)\}$, B 为事件 "战斗群 1 损失了 2 艘军舰" $= \{(2,0), (2,1), (2,2)(2,3), (2,4)\}$。交集为事件 "战斗群 2 损失了 1 艘军舰且战斗群 1 损失了 2 艘军舰" $= \{(2,1)\}$, 这是既在 A 中也在 B 中的唯一结果。两个集合 A 和 B 的并集, 用 $A \cup B$ 表示, 是一

个由或在 A 中或在 B 中的所有元素组成的集合。此前定义的事件 A 和 B 的并集是事件 "战斗群 2 损失了 1 艘军舰或者战斗群 1 损失了 2 艘军舰" $=\{(01,),(1,1),(2,1)(3,1),(4,1),(2,0),(2,1),(2,2)(2,3),(2,4)\}$。集合 A 的补集, 表示为 $\overline{A}$ (或 A^C), 是一个由样本空间内所有不在集合 A 中的元素构成的集合。例如, 事件 $C=$ "战斗群 1 损失了至少 2 艘军舰" $=$ $\{(2,0),(2,1),(2,2),(2,3),(2,4),(3,0),(3,1),(3,2),(3,3),(3,4),(4,0),(4,1),(4,2),(4,3),$ $(4,4)\}$ 的补事件为 $\overline{C}=$ "战斗群 1 损失了至多 1 艘军舰" $=\{(0,0),(0,1),(0,2),$ $(0,3),(0,4),(1,0),(1,1),(1,2),(1,3),(1,4)\}$。$C$ 和 $\overline{C}$ 的并集为整个样本空间, 记为 S。

A.2 概率计算

一个事件的概率取决于其对应集合中结果的构成。如果样本空间内所有结果是等可能发生的, 则概率就是这个集合中所含结果数除以样本空间中所含结果数。

例 A.3 将一枚质地均匀的骰子抛掷一次。样本空间为 $S=\{1,2,3,4,5,6\}$, 并且由于骰子是质地均匀的, 全部六个面的结果是等可能出现的。事件 $E=$ "结果为偶数" 的概率为

$$P(E)=\frac{\text{结果属于}\{2,4,6\}\text{的次数}}{\text{结果属于}S\text{的次数}}=\frac{3}{6}=\frac{1}{2} \tag{A.2}$$

利用截止到目前所讨论的概念和定义, 对任意两个事件 A 和 B, 可以推导出下列基本关系:

(1) 事件概率在 0 和 1 之间: $0\leqslant P(A)\leqslant 1$。

(2) $P(\overline{A})=1-P(A)$。事件及其补事件概率之和为 1。

(3) $P(A\cap\overline{A})=P(\varnothing)=0$ ($\varnothing$ 为空集)。事件与其补事件不可能同时发生。

(4) $P(A\cup\overline{A})=P(S)=1$。事件或其补事件非此即彼, 总有一个发生。

(5) $P(A\cup B)=P(A)+P(B)-P(AB)$。隐含意义: 如果 A 和 B 不相交 (没有共同的结果), 则 $P(A\cup B)=P(A)+P(B)$。

例 A.4 将质地均匀的骰子抛掷一次。$A=$ "结果为奇数" $=\{1,3,5\}$, $B=$ "结果小于 4" $=\{1,2,3\}$。P (结果为小于 4 的奇数) $=P(A\cap B)=$ 集合 $\{1,3\}$ 所含结果数/样本空间 S 所含结果数 $=2/6=1/3$。$\overline{A}=$ "结果不是奇数" $=\{2,4,6\}$。$P(A\cup\overline{A})=P$ ("结果或为奇数或为偶数")$=P(S)=1$。

A.3　条件概率与独立性

如上所示, 两个事件 A 和 B 同时发生的概率是样本空间内对应的两个子集之交集的概率。在这一节, 我们计算当事件互相独立时的这个概率。不过首先要讨论条件概率的概念。

在已知事件 A 发生的条件下, 事件 B 发生的条件概率记为 $P(B/A)$。"条件" 和 "已知" 等词的意思实质上是样本空间 S 已经收缩为集合 A。术语 "已知 A 发生" 意味着当前只关心属于 A 的结果; 样本空间内的其他结果可以忽略不计, 道理在于我们知道由于 A 已经发生, 其它结果的确不可能再发生了。这样, 概率 $P(B/A)$ 为属于 B 也属于 A 的结果数, 除以属于 A 的结果数 (当前的收缩样本空间)。如果用 $n(A \cap B)$、$n(B)$ 和 $n(S)$ 分别表示既属于 A 也属于 B, 属于 B, 属于整个 (原始) 样本空间 (收缩为 A 之前) 的结果数, 则

$$P(B/A) = \frac{n(A \cap B)}{n(A)} = \frac{n(A \cap B)/n(S)}{n(A)/n(S)} = \frac{P(A \cap B)}{P(A)} \qquad \text{(A.3)}$$

方程 (A.3) 非常重要。由它可以导出其他许多性质和有用结果。我们能立即看到

$$P(A \cap B) = P(B/A)P(A) \qquad \text{(A.4)}$$

表达式 (A.4) 称为概率乘法原理。

例 A.5　将一枚质地均匀的骰子抛掷一次。在已知结果为偶数的条件下, 结果为 2 的条件概率是多少?　$A = \{2,4,6\}$, $B = \{2\}$, $A \cap B = 2$, $P(B/A) = P(A \cap B)/P(A) = (1/6)/(3/6) = 1/3$。

如果在已知事件 A 发生的条件下, 事件 B 的条件概率等于事件 B 的无条件概率, 称事件 A 和 B 相互独立。换句话说, 不管 A 是否发生, 跟 B 的发生概率没有关系。这种情形下, $P(B/A) = P(B)$, 乘法原理简化为 $P(A \cap B) = P(B)P(A)$。

例 A.6　当我们说两枚弹的射击相互独立, 意思是第一次射击的结果并不改变另一次射击成功的概率。也就是说, P (第 2 次射击命中/第 1 次射击命中)$=P$ (第 2 次射击命中), 从而 P (第 1 次射击命中且第 2 次射击命中)$=P$ (第 1 次射击命中) $\times P$ (第 2 次射击命中)。

A.4 贝叶斯法则

设想在某个试验中, 事件 B 只与若干互相排斥的事件 $A_1, \cdots, A_n$ 之一同时发生。已知概率 $P(A_i), i = 1, \cdots, n$ 和条件概率 $P(B/A_i), i = 1, \cdots, n$, 并且给定 A_i 发生, 则 B 发生。则根据全概率定理, 可以计算事件 B 的无条件概率:

$$P(B) = P(B/A_1)P(A_1) + \cdots + P(B/A_n)P(A_n) \tag{A.5}$$

贝叶斯法则 (或贝叶斯定理) 利用式 (A.5) 和条件概率定义, 转换 B 和 A_i 之间的条件。已知 B 发生条件下 A_i 的条件概率为

$$P(A_i/B) = \frac{P(B/A_i)P(A_i)}{P(B/A_1)P(A_1) + \cdots + P(B/A_n)P(A_n)} \tag{A.6}$$

例 A.7 有 1、2、3 号三个盒子。每个盒子装有 10 件某种产品。其中 1、2、3 号盒子分别装有 5、6、8 件合格产品, 其余为缺陷产品。随机选取一个盒子, 从中随机抽出 1 件产品。如果所抽取产品为缺陷产品, 选中 A[①]盒的概率是多少? 为便于求解, 令 $B = \{$产品有缺陷$\}$, $A_j = \{$选中 j 号盒$\}$, $j = 1, 2, 3$。显然 $P(A_j) = 1/3$, $j = 1, 2, 3$, $P(B/A_1) = 5/10$, $P(B/A_2) = 4/10$, $P(B/A_3) = 2/10$。利用式 (A.6), $n=3$ 时, 所求概率为

$$P(A_1/B) = \frac{(5/10)(1/3)}{(5/10)(1/3) + (4/10)(1/3) + (2/10)(1/3)} = \frac{5}{11}$$

例 A.8 目标区域内某一物体为有价值目标的概率为 0.3。一个有误差的传感器观测到这个物体, 断定其为有价值目标。传感器识别不出有价值目标的概率为 0.2, 将无价值目标误识别为有价值目标的概率为 0.3。该物体为有价值目标的概率是多少? 令 $V = \{$物体为有价值目标$\}$, $V^C = \{$物体不是有价值目标$\}$。令 SV 表示传感器将物体识别为有价值目标的事件, SV^C 表示传感器将物体识别为无价值目标的事件:

$$\begin{aligned} P(V/SV) &= \frac{P(SV/V)P(V)}{P(SV/V)P(V) + P(SV/V^C)P(V^C)} \\ &= \frac{(0.8)(0.3)}{(0.8)(0.3) + (0.3)(0.7)} = 0.53 \end{aligned}$$

---

① 应为 1 号盒, 译者注。

A.5 随机变量

一个随机变量是某实数的一个变换, 它跟样本空间中的每个点或一组点相关。例如, 在同时抛掷两个骰子的情形下, 其结果可以用一个随机变量 X 很方便地表示, 这里, $X=$ 骰子点数和 (可能值: $2, 3, \cdots, 12$); 抛掷两个骰子所产生样本空间相关的其他可能随机变量为两个骰子点数的绝对差 (可能值: $0, 1, \cdots, 5$); 两个骰子所示点数的最大值 (可能值: $1, 2, \cdots, 6$); 显示 3 的骰子数 (可能值: $0, 1, 2$); 结果和是否为 7 或者 11 (可能值: 如果结果和为 7 或 11, 则为 1, 否则为 0)。在每种情形下, 随机变量取一个和试验的各个可能结果相联系的数值。如果一个随机变量取值呈现为有限个或无限可数的值, 则称其为离散型。否则称其为连续型, 连续型通常可取某个区间上的所有实数值。

随机变量由描述其概率特性的两个相关函数表示。对离散型随机变量, 这两个函数叫做概率质量函数 (pmf) (或简称概率函数) 和累积分布函数 (cdf)。概率质量函数 $p_X(x)$ 是随机变量 X 取值为 x 的概率: $p_X(x) = P(X = x)$。累积分布函数定义为 $F_X(x) = P(X \leqslant x)$。如果就所描述的随机变量不致引起混淆, 两种情形都可以省略下标 X。

例 A.9 一个骰子抛掷两次。令 $X=$ 点数和。则

$$p(5) = 4/36 = 1/9, \ p(12) = 1/36$$

此外

$$F(4) = p(2) + p(3) + p(4) = 1/36 + 2/36 + 3/36 = 1/6$$

连续型随机变量的相关概率由概率密度函数 f (pdf) 或简称密度函数来描述其性质。函数下方的面积表示概率, 从而函数曲线下方的总面积为 1。面积 $f(x)\Delta x$ 给出了随机变量 X 的值将在 x 附近长度为 Δx 的区间上取值的近似概率。连续型随机变量的累积分布函数为

$$F(x) = P\{X \leqslant x\} = \int_{-\infty}^{x} f(x)\mathrm{d}x \tag{A.7}$$

由此可以推出 $\lim\limits_{x\to-\infty} F(x) = 0$, $\lim\limits_{x\to\infty} F(x) = 1$, 且

$$P\{x_1 \leqslant X \leqslant x_2\} = \int_{x_1}^{x_2} f(x)\mathrm{d}x$$

$$= \int_{-\infty}^{x_2} f(x)\mathrm{d}x - \int_{-\infty}^{x_1} f(x)\mathrm{d}x$$

$$= F(x_2) - F(x_1) \tag{A.8}$$

连续型随机变量的概率密度函数可通过微分累积分布函数求得。

例 A.10 两枚相邻水雷的距离是 $1000\,\mathrm{m}$。一艘军舰能够以相等概率在线上任意一点穿过两枚水雷之间的连线。因此, 至任意一枚水雷的距离在 $0 \sim 500\,\mathrm{m}$ 是等可能的。这样, $f(x) = 1/500$。军舰至最近水雷的距离在 $200\,\mathrm{m} \sim 300\,\mathrm{m}$ 的概率为

$$P\{200 \leqslant X \leqslant 300\} = \int_0^{300} \frac{1}{500}\mathrm{d}x - \int_0^{200} \frac{1}{500}\mathrm{d}x$$

$$= \frac{100}{500} = 0.2$$

概率分布这个通用术语用来表示适用于给定随机变量的概率函数。在离散情形下, 概率分布可由概率密度函数或累积分布函数之一来加以确定。本书中最经常遇到的离散概率分布是二项分布、泊松分布和几何分布, 本附录中随后将分别讨论每一种分布。连续型概率分布可以由概率密度函数或累积分布函数之一来加以确定。最常用的连续型概率分布是均匀分布 (见例 A.10)、正态分布和指数分布。这些分布和二维正态分布 (作为两个变量的连续联合分布的例子), 也将在附录中有所讨论。

类似于事件独立性的定义 (A.3 节), 如果

$$P(X \leqslant x, Y \leqslant y) = P(X \leqslant x)P(Y \leqslant y) = F_X(x)F_Y(y)$$

则称两个随机变量 X 和 Y 独立。

A.6 随机变量的均值与方差

均值, 也称为期望值, 如其名称所指, 是对随机变量 "平均值" 的一种量度。它有点类似于物理学中的重心。常用表示随机变量 X 均值的符号为

$E(X)$ 和 μ。在离散情形下, 用随机变量所有可能取值的加权平均值来计算均值, 例如, 各个值分别乘以其相应的发生概率, 然后对所有乘积求和:

$$E(X) = \mu = \sum_{\text{所有可能的 } x_i} x_i p(x_i) \tag{A.9}$$

例 A.11 X 个目标中, 有 x 个存在于某一目标区的概率为

$$p(x) = 0.5^{x+1}/(1 - 0.5^4), \ x = 0, 1, 2, 3$$

目标数的数学期望为

$$E(X) = 0 \times \frac{8}{15} + 1 \times \frac{4}{15} + 2 \times \frac{2}{15} + 3 \times \frac{1}{15} = \frac{11}{15}$$

均值概念向连续型情形的扩展, 可直接延用与离散情形完全类似的方法。唯一的区别在于用积分代替求和。

$$E(X) = \mu = \int_{\text{所有可能的 } x} f(x)\mathrm{d}x \tag{A.10}$$

例 A.12 考虑例 A.10。军舰和最近水雷之间的期望距离为

$$E(X) = \int_0^{500} \frac{x}{500}\mathrm{d}x = 250$$

和人们所期望的一样。

期望值是一个线性算子, 也就是说, 如果 a 和 b 是任意常数, 则 $E(aX + b) = aE(X) + b$。进一步, 对任意一组随机变量 (相关或独立) $X_1, X_2, \cdots, X_n$, 有 $E\left(\sum\limits_{i=1}^{n} X_i\right) = \sum\limits_{i=1}^{n} E(X_i)$。

随机变量的方差是指对其散布偏离均值的量度。形式上

$$V(X) = \sigma^2 = E(X - \mu)^2 \tag{A.11}$$

遵循下式, 可以得出计算方差的有用公式

$$\begin{aligned} E(X - \mu)^2 &= E(X^2 - 2\mu X + \mu^2) \\ &= E(X^2) - 2\mu E(X) + \mu^2 \\ &= E(X^2) - \mu^2 \end{aligned} \tag{A.12}$$

为了说明方差可作为离差量度的用途, 可以方便地引入一个单元量或量度, 叫做标准偏差, σ。σ 定义为方差的平方根。具有较小 σ 的一个概率分布, 会围绕均值紧密地集中。另一方面, 具有较大 σ 的一个概率分布会在均值周围更加广泛地散布。

例 A.13 考虑例 A.10。军舰与最近水雷之间距离的方差为

$$V(X) = E(X^2) - \mu^2$$
$$= \int_0^{500} \frac{x^2}{500}\mathrm{d}x - 250^2$$
$$= \frac{500^3}{3 \times 500} - 250^2$$
$$= 20833.33\,\mathrm{m}$$

距离的标准偏差为

$$\sigma = \sqrt{\sigma^2} = \sqrt{20833.33} = 144.34\,\mathrm{m}$$

容易证明 $V(aX + b) = a^2 V(X)$。注意: 给随机变量加一个常数根本不会改变其方差。如果 $X_1, \cdots, X_n$ 是相互独立的随机变量, 则 $V\left(\sum_{i=1}^{n} X_i\right) = \sum_{i=1}^{n} V(X_i)$。如果随机变量不独立, 则此关系不成立。注意: 当独立随机变量求和时, 是方差而不是标准偏差相加。将标准偏差相加几乎总是错误的。例如, 设想一枚射弹由于两个独立原因而偏离目标, 一个原因是枪瞄准了错误的位置 (误差 X), 另一个原因是当射弹向目标运动时, 风将其吹向周围 (误差 Y)。两种误差的均值都为 0, 标准偏差分别为 30 m 和 40 m。总误差为 $X + Y$, 但是误差的标准偏差并不是 70 m, 而是 50 m, 即 900 m 与 1600 m^2 和的平方根。方差可以相加, 而标准偏差则不能。

两个随机变量 X 和 Y 的相关系数为

$$\rho = \rho(X, Y)$$
$$= \frac{E[(X - \mu_X)(Y - \mu_Y)]}{\sigma_X \sigma_Y}$$
$$= \frac{E(XY) - E(X)E(Y)}{\sigma_X \sigma_Y} \tag{A.13}$$

式中: μ_X、μ_Y 分别为 X 和 Y 的均值; σ_X、σ_Y 分别为其标准偏差。如果两个随机变量相互独立, 则 $\rho = 0$。如果 $\rho \neq 0$, 则称两个随机变量相关。

A.7 离散型概率分布

这一节, 我们描述某些应用广泛的离散型概率分布: 二项分布、几何分布和泊松分布。

1. 二项分布

二项分布起因于一系列简单独立实验, 其中唯一所关心的一点是某个事件发生或不发生。如果在这一系列试验中, 事件发生的单独概率在每次试验中保持为常数, 则这些试验称为贝努利试验。贝努利试验的一个典型例子是一系列硬币抛掷, 在单次抛掷中, 硬币正面朝上的概率为 p, 反面朝上的概率为 $q = 1 - p$。另一个例子是有一系列目标, 其中每个目标恰好受到一枚射弹的射击。射击相互独立, 目标易损性相同。一次射击杀死一个目标的概率为常数 p, 而目标依然生存的概率为 $q = 1 - p$。在此类情形下, 很自然想知道在给定试验次数条件下, 事件发生指定次数 (例如 n 次射击杀死目标数) 的概率。有时事件发生称为成功, 不发生称为失败。二项分布提供了一种方法, 用来确定 n 次独立试验中, 事件恰好发生 x 次的概率。二项分布的概率密度函数为

$$P(X = x) = \binom{x}{n} p^x (1 - p)^{n-x}, \quad x = 0, 1, \cdots, n \qquad (A.14)$$

式中: n 为试验次数; x 为成功次数; $\binom{n}{x} = \dfrac{n!}{x!(n-x)!}$, 为一次从 n 个元素中取出 x 个元素的组合数。成功的期望数为 $\mu = np$, 方差为 $V(X) = \sigma^2 = npq$。

例 A.14 一个射手有 5 发子弹, 向每个目标各射击 1 发子弹。1 发子弹杀死一个目标的概率为 0.7。刚好有 3 个目标被杀死的概率为 $P(X = 3) = \binom{5}{3} 0.7^3 (1 - 0.7)^2 = 0.309$。至少杀死 4 个目标的概率为 $P(X \geqslant 4) = \binom{5}{4} 0.7^4 (1 - 0.7)^1 + \binom{5}{5} 0.7^5 (1 - 0.7)^0 = 0.528$。杀死目标的期望数为 $\mu = 5 \times 0.7 = 3.5$。

2. 几何分布

可见二项分布适用于此类情形, 即单次试验成功概率为常数 p 的 n 次独立贝努利试验中, 随机变量为成功次数。另一个与之相关联的随机变量

是直至首次成功的独立贝努利试验次数。该次数的概率由几何分布给出，其概率密度函数为

$$P(X = x) = (1-p)^{x-1}p, \quad x = 1, 2, \cdots \tag{A.15}$$

直至首次成功的期望试验次数为 $\dfrac{1}{p}$，方差为 $V(X) = \sigma^2 = \dfrac{1-p}{p^2}$。

例 A.15 一个射手重复攻击一个目标，直至将其杀死。一枚射弹杀死目标的概率为 0.7，而且各次射击相互独立。至其任务结束，射手至多射击 2 枚射弹的概率为 $P(X \leqslant 2) = p + (1-p)p = 0.7 + (1-0.7) \times 0.7 = 0.91$。直至杀死目标的期望射弹数为 $1/0.7 = 1.43$ 枚。

3. 泊松分布

另一个非常有用的概率分布是泊松分布，它典型适用于事件以"完全随机"或"偶然"方式重复发生的情形。泊松分布的随机变量 X 表示在某一时间间隔内这些事件的发生次数。参数为 λ 的泊松随机变量的概率函数定义为

$$P(X = x) = \frac{\lambda^x \mathrm{e}^{-\lambda}}{x!}, \quad x = 0, 1, 2, \cdots \tag{A.16}$$

特别地，泊松分布的一个显著特征是其均值等于方差，$\mu = \sigma^2 = \lambda$。当 n 较大，p 较小，且 $\lambda = np$ 时，用泊松分布近似二项分布。泊松分布的另一个重要性质是相互独立的泊松随机变量之和也具有泊松分布。特别地，如果每个 $X_i\,(i = 1, 2, \cdots, n)$，具有参数为 λ_i 的泊松分布，且 $X_1, X_2, \cdots, X_n$ 相互独立，则 $\sum\limits_{i=1}^{n} X_i$ 也具有参数为 $\bar{\lambda} = \sum\limits_{i=1}^{n} \lambda_i$ 的泊松分布。

例 A.16 放射性材料的放射粒子数是参数为 $\lambda = 20\,t$ 的泊松随机变量，其中 t 是以 h 为单位的时间。为计算在 $\dfrac{1}{2}$ h 内，恰好放射出 5 个粒子的概率，首先需计算与 $\dfrac{1}{2}$ h 相对应的参数 (均值和方差)λ: $(20)(1/2) = 10$ 个粒子。$\dfrac{1}{2}$ h 内放射出 5 个粒子的概率为

$$P(X = 5) = \frac{10^5 \mathrm{e}^{-10}}{5!} = 0.083$$

A.8 连续型概率分布

这一节描述某些应用广泛的连续型概率分布,其随机变量可取某一区间上的任意实数值。接下来所描述的分布有均匀分布、指数分布和正态分布,包含二维正态分布。

1. 均匀分布

考虑区间 $[a,b]$,其上每一点被选取的可能性相等。这样,区间上所选取的一点位于子区间 $[a,x], a \leqslant x \leqslant b$ 上的概率, 和 $[a,x]$ 的长度成正比。从而其累积分布函数为

$$F(x) = P(X \leqslant x) = \frac{x-a}{b-a}, \quad a \leqslant x \leqslant b \qquad (A.17)$$

通过微分 $F(x)$ 得到密度函数: $f(x) = \dfrac{1}{b-a}$。参数 (边界) 为 a 和 b 的均匀分布的均值为 $\mu = \dfrac{a+b}{2}$, 方差为 $\sigma^2 = \dfrac{(b-a)^2}{12}$。参见例 A.10 和 A.13。

例 A.17 某目标可能出现在区间 $[0,1]$ 上任一处。目标位于点 0.4 和 0.7 之间的概率为 $P(0.4 \leqslant X \leqslant 0.7) = 0.7 - 0.4 = 0.3$。均值点为 0.5。

2. 指数分布

指数分布只有一个参数 λ。可能是运筹学中应用最广泛的一种分布。指数分布的累积分布函数为

$$F(x) = 1 - \mathrm{e}^{-\lambda x}, \quad x \geqslant 0 \qquad (A.18)$$

其概率密度函数为 $f(x) = \lambda \mathrm{e}^{-\lambda x}$。其分布的均值为 $1/\lambda$ 而方差为 $1/\lambda^2$。指数分布的一个重要性质是其无记忆性。下一事件发生的概率, 如在下一个 10 s 内,独立于前一事件发生后所经过的时间。指数随机变量常用来模拟下一个随机或偶然事件发生的时间。例如, 导致一个 “无磨损” 部件失效的时间; 一种辐射型同位素放射出辐射波的时间; 或顾客到达银行的时间。在随后描述的泊松过程中, 此分布起着关键作用。

例 A.18 两条连续消息到达旅指挥所情报间的时间间隔服从均值为 5 min 的指数分布。在 7 min 内没有消息的概率为 $P(X \geqslant 7) = 1 - F(7) = \mathrm{e}^{-\frac{7}{5}} = 0.25$。

指数分布的一个有趣性质是, n 个独立指数随机变量的最小值也具有以 n 个参数和为参数的指数分布。形式上, 如果 X_i 为独立的指数分布随机变量, 参数为 $\lambda_i, i = 1, \cdots, n$ 的, 则 $Y = \min\{X_1, X_2, \cdots, X_n\}$ 也是指数分布, 参数为 $\sum\limits_{i=1}^{n} \lambda_i$。此外, X_i 是最小值的概率为 $\lambda_i / \sum\limits_{j=1}^{n} \lambda_j$。这种情形称为指数竞赛, 在可靠性理论和战斗建模中起着重要作用。

3. 正态分布

许多真实世界现象的发生可以用正态分布或称高斯分布来方便地解释。一般而言, 可以说正态分布适用于许多包括量度的情形, 如测量值以多高频率落入关于某中心值对称的图形范围, 而越趋向这个中心值, 频率越高。特别地, 若干任意分布随机变量的和, 倾向于具备这种性质, 这是由中心极限定理所证明的一个事实。例如, 考虑可能由下列任意量度中获取的数值: ① 一个大城市中所有 21 岁及以上男子的身高; ② 全国所有大学四年级学生在毕业记录考核中所获等级; ③ 大森林中所有成材树木的周长; ④ 24 h 内一台自动车床所加工的全部金属圆盘的厚度。正态分布有 2 个参数: 均值 μ 和标准偏差 σ。正态分布的概率密度函数, 呈现为独特的钟形, 表示为

$$f(x) = \frac{1}{\sigma\sqrt{2\pi}} \exp\left(-\frac{1}{2}\left(\frac{x-\mu}{\sigma}\right)^2\right), \quad -\infty < x < \infty \qquad \text{(A.19)}$$

其累积分布函数没有显式表达式。用 $N(\mu, \sigma^2)$ 表示参数为 μ 和 σ 的正态分布。

4. 标准正态分布

为了使用 $\mu = 0$ 和 $\sigma = 1$ 特殊情形下的积分表, 任何正态分布都可以化为标准型。标准正态分布用 $N(0,1)$ 表示。通常用 Z 表示标准正态随机变量。Z 的概率密度函数为

$$f(z) = \frac{1}{\sqrt{2\pi}} \exp\left(-\frac{z^2}{2}\right), \quad -\infty < z < \infty \qquad \text{(A.20)}$$

标准正态分布的累积分布函数表示为 $\Phi(z) = \int_{-\infty}^{z} \frac{1}{\sqrt{2\pi}} \exp\left(-\frac{u^2}{2}\right) \mathrm{d}u$, 并被广泛制成表。在 $\mathrm{Excel}^{\mathrm{TM}}$ 中, 这个函数叫做 NORMSDIST( )。从一般正态分布到标准正态分布的变换较为简单: $F(x) = \Phi\left(\frac{x-\mu}{\sigma}\right)$。

例 A.19 每天对司令部综合设施所发射的迫击炮弹数目服从均值为

20、标准偏差为 4 的正态分布。在给定的任意一天迫击炮袭击多于 23 发炮弹的概率为

$$P(X > 23) = 1 - P(X \leqslant 23) = 1 - \Phi\left(\frac{23 - 20}{4}\right)$$
$$= 1 - \Phi\left(\frac{3}{4}\right) = 1 - 0.77 = 0.23$$

5. 二维正态分布

随机变量维数可能大于 1。例如, 相对位于坐标 (μ_X, μ_Y) 的目标, 炸弹的弹着点是一个二维随机变量 (X, Y), 这里 X 和 Y 分别是相对于目标的横向误差和纵向误差。横向误差可能为负 (偏差向左) 或正 (偏差向右)。纵向误差也是如此, 相对于目标, 其中 "近" 表示负方向, 而 "远" 表示正方向。如果在每个维度上误差服从正态分布, X 和 Y 均值都为 0, 标准偏差分别为 σ_X 和 σ_Y, 并且两个误差的相关系数为 ρ, 令 $K = \dfrac{1}{2\pi\sigma_X\sigma_Y\sqrt{1-\rho^2}}$, 则弹着点的概率密度函数为

$$f(x, y) = K \exp\left(-\frac{1}{2(1-\rho^2)}\left[\frac{(x-\mu_X)^2}{\sigma_X^2}\right.\right.$$
$$\left.\left. -\frac{2\rho(x-\mu_X)(y-\mu_X)}{\sigma_X\sigma_Y} + \frac{(y-\mu_Y)^2}{\sigma_Y^2}\right]\right) \tag{A.21}$$

如果两个随机变量相互独立, 则 $\rho = 0$, 而

$$f(x, y) = \frac{1}{2\pi\sigma_X\sigma_Y} \exp\left(-\frac{1}{2}\left[\frac{(x-\mu_X)^2}{\sigma_X^2} + \frac{(y-\mu_Y)^2}{\sigma_Y^2}\right]\right) \tag{A.22}$$

在此情形下, 有一个重要结果如下: 如果弹着点具有均值为 (μ_X, μ_Y), 标准偏差为 (σ_X, σ_Y), 并且两个误差相互独立的二维正态分布, 则炸弹落在中心为 (μ_X, μ_Y), 横向半轴长度为 $r\sigma_X$, 纵向半轴长度为 $r\sigma_Y$ 的椭圆内的概率为 $1 - \exp\left(-\dfrac{r^2}{2}\right)$。特别地, 如果 $\sigma_X = \sigma_Y = \sigma$, 则弹着点相对目标 (位于 (μ_X, μ_Y)) (欧几里得) 偏离距离的概率密度函数为 $F(r) = 1 - \exp\left(-\dfrac{r^2}{2\sigma^2}\right)$。$F(r)$ 称为瑞利 (Rayleigh) 分布。

A.9　随机过程

随机过程是一个带有指标的随机变量集或序列。一个随机过程用 $\{X(t), t \in T\}$ 表示, 其中 T 称为指标集。最自然的方法是将 T 看作时间, 不过

T 也可能表示其他指标集, 如空间坐标集。指标集可以是离散的, 例如, $T = \{0, 1, 2, \cdots\}$, 也可以是连续的, $T = [0, \infty)$。随机过程的状态空间是 $\{X(t), t \in T\}$ 内所有可能值的集合。

例 A.20　在给定的任意一天, 某飞行中队中处于战备任务状态的飞机数是一个随机过程。指标集是离散的 (天), 状态空间为 $\{0, 1, 2 \cdots, n\}$, 其中 n 为飞行中队的飞机架数。

我们将集中研究具有马尔可夫特性的一类特殊随机过程。不过在定义马尔可夫特性并给出其应用之前, 我们首先提出一个简单而应用广泛的一类特殊情形, 泊松过程。

A.10　泊松过程

泊松过程计在时间轴上发生的事件数目, 其特征由一个参数 $\lambda > 0$ 来描述, λ 为事件到达速率 (见 A.7 节泊松分布)。过程的随机变量通常用 $N(t)$ 表示, 它计到 t 时刻为止的到达事件数。注意: 作为时间的函数, $N(t)$ 是一个整数单调非减阶梯函数; 每当事件发生时, 它都有一个阶跃。泊松过程基于三个假设: ① 两个或多个事件不可能同时到达, 两个连续事件之间总有一个时间间隔 $\Delta t > 0$; ② 对任意时间点序列 $0, t_1, \cdots, t_n$, 过程增量 $\underbrace{N(t_1) - N(0)}_{\substack{(0, t_1]\ 时间段 \\ 到达事件数}}, \underbrace{N(t_2) - N(t_1)}_{\substack{(t_1, t_2]\ 时间段 \\ 到达事件数}}, \cdots, N(t_n) - N(t_{n-1})$ 是独立随机变量; ③ $N(t + s) - N(t)$ 的概率分布只取决于 S (跟 t 无关), 也就是说, 增量为平稳随机变量。这三个假设决定了 $N(t)$ 的概率分布为

$$P(N(t) = n) = \frac{(\lambda t)^n}{n!} \mathrm{e}^{-\lambda t} \tag{A.23}$$

泊松过程的到达时间间隔为指数分布随机变量, 每个变量的概率密度函数为 $f(t) = \lambda \mathrm{e}^{-\lambda t}$。

设想在泊松过程中, 到达的每一事件属于 k 种事件类型之一。一个事件属于类型 $i, i = 1, 2, \cdots, k$ 的概率为 q_i。则 i 类事件的到达过程也是一个泊松过程, 到达速率为 $q_i \lambda$。这个性质有时称为泊松过程的稀释。

例 A.21　士兵到达基地卫生所门诊的人数服从泊松分布, 其速率为每小时 10 个患者。30%患者为女性。在 2 h 内最多有 5 个女患者到达卫生

门诊的概率为

$$p(N(2) \leqslant 5) = \frac{\mathrm{e}^{-0.3 \times 10 \times 2}}{0!} + \frac{0.3 \times 10 \times 2\mathrm{e}^{-0.3 \times 10 \times 2}}{1!} + \cdots$$
$$+ \frac{(0.3 \times 10 \times 2)^5 \mathrm{e}^{-0.3 \times 10 \times 2}}{5!} = 0.45$$

上述泊松过程属于齐次过程, 理由是在整个过程中, 到达速率保持为常数 λ。它不取决于观察到达速率的具体时刻。更一般的过程, 称为非齐次泊松过程, 放宽了这个假设, 其到达速率 $\lambda(t)$ 为时间的非负函数。在这种情形下, 式 (A.21) 变为

$$P(N(t) = n) = \frac{\left(\int\limits_0^t \lambda(x)\mathrm{d}x \right)^n}{n!} \mathrm{e}^{-\int\limits_0^t \lambda(x)\mathrm{d}x} \tag{A.24}$$

A.11　离散时间马尔可夫链

实践中应用最广的随机过程可能是马尔可夫链。离散时间马尔可夫链的定义采用以下术语: 离散过程的状态、在其中观察过程状态的离散步骤或阶段、状态的初始概率, 以及表示从一种状态一步转移到另一种状态可能性的转移概率。形式上, 一个随机过程 $\{X_n, n = 0, 1, 2, \cdots\}$ 中, 如果对所有状态 $i_0, i_1, \cdots, i_n$ 和 j, 给定此前状态的全部历史, 下一状态为 j 的概率只取决于最近的状态, 则称该随机过程为马尔可夫链:

$$P\left\{ \underbrace{X_{n+1} = j}_{未来} \middle| \underbrace{X_0 = i_0, X_1 = i_1, \cdots, X_{n-1} = i_{n-1}}_{过去}, \underbrace{X_n = i_n}_{现在} \right\}$$
$$= P\left\{ \underbrace{X_{n+1} = j}_{未来} \middle| \underbrace{X_n = i_n}_{现在} \right\} \tag{A.25}$$

换句话说, 给定现在, 未来与过去是条件独立的。如果 $P\{X_{n+1} = j | X_n = i\} = p_{ij}$ —— 与时间步骤 n 无关, 则称马尔可夫链具有平稳转移概率。我们只考虑平稳马尔可夫链。令 P 表示以下具有 m 个状态的马尔可

夫链转移矩阵:

$$\boldsymbol{P} = \begin{bmatrix} p_{11} & p_{12} & \cdots & p_{1m} \\ \vdots & \vdots & \vdots & \vdots \\ p_{m1} & p_{m2} & \cdots & p_{mm} \end{bmatrix} \tag{A.26}$$

$\boldsymbol{P}$ 具有三个性质: ① $\boldsymbol{P}$ 为 $m \times m$ 方阵; ② 每行的和为 1; ③ $\boldsymbol{P}$ 中所有元素为 0 和 1 之间的数。给定一个向量 $\boldsymbol{\pi}(0) = (\pi_1(0), \cdots, \pi_n(0))$, 其中 $\pi_i(0) = \boldsymbol{P}$ (过程初始处于状态 i), 在第一步各种状态的概率由 $\boldsymbol{\pi}(1) = \boldsymbol{\pi}(0)\boldsymbol{P}$ 给出, 即 $\pi_i(1) = \sum\limits_{j=1}^{m} \pi_j(0)p_{ji}$。类似地, 在第 n 步各种状态的概率由 $\boldsymbol{\pi}(n) = \boldsymbol{\pi}(n-1)\boldsymbol{P} = \boldsymbol{\pi}(n-2)\boldsymbol{P}^2 = \cdots = \boldsymbol{\pi}(0)\boldsymbol{P}^n$ 给出。由此可推得, 矩阵 $\boldsymbol{P}^n$ 中的一个元素 $p_{ij}(n)$ 表示系统在 n 步内从状态 i 到状态 j 的转移概率。

例 A.22 一个系统可能处于三种状态: 好 (G)、坏 (B)、低水平 (D)。令 X_n 表示第 n 次检查时系统所处状态。这样, 状态空间为 $\{G, B, D\}$, 每个步骤对应一次检查。最初系统处于状态 G, 转移矩阵为

$$\boldsymbol{P} = \begin{matrix} G \\ B \\ D \end{matrix} \begin{bmatrix} 0.8 & 0.1 & 0.1 \\ 0.2 & 0.2 & 0.6 \\ 0.4 & 0.5 & 0.1 \end{bmatrix}$$

例如, 如果系统处于良好状态, 则下一次检查系统处于坏状态的概率为 0.1。类似地, 如果系统当前处于低水平状态, 下一次检查它被彻底修复至良好状态的概率为 0.4, 仍处于低水平状态的概率为 0.1。由于已知系统初始处于良好状态, 由此推得 $\boldsymbol{\pi}(0) = (1, 0, 0)$。在第二次检查中系统状态的概率向量为

$$\boldsymbol{\pi}(2) = (1, 0, 0) \begin{pmatrix} 0.8 & 0.1 & 0.1 \\ 0.2 & 0.2 & 0.6 \\ 0.4 & 0.5 & 0.1 \end{pmatrix}^2 = (0.7, 0.15, 0.15)$$

这样, 从现在起, 系统在第二步 (检查) 时, 处于良好状态的概率为 0.7, 而处于低水平状态的概率为 0.15.

A.12　连续时间马尔可夫链

　　回顾离散时间马尔可夫链中, 是在固定时间点 (称为步骤或阶段) 上对过程进行观察。但是在两个连续步骤之间会发生什么呢? 如果不是每小时, 而是每半小时、每 10 min、每秒观察系统, 会发生什么呢?

　　如其名称所指, 在连续时间马尔可夫链 (CTMC) 中, 过程是被连续观察的。我们现在考察的是连续随机过程 $\{X_t, t \geqslant 0\}$, 而不是离散时间随机过程 $\{X_n, n = 0, 1, 2, \cdots\}$。在这种情形下, 马尔可夫性变为

　　$P\{X(t+s) = j \mid$ 过程在 $[0, t)$ 内的轨迹, $X(t) = i\} = P\{X(t+s) = j \mid X(t) = i\}$

　　如果 $P\{X(t+s) = j \mid X(t) = i\} = p_{ij}(s)$ 和 t 无关, 则此过程具有平稳转移概率。

　　我们已经考察了一个 CTMC —— 泊松过程 $N(t)$。如式 (A.23) 所示, 现在有 $P\{N(t+s) = j \mid N(t) = i\} = P(N(s) = j - i)$。

　　任何 CTMC 由在某些时间点上所发生的一系列跃变构成。在任意两个跃变之间, 比如从状态 i 到状态 j, 过程在状态 i 下保持不变。过程在任意给定状态 i 下所度过的时间长度, 称为在状态 i 下的逗留时间。马尔可夫性隐含逗留时间为具有指数分布的独立随机变量。逗留时间均值一般取决于过程所处的状态, 尽管对泊松过程并非如此, 我们知道其平均逗留时间对任何状态都同样等于 $1/\lambda$(见 A.10 节)。在 CTMC 中, 所访问的连续状态形成了一个离散时间 (事件驱动) 马尔可夫链, 其中一个步骤表示从一种状态到另一种状态的一个转移。这样, 一个 CTMC 过程就完全由一个状态转移矩阵 $\boldsymbol{K} = (k_{ij})$ 为加以确定, 矩阵 $\boldsymbol{K}$ 明确了从一种状态到另一种状态的转移概率, 并且在每个状态 i 下逗留时间均值为 $1/\nu_i$。

　　例 A.23　在泊松过程中, 对所有状态 $i, \nu_i = \lambda$, 如果 $j = i+1, k_{ij} = 1$; 否则 $k_{ij} = 0$。

　　例 A.24　一部机器有可能发生故障而有待修理。修理时间为独立同分布指数随机变量, 均值为 $1/\mu$。连续可工作时间为独立同分布指数随机变量, 均值为 $1/\lambda$。这里 $v_{up} = \lambda, v_{down} = \mu$。状态转移矩阵为 2×2 矩阵, 其中 $k_{01} = k_{10} = 1, k_{00} = k_{11} = 0$。

　　例 A.25　考虑两个战士 B 和 R 之间的决斗。B 杀死 R 所需时间为参数为 b 的指数分布随机变量。R 杀死 B 所需时间为参数为 r 的指数分布随

机变量。过程状态为 $(1,1)$ (决斗进行中), $(1,0)$ (B 胜) 和 $(0,1)$ (R 胜)。这里 $\nu_{(1,1)} = b+r, \nu_{(1,0)} = \nu_{(0,1)} = 0, k_{(1,1),(1,0)} = b/(b+r), k_{(1,1),(0,1)} = r/(b+r), k_{(0,1),(0,1)} = k_{(1,0),(1,0)} = 1$, 并且对所有其他 ij, $k_{ij} = 0$ (见 A.8 节指数分布小节中的指数竞赛)。

一类重要的 CTMC 是吸收链, 其中某些状态是吸收的; 一旦过程进入此类状态之一, 就永远停留在此状态下。其他非吸收状态称为瞬态。这种 CTMC 的马尔可夫转移矩阵 $\boldsymbol{K}$ 有如下形式:

$$\boldsymbol{K} = \begin{bmatrix} \boldsymbol{I} & \boldsymbol{0} \\ \boldsymbol{R} & \boldsymbol{Q} \end{bmatrix} \tag{A.27}$$

式中: $\boldsymbol{I}$ 为单位阵, 它对应于吸收状态; $\boldsymbol{Q}$ 为含有瞬态转移概率的子方阵; $\boldsymbol{R}$ 为表示从瞬态向吸收状态转移的子阵。此类矩阵有一些很有用的性质。首先注意到从长远看来, 过程会结束于吸收状态之一。矩阵 $(\boldsymbol{I} - \boldsymbol{Q})^{-1}\boldsymbol{R}$ 给出各种吸收状态的极限概率。该矩阵的行与瞬态相对应, 列表示吸收状态, 则 $(\boldsymbol{I} - \boldsymbol{Q})^{-1}\boldsymbol{R}$ 的 i, j 元素表示马尔可夫过程在已知开始状态 i (瞬态) 的前提下, 在状态 j (吸收状态) 结束的概率。其次, 已知过程开始状态 k (瞬态), 访问某个瞬态 l 的期望次数为矩阵 $(\boldsymbol{I} - \boldsymbol{Q})^{-1}$ 的 k、l 元素。

例 A.26　考虑例 A.25, B 和 R 之间的决斗由矩阵表示为

$$\begin{bmatrix} 1 & 0 & 0 \\ 0 & 1 & 0 \\ \dfrac{b}{b+r} & \dfrac{r}{b+r} & 0 \end{bmatrix}$$

这里, $i = 1$ 为吸收状态 $(1,0)$, $i = 2$ 是吸收状态 $(0,1)$, $i = 3$ 为仅有的瞬态 $(1,1)$。此外, $\boldsymbol{R} = \left[\dfrac{b}{b+r}, \dfrac{r}{b+r}\right]$ 且 $\boldsymbol{Q} = 0$。极限概率为 $(1 - 0)^{-1}\left[\dfrac{b}{b+r}, \dfrac{r}{b+r}\right] = \left[\dfrac{b}{b+r}, \dfrac{r}{b+r}\right]$, 且访问瞬态的期望次数为 1 —— 决斗的初始状态。

附录 B 优化

　　构建战斗模型的主要目的是为了提高决策水平, 无论决策是涉及采办、作战、战术还是后勤。在某些限定环境下, 有可能找出最好的可能决策。本节的主题是借助计算机实现最优决策的方法。利用 Excel™ 工作簿 *AppendixB.xls* 来演示计算过程。

　　本附录只是对主题的简要介绍, 这一主题涉及大量此处未做交待的内容。更多细节和例子可参见温斯顿 (1994) 或介绍运筹学的其他书籍。

B.1　引言

　　约翰·冯·诺依曼 (John von Neumann) 与摩根斯特恩 (Morgenstern, 1944) 证明, "理性" 决策者会做出使其所期望的效用 (愿望的数量测度) 最大的决策。广泛使用计算机通过优化辅助决策即基于这一理论基础。实践中, 我们可能求最小而不是最大, 道理是有时处理负效用 (成本) 比处理效用更方便。

　　如果 x 是待做决策, $U(x)$ 是决策的效用。相应的数学问题是在满足

x 可行的前提下使 $U(x)$ 最大。决策符号采用粗体字以强调它可能是向量而不是简单的数值。效用函数本身必须是标量。如果决策方案数不是特别大, 完全可以对其进行逐一检验, 选出具有最大效用的方案。事实上, 在任何电子数据表中, 函数 sort (排序) 可以看作最基本的优化函数, 理由是对效用进行排序将使最好决策浮现上来。这种方法叫做强力优化 —— 完全列出所有可能结果, 选出最好的。

可是对于许多问题, 明显列出所有可能决策方案并不具备吸引力, 甚至是不可能的。在 Excel^{TM} 中, 由解算器 (Solver) 来处理这些问题。解算器是一个工具, 它提供了一个对话框, 用户被要求在其中选择一个效用单元格 (用户必须明确知道是想求最大还是最小) 进行优化, 还有一个或多个 "可变" 单元格, 解算器将对其加以调整以优化效用。这些可变单元格是解算器中对 x 的命名, x 就是决策方案, 可能服从各种可行性约束。如果在工具菜单上看不到解算器, 选中加载宏列表的复选框, 这样就可以使用解算器。

例 B.1 考虑求函数 $f(x) = \sin x/x$ 最大值, 满足约束 $x \geqslant 3$。在 *Appendix B.xls* 的工作表 Hill Climb 中, 可以看到函数的图形, 从图上看出最大值显然在大约 $x = 8$ 处获得 (当 x 更小时, 函数值更大, 但要求 x 至少取 3)。启动解算器, 通过调整绿色单元格 (x 或 G2), 求函数 (在粉色单元格内) 的最大值。在胞 (F2) 的峰值处就是最大。如果在绿色单元格中输入 8 附近的任何数, 运行解算器, 它都会将绿色单元格调整为 7.7, 这是使得函数值最优的点。

注意解算器详细地描述了答案:

Solver has found a solution. All constraints and conditions are satisfied.

(解算器发现了一个解, 满足所有约束和必要条件)。

就保证解最优而论, 情况并非如此。事实上, 如果在绿色单元格中输入 4 后启动解算器, 它将推荐解为 3, 然后做出同样的声明。解算器基本上是在爬山, 这种说法意味着它感知到函数的坡度, 连续向上坡移动, 直至到达山顶 (它能够识别出山顶, 是因为函数在顶部是平的), 或受制于约束, 无法再往上爬。这种方式将导致一个最优值, 理由在于对 x 的微小变化不会产生对 $f(x)$ 的改进, 终点或许仍不是全局意义下的优化解。

当然, 如果能够保证计算出的解是全局最优的, 则更符合我们的要求。接下来所考察的一类主要问题, 就能够实际上满足这一点。

B.2 线性规划

在一个线性规划 (LP) 中, $x = (x_1, x_2, \cdots, x_n)$ 为有 n 个分量的向量, 目标函数为 $U(x) = \sum_{i=1}^{n} c_i x_i$, 其中 c 为任意常数向量, 并且对 x 的约束形式上是其他线性组合不得超过给定的界限。如果有 m 个这样的约束, 它们都可以表示为紧凑形式, 令 x 为一个列向量, 要求 $Ax \leqslant b$, 其中 A 是一个 $m \times n$ 矩阵, b 是有 m 个分量的常数列向量。目标可能是最大或最小, 约束可能包括等式, 也可能包括 $\geqslant$ 不等式。

带有上百万个变量和约束的线性规划, 可以利用现代计算机程序来求解, 并且其结果可以 (或应该) 保证是最优的。但为防止误解, 有必要做三项说明。一个说明是有可能没有可行解, 在这种情形下, 肯定不会有最优解。另一个说明是约束可能不会限制解, 从而 $U(x)$ 是不受限制的。例如满足 $x \geqslant 0$, 求 x 最大, 就是一个有无界解的线性规划问题。分析人员通常不会有意构造无界或不可行的线性规划, 但计算机程序如解算器必须能够处置任何情形。最后一个说明是 LP 不能大到连计算机程序都处理不了的程度。遵循这三项说明, 任何 LP 的最优解都是可以计算的。

2003 版 Excel™ 的解算器只能处理 200 个可变单元格 ($n \leqslant 200$), 但它不仅对指导学习, 而且对许多实际应用也足够了。

例 B.2 这是一个监视问题。有三类平台, 可用来连续监视四个区域。每个类型 i 的平台数是一个输入 b_i, 这些平台在不同的区域有不同的效率。例如, 在基地附近区域, 飞行器执行监视的效率最高。类型 i 的一个平台, 如果分配其监视区域 j, 在这个区域内发现任何目标的比率是 a_{ij}。这12 个输入 a_{ij} 反映了三类平台在四个区域内的相对效率。这些输入的量化涉及第 7 章中的思想, 特别是 7.3.2 节, 但此处我们认为它们是给定的。令 x_{ij} 表示类型 i 平台被分配至区域 j 巡逻的数量, 令 $y_j = \sum_i a_{ij} x_{ij}$ 表示在区域 j 的总发现比率。这个线性方程将决策变量和每个区域内的效率测度联系起来。目标是指派平台以使得在最坏情况下总发现比率尽可能大。通过多引入一个变量, 目标 v, 并要求在所有 4 个区域内 y_j 至少为 v, 这是很容易实现的。一旦可变单元格 (x, v) 达到优化, 在 4 个区域中每一个内发现比率至少为 v。解决这个问题的另一个方法是使发现平均时间最多为 $1/v$。归结起来, 这个线性规划问题是求 v 的最大值, 对所有 j, 服从于约束 $\sum_i a_{ij} x_{ij} - v \geqslant 0$, 对所有 i, 服从于约束 $\sum_j x_{ij} \leqslant b_i$, 而 $x_{ij} \geqslant 0$ 对所

有 i 和 j 成立。不必要明显提出变量 y_j, 所以这个线性规划问题共有 13 个变量 $(n = 13)$。约束 $x_{ij} \geqslant 0$ 是必要的; 否则解算器会使某些变量取负值。算上这 12 个约束, 一共有 19 个约束。求解见 $AppendixB.xls$ 的工作表 MaxRate。由于优化问题属于线性规划, 不管解算器的起始点在哪里, 这个解都是全局最优的。在本例基础上, 建议做以下练习。

(1) 观察电子数据表, 看如何按解算器要求构建问题模型。解算器不允许在对话框中使用线性表达式, 因此所有此类计算必须在电子数据表中进行。解算器不允许不等式右侧出现变量, 因此所有变量必须出现在左侧, 如以上方程式所示。解算器不允许在左侧使用数组, 因此在对话框中, 对所有约束 $x_{ij} \geqslant 0$, 需表示为一行。

(2) 改变输入数据 a 和/或 b, 运行解算器看对 x 和 v 的影响。

(3) 删除约束 $x_{ij} \geqslant 0$, 看如果犯了类似错误, 会发生什么结果。

B.3 整数约束

在例 A.2 的解中, 对某些变量 x_{ij}, 通常包括小数形式的值。这可能是个问题, 也可能不是。对某个特定区域, 通过在某些天分配 2 架飞行器, 在其他天分配 3 架, 来达到等价于分配 (譬如说) 2.5 架飞行器。在此情形下, 线性规划问题的解恰好是所需方案。然而, 如果这种时间平均是不可能的, 某些变量就必须限定为取整数值。如果全部变量限定为整数, 则该问题称为整数规划, 或称为混合整数规划 (MIP), 后者是更普遍的情形, 只限定某些变量为整数。在监视例子的情形下, 将限定 x 为整数, 而不限定 v, 从而得到一个混合整数规划。在任意一种情形下, 所产生的优化问题都比普通线性规划问题的求解更困难。

用户不必受这些额外的计算难度的困扰。在使用解算器时, 所要做的只是简单地增加一个约束, 限定某些变量必须为整数。在对话框中, 在所有指定为被试变量的位置, 增加一个约束, 从 "关系" 下拉菜单中, 选择 integer (整数)。计算困难所带来的主要问题是用户应当具有高度的理解力, 明白当点击 "求解" 按钮时所发生的结果。在有些例子中, 在合理的时间内根本没有返回解, 也有些例子返回了不正确的解。

例 B.3 背包问题是著名的整数规划问题。其中, 背包仅能装 b 磅物品, 并且必须决定将哪些物品装入背包。每件物品有其重量和价值, 装入每种物品的数目不限, 只要背包重量不超过 b。假设集装物品的价值具有

可加性 (这意味着给这类问题命名是贴切的, 道理在于 3 个睡袋的价值必然不是 1 个睡袋的 3 倍)。如果没有整数限制, 背包问题就是一个普通的问题 —— 解是装入尽可能多的价值/重量比值最大的物品。整数限制使问题归入人们所知的本质上难度较大的一类问题。就本书来说, 解算器至少对一个背包问题得出了错误解, 见于 $AppendixB.xls$ 的工作表 Knapsack。已知最优解为 $x = (32, 2, 1, 0, 0, 0, 0)$, 总价值为 19,979。而 Excel^{TM} 2003 自带解算器得出的总价值却是 19,972, 即便将最优解作为起点。

例 B.3 并不意味着告诉你使用解算器不是个好主意; 毕竟 19,972 对 19,979 是一个不错的近似, 而且解算器通常会恰好得出正确的答案。不过要记住, 正像某些看起来相当复杂的问题实际上是简单问题 (任何 LP 问题), 也有某些看起来相当简单的问题实际上却复杂到令人不由得怀疑 "最优" 解的存在。

整数变量有时限定为只取值 0 和 1, 这种情形下称其为 "二元" 变量。二元变量可用来表达问题中的某些逻辑关系, 这个问题属于另外一类线性规划问题。设想 x 表示某种日用品的生产水平, 目标函数包含有一项 $-kx$, 由于每生产一个单位 x, 所消耗成本为 k。问题是如果工厂的生产水平是正的, 建工厂才有必要, 但目前还没有工厂。引入一个二元变量 z 指示是否要建工厂, 同时, 目标函数中有一项 $-Kz$, 其中 K 表示建工厂的成本。合理的想法是没有工厂就无法生产出任何产品, 这可以通过增加一个约束 $x \leqslant Mz$ 来表示, 其中 M 为工厂的生产能力。如果 z 为 0, 则 x 无法为正。如果 z 为 1, 则 x 可以跟 M 一样大。为使用这一套系统而有必要使用另一套系统, 融合这一思想的方法有广泛的适用性。例如在 10.2.2 节中, 即采用了这种方法, 用以强调没有地面控制单元, 无人飞行器就不能飞行这一理念。处理二元变量有一些特殊的算法技巧, 所以在使用大多数优化包时, 明智的做法是将二元变量识别出来, 而不是当作整数变量。在解算器中, 同一下拉列表包含 int, 也包含 binary, 相应的时候要选择后者。

B.4 非线性规划

如果表示决策问题的函数中, 有任何一个是 x 的非线性函数, 则问题称为非线性规划 (NLP)。例 B.1 属于非线性规划, 它表明非线性解算器倾向于找出局部最优解, 而未必是全局最优解。另一个有启发作用的练习是用解算器求 x^2 的最大值, 以初始猜测值 0 为起点。用 Excel^{TM} 2003 自带解算器, 不会发生任何变化, 难点在于这个函数在原点是平的 (取任何其他起点, 解算器都会正确地报告这个函数无界)。

此外, 这些警示性说法并不是想阻止使用解算器或其他优化软件, 只不过是渐渐灌输要保持怀疑的习惯。本书中有几处求解了非线性问题, 只是从作者角度进行合理性检验之后, 给出作为 "最优" 的结果。通常在大多数合理构造的问题中, 解算器会得出最优解。此外, 运用解算器无需承担失效风险 —— 如果不喜欢解算器的解, 随时可以弃之不用, 支持 (接受) 原先所提供的起点。

如果可能的话, 将 NLP 问题表示为 LP 问题是值得花功夫的。例 B.2 可能就是一个这样的例子, 其中 y_j 定义为在区域 j 内的搜索比率。可以求函数 $\min(y_1, y_2, y_3, y_4)$ (四个搜索比率中最小值) 的最大值。这可以省却一个变量 (v), 代价是将目标函数变为非线性, 原因在于 $\min(\ )$ 是非线性函数。这无需费力去想 —— 保持线性规划的形式意义重大, 微小的代价只是多引入一个变量。例 B.2 给出的线性表达式是最好的。另一个例子在 10.2.2 节, 其中一个非线性问题采用对数转化为线性问题。

B.5 动态规划

解算器无法求解动态规划问题, 大多数其他优化软件包也做不到。原因是动态规划没有标准形式, 而是利用一个所谓的 "最优性原理"。该原理意味着大规模问题的求解可能自然隐含许多个小规模问题的求解。例如, 设想从纽约途经匹兹堡到洛杉矶的最短路线。则由此推出其中至匹兹堡的部分路线也是从纽约到匹兹堡的最短路线。这种相当单纯的见解实际上很具说服力, 它不仅是计算最短路径的基础, 而且是那些识别近便 "状态" 的类似情形下计算的基础。最短路径问题的状态是当前所处的城市。在第 4 章中所考察的 ABM 问题的状态是有待分配给之前分配后全部幸存来袭导弹数的 ABM 数。

基本动态规划方法是在给定问题中植入一类以递归方程相互连接的小问题。特点是在计算结束时, 不仅解出了给定问题, 也求解了所有小问题。求解方法不很适于在电子数据表中直接实现, 但编程语言如 VBA (用在第 4 章) 提供了足够的功能扩展。动态规划的发明者理查德·贝尔曼和德莱弗斯 (1962) 合著的书仍具阅读价值, 或者阅读温斯顿 (1994) 的著作。

附录 C 蒙特卡洛模拟

　　蒙特卡洛模拟是利用随机数研究随机模型的一种方法, 典型的随机数是通过计算机利用随机数发生器生成的。这些随机数可用来模拟真实世界有时所展示的一类不可预见性。通过重复试验, 可以随时对所关注的随机变量加以量化, 即使不能直接进行概率分析。这种技术是老技术, 直到出现了数字计算机, 它才在精确计算方面变得实用起来。E.L. 德·弗里斯 (E.L. de Fores) 将这种方法用于第二次世界大战中的曼哈顿工程。当时, 斯坦利·乌力姆和约翰·冯·诺伊曼命名了这项技术。

C.1　基本思想

　　设想关注随机变量 X, 但不知道 X 的概率分布。描述 X 的一种方法是重复进行基于 X 其产生的基本试验, 观察第 i 次独立重复试验中的 X_i, 然后利用统计方法从随机样本 $X_1, X_2, \cdots, X_n$ 中推断出 X 的某些属性。如果 n 很大, 总体上能指望推断是准确的。通过观察真实世界可获取随机样本, 但是在蒙特卡洛模拟中, 随机样本几乎总是用计算机人工生成的。

　　在未知 X 的概率分布的前提下, 能够产生随机样本 $X_1, X_2, \cdots, X_n$, 这可能看起来不寻常, 但这种情形是非常普遍的。例如, 令 X 为两个六面骰子的点数和, 如掷骰子游戏中, 考察 X 为 11 这个事件。$P(X = 11)$ 是多少? 既然 X 不是一类标准的随机变量, 无法从表中查找答案。可是, 通过简单地抛掷两个骰子求点数和, 容易产生 X 的样本。"掷骰子" 在计算机上很容易, 所以可以做这个试验 (譬如说) 10000 次, 然后用 $X = 11$ 的比例估计 $P(X = 11)$。这个试验比例不会完全正确, 但它会接近精确值 1/18。

如果已经知道精确答案是 1/18, 可能会困惑为什么有人会愚蠢到自找麻烦, 用掷骰子游戏得出 11 点的机会, 还得难免犯点小错误。擅长概率计算的人常常对蒙特卡洛模拟持有那种反应。然而, 虽然无疑正确的是, 模拟那些已经知道答案的事情没什么用处, 同样正确的是, 有一大堆令人苦恼的问题, 即使经验丰富的概率学家, 也不知道准确答案。令 X 为 10 个骰子的点数和。你知道 $P(30 \leqslant X \leqslant 50)$ 吗? 为了精确计算这个数, 你首先要计算 $P(X = 30)$, 然后把它加到其他 20 个类似的数上。为了计算 $P(X = 30)$, 你需要计数 10 个六面骰子点数和等于 30 的组合方案数。所有这些当然做得到, 但是这个过程要费时间, 也容易犯错。为什么不简单地掷 10 个骰子来确定 X, 并且重复这个试验足够多次以确信试验比例可靠呢? 在计算机上可以高速重复进行这些试验。

举一个更重要的例子, 考察原子裂变。当一个铀原子释放一个中子时, 中子会均匀沿随机方向移动, 直至碰到其他物体。它可能碰到另一个铀原子, 这样会产生更多中子, 或者可能被某个其他类原子吸收。这个过程可能产生许多中子, 导致其变得不稳定, 也可能不是这样。为了估计不稳定性的几率, 曼哈顿科学家曾运用随机数表来确定各相互作用的细节。现代计算机的确使蒙特卡洛过程更为高效。

C.2 随机数产生

计算机的设计使得其运算是绝对可预测的, 所以寻求一个满意的 "随机" 数生成方法是一项具有挑战性的任务。一种方法是在需要数值的准确时刻, 看系统时钟, 这个结果是基于低级数字的。由于不可重复性, 这种方法很少用 —— 尽管希望产生 "随机" 数 —— 出于排错的目的, 也希望能够重复进行试验。通常的折中方法是生成 "伪随机" 数序列 $x_1, x_2, \cdots$, 其中 x_{n+1} 的产生取决于 x_n。例如, 一个著名的方法是令 x_{n+1} 表示 ax_n 除以 m 的余数, 其中 a 和 m 是常正整数。如果 m 是素数, 则 x_{n+1} 总会是一个大于 0 且小于 m 的整数。如果 a 和 m 是刻意选取的, 这个序列就会通过大多数统计检验, 作为一个在相应区间上独立均分布的随机整数序列, 但如果有必要, 仍然可以重复生成, 这是由于整个序列取决于 "种子"

x_1。对 32 位计算机, 一个特别适当的选择是 $a = 7^5$ 和 $m = 2^{32} - 1$, 帕克和米勒 (1988) 称为 "最低标准"。

大部分程序语言含有一个产生在 $(0,1)$ 区间上均匀分布随机数序列的函数。方法之一是用 m 去除最低标准序列, 但是, 程序员无需关心序列具体是如何产生的 —— 无论何时需要随机数, 只要调用此函数就足够了。在 Excel™ 中, 这个函数叫做 RAND( )。RAND( ) 是一个 "易变的" 函数。如果在两个不同单元格里写 "=RAND( )", 在这两个单元格显示的数值是不同的, 此外, 每次在电子数据表中作任何改变, 数值都会发生变化。进一步, "=2*RAND( )" 和 "=RAND( )+RAND( )" 结果是不同的, 原因是第二个表达式调用两次 RAND( ) 函数, 而第一个只调用一次。

如果有在 $(0,1)$ 区间上均匀分布的随机数, 可证明并不难产生其他分布的随机数。理由在于, 如果 $F( )$ 是随机变量 X 的累积分布函数, 则 $F(X)$ 是一个均匀随机变量。既然能产生均匀随机变量, 也能利用 $F(X)$ 的反函数产生随机变量。例如, 在 Excel™ 中, 表达式 "=NORMINV(RAND( ), A1, A2)" 会产生一个均值为 A1 和标准偏差为 A2 的正态分布随机数。有各种各样的商业 "插件" 提供函数, 用来从任何实用标准分布中采样。

一旦能够产生任意分布的随机数, 就能使用它们来模拟各种值得关注的问题, 这些问题用其他方法是难以分析的。

C.3 统计问题和 Simsheet.xls

蒙特卡洛模拟起作用的途径是一遍又一遍重复同样的试验, 收集并最终给出结果统计数据。设想结果是一个数值 Y, 一个总结试验的随机变量。有待报告的自然统计量有样本均值、均值估计的标准误差, 或许还有显示样本分布的直方图。$Simsheet.xls$ 自动实现这一过程。工作簿含有一个输入单元格 A1, 指向定义 Y 的任意单元格, 另一个输入格指定了所需的重复次数。调整好这两个单元格后, 用户点击 "模拟" 命令按钮, 以所需次数重复进行试验。输出包括以上所建议的项目。$Simsheet.xls$ 可以和任何其他工作簿配合使用, 只要两个工作簿同时打开。在 Simsheet 中, 在单元格 A1 中键入 "="。然后在另一个工作簿中点击想要模拟的单元格, 选中绿色复选标记。

可以选择重复次数, 以使标准误差足够小, 当然这取决于应用的需要。通常几千次重复就足够了。采用通常的统计技术来构造置信区间。例如, $E(Y)$ 的置信区间可以基于 $Simsheet.xls$ 所报告的样本均值和标准误差。

C.4 例子和习题

例 C.1 考虑在掷骰子游戏中得到 11 点的概率。蒙特卡洛模拟是在 *AppendixC.xls* 的工作表 Craps 上。掷一枚骰子的点数分别放入两个单元格内，在第三个单元格内放入和。为使用 *Simsheet.xls*，如选择重复 10 000 次，点击模拟按钮，查看直方图结果，确定实际和为 11 的掷骰子次数所占比例。由于 RAND( ) 是易变的函数，答案是不可预知的，但应接近于 1/18。变化一下，在单元格 D2 中增加公式 "=IF(C2=11,1,0)"，它会依据和是否为 11，对单元格 2 置 1 或 0。如果将 *Simsheet.xls* 链接到单元格 D2，这个量的平均值由 *Simsheet.xls* 自动报告，即 11 出现的重复次数所占比率。

例 C.2 东经 73° 线上的战斗是第一次海湾战争中的一场战斗，其中 23 辆红方坦克被 12 辆蓝方坦克击毁，而蓝方没有任何损失。特别引人注目的是有 1 辆蓝方坦克单独击毁了其中 7 辆红方坦克。我们想知道这一事件随机发生的概率，而不借助任何特殊技巧或条件，以干预这辆创记录的蓝方坦克。更确切地说，即使每辆红方坦克是被随机选中的一辆蓝方坦克击毁的，得分最高的蓝方坦克击毁 7 辆或更多红方坦克的概率 P 是多少？P 的计算有难度，但模拟却不难。*AppendixC.xls* 中的工作表 73 Easting 做了这项工作。工作表每一行通过采用一个随机数选择击毁这辆坦克的蓝方坦克，来确定 1 辆红方坦克的命运 (对行中每个单元格使用一个新随机数，不会给出想要的结果)。则 Excel™ 的 Sum( ) 和 Max( ) 函数足以用来确定被得分最高的蓝方坦克所击毁的红方坦克的数量，其结果记录在单元格 N25 中。单元格 N25 而后可链接至 *Simsheet.xls*。结果概率 P 近似为 0.02，所以这种 "偶然" 发生的一边倒的比分机会很小，小到应作出其他解释。

书中有一些其他例子。6.3 节的例 3 含有一个兰彻斯特战斗的蒙特卡洛模拟。*Chapter8.xls* 包括单独的工作表，针对同一个雷场计划问题，分别用解析法和蒙特卡洛模拟加以解决 —— 细节描述见 8.3 节。

C.5 扩展阅读

以上简单介绍对学习本书够用了，但是关于模拟还有很多其他内容。运筹学著作如塔哈 (2007) 或温斯顿 (1994) 常有蒙特卡洛模拟一节，包括产生各种分布的随机样本的方法。除了 Excel™ 插件外，还有一些专用模拟软件包，可用于可视化和用公式表示复杂问题。斯温 (2005) 对 40 多个不同的现有软件包进行了概述。

名词术语 (英中对照)

Contagious agents 传染媒
Contra indication 禁忌 征候
Cookie cutter 曲奇饼成形机①
COSAGE 战斗样本产生器
Cost,
    maximum 最大成本
Counter military potential 反击军事
    潜力
Coverage ratio 覆盖率
Crowd blocking 人群阻挡

D

Damage 毁伤
Damage function 毁伤函数
Deconfliction 冲突化解
Deployment 展开, 部署
Depth charger 深水炸弹
Descriptive models 描述性模型
Diffuse Gaussian 扩散高斯的②
Diffuse reflection 漫反射
Dispersion 散布
Distribution of effort 手段③分配
Dynamic programming 动态规划

E

Eigenvalue 特征值
EMT 百万吨当量
Engineering approach 工程方法
ENWGS 增强型海军对抗系统
Equivalent megatons (EMT) 百万吨
    当量
Error 误差
    bias 偏差
    dispersion 散布

———————
    ①用来形象地表示服从圆正态分
布的误差 (假设) 译者注。
      ②一种毁伤函数, 译者注。
      ③书中指搜索, 译者注。

Evasive targets 规避 (的) 目标
Exhaustive search 穷举搜索
Expected value analysis (EVA) 期望
    值分析
Explosive charge 炸药

F

FAB algorithm 前向和后向算法
False alarm 虚警
False negative 错误否定
False positive 错误肯定
FATHM 快速战区模型
Feedback 反馈
Figure-8 track 8 字形轨迹
Fire control 火力控制
Flaming Datum 燃烧点

G

Game 对策, 对局, 游戏
    Blotto 布洛托
    logistics 后勤
    Markov 马尔可夫
    matrix 矩阵
    mine 地雷
    parlor 室内
    perfect information 完全信息
    game solution 对策解
    strictly determined 严格确定
    game theory 对策理论
    tree 树形对策
    two-person zero-sum (TPZS) 二
    人零和
Gamma 伽马
Global Hawk 全球鹰
Global positioning system 全球定位
    系统
Greedy 贪婪

Ground control 地面控制
Guerilla 游击战

H
Homogeneous mixing 均匀混合

I
ICBM 洲际弹道导弹
IED warfare 简易爆炸装置战
Improvised explosive devices 简易爆炸装置
Information 信息
Insurgence 叛乱
Intelligence 情报
Interception 截击
Interceptors 拦截者 (器)
Inverse cube law 倒立方定律

J
JMEM 联合弹药效能手册
JOINT DEFENDER 联合防卫系统 (者)
Joint munitions effectiveness manual 联合弹药效能手册

K
Kill 毁伤
Kill probability 毁伤概率

L
Lanchester 兰彻斯特
Lanchester model 兰彻斯特模型
Lateral range 横向距离
Lateral range curve 横向距离曲线
Lethal area 杀伤面积
Lethal radius 毁伤半径
Linear law 线性定律
Linear program 线性规划
Line of sight 视线

Line-of-sight (LOS) 视线
Lognormal 对数正态分布

M
Markov chain 马尔可夫链
Markov decision process 马尔可夫决策过程
    partially observable 部分可见的
Mass vaccination 大面积预防接种
Mid-course phase 中段
Mine 地雷/水雷
    counter 计数器
    hunting 猎 (雷)、探查
    sweeping 扫 (雷)
Minefield 雷场
    clearance level 雷场扫清水平
Miss distance 偏差距离
MOE 效能量 (测)度
Monte Carlo 蒙特卡洛
Mother Nature 自然力量
Myopic 近视的

N
Nodes 节点

O
Occupational probability 占位概率
ODE 常微分方程
Offset 偏移量
Optimal stopping 最优停时
Ordinary differential equations (ODE) 常微分方程
Ottawa treaty 渥太华公约
Overlooking probability 忽视 (漏看) 概率

P
Pattern 模式, 样式

Payload 有效载荷
Perfect information 完全信息
Phase 阶段
POA 面积概率
POD 探测概率
Point of closest approach 最接近点
Poisson 泊松
Powering up minefield 升幂雷场
Precision guided munitions 精确制导
弹药
Predator 捕食者
Prescriptive models 说明性模型
Prim-Read 普瑞姆 — 瑞德①
Princess and Monster 公主与魔鬼
Probability actuator 概率激活器

R

Radar 雷达
Random search 随机搜索
Rayleigh 瑞利
Reconnaissance 侦察
Relaxation 张弛
Rest of world 外界
Rock-paper-scissors②, 石头剪刀布 (游
戏)
Route 航 (路)线
Routing 路径选择, 航线规划

S

Saddle point 鞍点
Salvo 齐射
Search 搜索
Shoot-look-shoot 修正射击
Shortest path 最短路径
Sigmoid S 形的

①一种防御模型。
②原文写成 Rock-saper-scissors。

Simple initial threat 简单初始威胁
SIR model 易感 — 感染 — 康复模型
Situational awareness 态势感知
Smallpox 天花
SOLR 策略最优局部随机
Sonar 声纳, 声纳定位仪
Special Operations Forces 特种作战
部队
Spray beam 喷射束
Square law 平方定律
Statistical Approach 统计方法
Stochastic 随机的
Suicide bomber （人体) 自杀式炸弹
SULR 策略均一局部随机
Surveillance 监视
Survivability 生存力
Swarms 集群
Sweep width 搜扫宽度③
minefield 雷场

T

TAC CONTENDER 战术竞争者④
Targeting 瞄准目标
Target value 目标值
Terminal phase 弹道末段
Minefield Threat 雷场威胁
Threat Profile 威胁剖面
Time critical 时间紧迫的
TPZS 二人零和
Trace vaccination 跟踪预防接种
Trajectory 轨道, 弹道
Triangular minesweeping 三角形扫雷
True range 真实距离

U

③既与搜索活动有关,也与扫雷活
动有关,译者注。
④美国空军的一个模型,译者注。

UAV 无人机

UCAV 无人战斗机

Unaimed fire 间瞄射击

Uncountered Minefield Planning Model
(UMPM) 非对抗雷场规划
模型

Universal independence 普遍独立

V

Vaccination 预防接种
　　policy 策略

Vaccines 疫苗

VBA VB应用程序

W

Wargame 兵棋

Wasted fire 浪费火力

Waypoints 航线基准点

Wonsan 元山①

Y

Yield 当量

----

① 朝鲜东南部一城市, 位于平壤东部的日本海岸, 是主要的港口和海军基地。

参考文献

[1] Ahuja, R. K.; Magnanti, T. L.; and Orlin, J. B. 1993. "Network Flows: Theory, Algorithms and Applications", *Englewood Cliffs*, NJ: Prentice Hall. [9.2.1]

[2] Ahuja, R.; Kumar, A.; Jha, K.; and Orlin, J. 2003. "Exact and Heuristic Methods for the Weapon Target Assignment Problem", MIT Sloan School of Management Working Paper 4464-03, Cambridge. [2.4.3]

[3] Alighanbari, M. and How, J.p. 2008. "A Robust Approach to the UAV Task Assignment Problem", *International journal of Robust Nonlinear Control*, vol. 18, pp. 118–134. [9.4.1]

[4] Anderson, L. 1989. "A Heterogeneous Shoot-Look-Shoot Attrition Process", paper P-2250, Institute for Defense Analysis, pp. 10–11. [3.4.2]

[5] Anderson. R.M., and May, R.M. 1991. *Infectious Diseases of Humans*, Oxford University Press, Oxford. [10.3.2]

[6] Aviv, Y. and Kress, M. 1997 "Evaluating the Effectiveness of Shoot-Look-Shoot Tactics in the Presence of Incomplete Damage Information", *Military Operations Research*, vol. 3, pp. 79–89. [3.5]

[7] Barfoot, C. 1969. "The Lanchester Attrition-Rate Coefficient: Some Comments on Seth Bonder's Paper and a Suggested Alternate Method", *Op-*

[ ] 中显示文中提到的章节。

erations Research, vol. 17,pp. 888–894. [5.4.1]

[8] Barr, D. 1974. "Strong Optimality of the Shoot-Adjust-Shoot Strategy", *Operations Research,* vol. 22, pp. 1252–1257. [3.3]

[9] Beale, E. and Heselden, G. 1962. "An Approximate Method of Solving Blotto Games", *Naval Research Logistics,* vol. 9, pp. 65–79. [6.2.3]

[10] Bellman, R. 1961. *Adaptive Control Processes: A Guided Tour,* Princeton University Press, Princeton. [3.4.2]

[11] Bellman, R. and Dreyfus, S. 1962. *Applied Dynamic Programming,* Princeton University Press, Princeton. [Appendix B]

[12] Benkoski, S.; Monticino, M.; Weisinger, J. 1991. "A Survey of the Search Theory Literature", *Naval Research Logistics,* vol. 38, pp. 469–494. [7.7]

[13] Berkovitz, L. and Dresher, M. 1959. "A Game theory Analysis of Tactical Air War", *Operations Research,* vol. 7, pp. 599–620.[6.2.3, 6.3]

[14] Bertsekas, D.; Homer, M.; Logan, D.;Patek, S.; and Sandell, N. 2000. "Missile Defense and Interceptor Allocation by Neuro-Dynamic Programming" *IEEE Transactions on Systems, Man and Cybernetics, Part A,* vol. 30, pp. 42–51.[4.3]

[15] Bracken, J.; Falk, K.; and Karr, A. 1975. "Two Models for Allocation of Aircraft Sorties", *Operations Research,* vol. 23, pp. 979–995. [6.2.3]

[16] Bracken, P. 1976. "Unintended Consequences of Strategic Gaming", Hudson Institute HI-2555-p, New York. [6.3]

[17] Bracken, J.; Kress, M.; and Rosenthal, R. 1995 (eds), *Warfare Modeling,* Wiley,New York. [5.2]

[18] Brackney, H. 1959. "The Dynamics of Military Combat", *Operations Research,* vol. 7, pp. 30–44. [5.4.1]

[19] Bressel, C. 1971. "Expected Target Damage for Pattern Firing", *Operations Research,* vol. 19, pp. 655–667. [2.3.3]

[20] Bronowitz, R., and Fennemore, C. 1975. "Mathematical Model Report for the Analytical Countered Minefield Planning Model (ACMPM)", NSWC/DLTR-3359, Naval Surface Weapons Center. [8.5.1]

[21] Brown, S. 1980. "Optimal Search for a Moving Target in Discrete Time and Space", *Operations Research,* vol. 28, pp. 1275–1289. [7.6.2]

[22] Brown, G.; Carlyle, M.; Diehl, D.; Kline, J.; and Wood, W. 2005. " A Two-Sided Optimization for Theater Ballistic Missile Defense", *Operations Research,* vol. 53, pp. 263–275. [4.3, 6.2.4]

[23] Brown, G., and Washburn, A. 2007. "The Fast Theater Model (FATHM)", *Military Operations Research,* vol. 12, pp. 33–45. [5.6]

[24] Bryan, K. 2006. "Algorithms for Decision Aid for Risk Evaluation (DARE) version 2.1", NURC-FR-2006–002, NATO Undersea Research Centre. [8.4]

[25] Burr, S.; Falk, J.; and Karr, A. 1985. "Integer Prim-Read Solutions to a Class of Target Defense Problems", *Operations Research*, vol. 33, pp. 726–745. [4.2.3]

[26] CAA. 1983. "ATCAL: An attrition Model using Calibrated Parameters", The U.S. Army' s Center for Army Analysis, CAA-TP-83-3. [5.5]

[27] CAA. 1998. "Kursk Operations Simulation and Validation Exercise – Phase II (KOSAVE II)", The U.S. Army' s Center for Army Analysis, CAA-SR-98-7. [5.4.2, 5.5]

[28] Cunningham, L. and Hynd, W. 1946. "Random Processes in Air Warfare", *Journal of the Royal Statistical Society*, supplement, vol. 8, pp. 62–85. [2.5]

[29] David, I. and Kress, M. 2005. "'No Overlap No Gap' and the Attack of a Linear Target by n Different Weapons", *Journal of the Operational Research Society*, vol.56, pp. 993–996 [2.5]

[30] Davis, P. 1995. "Aggregation, Disaggregation, and 3:1 Rules in Ground Combat", RAND report MR-638-AF/A/OSD, Santa Monica. [5.5]

[31] Deitchman, S. 1962. "A Lanchester Model of Guerilla War", *Operations Research*, vol, 10, pp. 818-827. [5.2]

[32] Dell, R.; Eagle, J.; Martins, G.; and Santos, A. 1996. "Using Multiple Searches in Constrained-Path Moving-Target Search Problems", *Naval Research Logistics*, vol. 43, pp. 463–480. [9.4.1]

[33] DIA. 1974. "Mathematical Background and Programming Aids for the Physical Vulnerability System", DI-550-27-74, Defense Intelligence Agency, Washington. [2.2.4]

[34] DoD. 1998. "DoD Modeling and Simulation (M&S) Glossary", DoD 5000.59-M January 1998. [1.2]

[35] Eckler, A. and Burr, S. 1972. *Mathematical Models of Targer Coverage and Missile Allocation*, Military Operations Research Society, Alcxandria. [2.5, 4.3.6.2.3]

[36] Engel, J. 1954. "A Verification of Lanchester's Law", *Operations Research*, vol. 2, pp. 163–171. [5.4.2, 5.5, 6.2.3]

[37] FAO. 2008. http://www.fas.org, Federation of American Scientists, accessed November, 2008.

[38] Fraser, D. 1951. "Generalized Hit Probabilities with a Gaussian target", *Annals of Mathematical Statistics*, vol. 22, pp. 248–255. [2.5]

[39] Fraser, D. 1953. "Generalized Hit Probabilities with a Gaussian target II", *Annals of Mathematical Statistics*, vol. 24, pp. 288–294. [2.5]

[40] Fricker, R. 1998. "Attrition Models of the Ardennes Campaign", *Naval Research Logistics*, vol. 45, pp. 1–22. [5.4.2]

[41] Gal, S. 1980. *Search Games*, Academic Press, New York. [7.6.1]

[42] Gilliland, D. 1962. "Integral of the Bivariate Normal Distribution over an Offset Circle", *Journal of the American Statistical Association*, vol. 57, pp. 758–768. [2.2.2]

[43] Glazebrook, K. and Washburn, A. 2004. "Shoot-Look Shoot: A Review and Extension", *Operations Research*, vol. 52, pp.454–463. [3.2, 3.5]

[44] Grubbs, F. 1968. "Expected Target Damage for a Salvo of Rounds with Elliptical Normal Delivery and Damage Functions", *OPeratons Research*, vol. 16, pp. 1021–1026. [2.3.3]

[45] Hammes, T.X. 2006. "Countering Evolved Insurgent Networks", *Military Review*, vol. 86, July–August 2006, pp 18–26. [10.4]

[46] Hartmann, G. 1979. *Weapons That Wait*, Naval Institute Press, Annapolis. [8.1]

[47] Helmbold, R. and Rehm, A. 1995. Translation of "The Influence of the Numerical Strength of Engaged Forces in Their Casualties", by M. Osipov, *Naval Research Logistics*, vol. 42, pp. 435–490. [5.2]

[48] Hohzaki, R. and Washburn, A.R. 2001. "The Diesel Submarine Flaming Datum Problem", *Military Operations Research*, vol. 6, pp. 19–30. [7.6.3]

[49] Hohzaki, R. 2007. "Discrete Search Allocation Game with False Contacts", *Naval Research Logistics*, vol. 54, pp. 46–58.[7.7]

[50] Howes, D. and Thrall, R. 1973. "A Theory of Ideal Linear Weights for Heterogeneous Combat Forces", *Naval Research Logistics*, vol. 20, pp. 645–660. [5.5]

[51] Hughes, W. 2000. *Fleet Tactics and Coastal Combat* (2nd ed.), Naval Institute Press, Annapolis, pp. 27–29. [5.1]

[52] ICAO. 2003. *International Aeronautical and Maritime Search and Rescue Manual*, volume 2, International Civil Aviation Organization document 9731-AN/958, Appendix N, published jointly with the International Maritime Organization. [7.3.3]

[53] Kaplan, E.;Craft, D.; and Wein, L. 2002. "Emergency response to a smallpox attack: the case for mass vaccination", *Proceedings of the National Academy of Sciences*, vol. 99 (16), pp. 10935–10940. [10.32]

[54] Kaplan, E. and Kress, M. 2005. "Operational Effectiveness of Suicide

Bomber Detector Scheme: A Best-Case Analysis", *Proceedings of the National Academy of Sciences*, vol. 102, pp. 10399–10404. [10.2]

[55] Kaufman, H. and Lamb, J. 1967. "An Empirical Test of Game Theory as a Descriptive Model", *Perceptual and Motor Skills*, vol. 24, pp. 951–960. [6.3]

[56] Keeley, R. 2003. "Understanding Landmines and Mine Action", http://www.minesactioncanada.org/techdocuments/Understanding Landmines_MineAction. pdf, accessed November, 2008. [8.1]

[57] Kendall, M. 1959. "Hiawatha Designs an Experiment", *The American Statistician*, vol. 13, pp. 23–24. [2, introductory quote]

[58] Kierstead, D.and DelBalzo, D. 2003. "A Genetic Algorithm Applied to Planning Search Paths in Complicated Environments", *Military Operations Research*, vol. 8, pp.45–60. [7.5]

[59] Kolmogorov, A. (ed.). 1948. "Collection of Articles on the Theory of Firing", Translation T-14, RAND Corp, Santa Monica. [2.3.2, 2.5]

[60] Kooharian, A.; Saber, N.; and Young, H. 1969 "A Force Effectiveness Model with Area Defense of Targets", *Operations Research*, vol. 17, pp. 895–906. [4.3]

[61] Kress, M. 2005a. "The Effect of Crowd Density on the Expected Number of Casualties in a Suicide Attack", *Naval Research Logistics*, vol. 52, pp. 22–29. [10.2]

[62] Kress, M. 2005b. "The Effect of Social Mixing Controls on the Spread of Smallpox – A Two-Level Model", *Health Care Management Science*, vol. 8, pp. 277–289. [10.3.2]

[63] Kress, M. 2006a. "Policies for Biodefense Revisited: The Prioritized V accination Process for Smallpox", *Annals of Operations Research*,vol. 148, pp. 5–23. [10.3.2]

[64] Kress, M.; Baggesen, E.; and Gofer, E. 2006b "Probability Modeling of Autonomous Unmanned Combat Aerial Vehicles (UCAVs)", *Military Operations Research*, vol. 11, pp. 5–24 [9.4.2]

[65] Kress, M. and Royset, J. 2008 "Aerial Search Optimization Model (ASOM) for UAVs in Special Operations", *Military Operations Research*, vol. 13, pp. 23–33. [9.4.1]

[66] Lalley, S. and Robbins, H. 1987. "Asymptotically Minimax Search Strategies in the Plane", Proceedings of the National Academy of Sciences, vol. 84, pp.2111–2112. [7.3.2, 7.6.3]

[67] Lanchester, F. 1916. *Aircraft in Warfare: the Dawn of the Fourth Arm*,

Conatable, London. [5.2]

[68] Lucas, T. W. 2000. "The Stochastic Versus Deterministic Argument for Combat Simulations: Tales of When the Average Won't Do!" *Military Operations Research: Special Issue on Warfare Analysis and Complexity-the New Sciences*, vol. 5, pp. 9–28. [1.3.1]

[69] Lucas. T. and McGunnigle, J. 2003. "When is Model Complexity Too Much? Illustrating the Benefits of Simple Models with Hughes' Salvo Equations", *Naval Research Logistics*, vol. 50, pp. 197–217.[5.2]

[70] Lucas, T., and Turkes, T. 2004. "Fitting Lanchester Equations to the Battles of Kursk and Ardennes", *Naval Research Logistics*, vol. 51, pp. 95–116. [5.4.2]

[71] Lynn, J.A. 2005. "Patterns of Insurgency and Counterinsurgency", *Military Review,* July–August 2005, pp. 22–27.[10.4]

[72] Manor, G.and Kress, M. 1997. "Optimality of the Greedy Shooting Strategy in the Presence of Incomplete Damage Information", *Naval Research Logistics*, vol. 44, pp. 613–622. [3.5]

[73] Marcum, J. 1950. "Table of Q-Functions", report RM-339, RAND Corp., Santa Monica. [2.2.2]

[74] Matlin, S. 1970. "A Rcview of the Literature on the Missile Allocation Problem", *Operations Research*, vol. 18, pp. 334–373. [4.3]

[75] Matlin, S. 1972. "Equivalent Payload Nomogram", *Operations Research*, vol. 20, pp. 1190–1192. [2.3.1]

[76] McCue, B. 1990. *U-Boats in the Bay of Biscay*, National Defense University Press, Washington, DC. [5.2]

[77] McCurdy, M. 1987. "A Cognitive Planning Aid for Naval Minesweeping Operations", USCINCPAC Plans and Policy Directorate Research and Analysis Division, technical report. [8.4]

[78] Miercourt, F. and Soland, R. 1971. "Optimal Allocation of Missiles Against Area and Point Defenses", *Operations Research*, vol. 19, pp. 605–617. [4.3]

[79] Monach, R. and Baker, J. 2006. "Estimating Risk to Transiting Ships Due to Multiple Threat Mine Types", *Military Operations Research*, vol. 11, pp. 35–47. [8.4.4]

[80] Morse, P.and Kimball, G. 1950. *Methods of Operations Research*, Technology Press. [1.3.4, 2.3.2, 2.5, 5.2, 5.3, 6.2.1]

[81] Nadler, J. and Eilbott, J. 1971. "Optimal Sequential Aim Corrections for Attacking a Stationary Point Target", *Operations Research*, vol. 19, pp.

685–697. [3.3]

[82] National Research Council, Naval Studies Board, Committee for Mine Warfare Assessment. 2001. *Naval Mine Warfare: Operational and Technical Challenges for Naval Forces*, National Academy Press, Washington, DC, p. 20. [8.1]

[83] NSARC (National Search and Rescue Committee), http://www.uscg.mil/hq/g-o/gopr/nsarc/nsarc.htm, IAMSAR supplement dated 2000, last accessed November, 2008. [7.2]

[84] Odle, J. 1997. "Minefield Analysis for Channelized Traffic", NSWC/WOL TR 77-109, Naval Surface Weapons Center, August. [8.3]

[85] OEG. 1946. "Search and Screening", report 56 of the Operations Evaluation Group, Department of the Navy. [7.2, 7.3.3, 7.4, 7.6.1]

[86] O' Hanlon, M. and Campbell, J. 2007. *Iraq Index, Tracking Variables of Reconstruction Security in Post-Saddam Iraq*, The Brookings Institute, Washington, DC, July. [10.1]

[87] Park, S. and Miller, K. 1988. "Random Number Generators: Good Ones are Hard to Find", *Communications of the ACM*, vol. 31, pp. 1192-1201. [AppendixC]

[88] Perla, P. 1990. "The Art of Wargaming", Naval Institute Press, Annapolis. [6.3]

[89] Pollitt, G. 2006. "Mine Countermeasures (MCM) Tactical Decision Aids (TDAs), a Historical Rcview", *Military Operations Research*, vol. 11, pp. 7–18. [8.4]

[90] Puterman, M. 1994. *Markov Decision Processes*, Wiley, Ncw York*. [3.4.1]

[91] Przemicniecki, J. 2000. *Mathematical Methods in Defense Analyses* (3rd ed.), American Institute of Aeronautics and Astronautics, Reston. [2.5, 3.4.2, 4.2.1, 4.3]

[92] Rasmussen, S. and Shima, T. 2008. "Tree Search Algorithm for Assigning Cooperating UAVs to Multiple Tasks", *International Journal of Robust Nonlinear Control*, vol. 18, pp. 135–153. [9.4.1]

[93] Ravid, I. 1989. "Defense Before or After Bomb-release Line", *Operations Research*, vol. 37, pp. 700–715. [4.2.3]

[94] Read, W. 1958. "Tactics and Deployment for Anti-Missile Defense", Bell Telephone Laboratories, Whippany, New York. [4.2.4]

[95] Redmayne, J. 1996. "Evaluation of Mine Threat", Report SR-251, NATO SACLANT Undersea Research Centre. [8.4]

[96] Richardson, H. and Stone, L. 1971. "Operations Analysis During the Un-

derwater Search for the Scorpion", *Naval Research Logistics*, vol. 18, pp. 141–157. [7.5.1]

[97] Robe, Q.; Edwards, N.; Murphy, D.; Thayer, N.; Hover, G.; and Kop, M. 1985. "Evaluation of Surface Craft and Ice Target Detection Performance by the AN/APS-135 Side-Looking Airborme Radar (SLAR)", Report CG-D-2-86, U.S. Department of Transportation, Washington, DC. [7.2]

[98] Ross, S. 2000. *Introduction to Probability Models*, Harcourt, New York, ch. 6. [5.3]

[99] Ruckle, W. 1983. *Geometric Games and their Applications*, Pitman, London. [6.2.3]

[100] Skolnik, M. 2001. *Introduction to Radar Systems* (3rd ed.), McGraw Hill, New York. [7.1]

[101] Soland, R. 1987. "Optimal Terminal Defense Tactics when Several Sequential Engagements are Possible", *Operations Research*, vol. 35, pp. 537–542. [4.2.1]

[102] Stone, L. 1975. *Theory of Optimal Search*, Academic Press, New York. [2.5, 7.1, 7.5.2, 7.7]

[103] Swain, J. 2005. http://www.lionhrtpub.com/orms/surveys/Simulation/Simulation.html, updated survey of simulation software last accessed August, 2008.[Appendix C]

[104] Taha, R. 2007. *Operations Research, an Introduction*. Prentice Hall, New York.[Appendix C]

[105] Taub, A. 1962. *John von Neumann Collected Works*, vol. IV, Pergamon Press, Oxford, pp. 492–506. [2.2.3]

[106] Taylor, J. 1983. *Lanchester Models of Warfare*, INFORMS, Rockville, MD. [5.2, 5.3]

[107] Thomas, C. 1956. "The Estimation of Bombers Surviving an Air Battle", The Assistant for Operations Analysis, Seputy Chief of Staff, Operations, Headquarters U. S. Air Force, Technical Memorandum 49, Appendix B. [2.4.4]

[108] Thomas, C. and Deemer, W. 1957. "The Role of Operational Gaming in Operations Research", *Operations Research*, vol. 5, pp.1–27. [6.3]

[109] Tsipis, K. 1974. "The Calculus of Nuclear Counterforce", *Technology Review*, pp. 34–47. [2.3.1]

[110] Turkes, T. 2000. "Fitting Lanchester and Other Equations to the Battle of Kursk Data", Masters Thesis, Naval Postgraduate School, Monterey, CA. [5.4.2, 5.5]

[111] Urick, R. 1996. *Principles of Underwater Sound* (3rd ed.), Peninsula Publishing, CA.. [7.1]

[112] USAF. 2005. http://www.eglin.af.mil/library/factsheets/, accessed November, 2008. [7.1]

[113] von Neumann, J. 1928. "Zur Theorie der Gesellschaftsspiele", *Mathematische Annalen*, vol. 100, pp. 295–320. [6.2.1]

[114] von Neumann, J. and Morgenstern, O. 1944. *Theory of Games and Economic Behaviour*, Princeton University Pres,Princeton. [6.2, Appendix B]

[115] Wagner, D.; Mylander, C.; and Sanders, T. 1999. *Naval Operations Analysis (ed. 3)*, Naval Institute Press, Annapolis. [4.2.1, 8.2]

[116] Washburn, A. 1976. "Patrolling a Channel Revisited", Technical Report NPS55WS 75121, Naval Postgraduate School, Monterey, CA. [7.4]

[117] Washburn, A. 1981. "Note on Constrained Maximization of a Sum", *Operations Research*, vol. 29, pp. 411–414. [7.5.2]

[118] Washburn, A. 1995a. "Finite Method for a Nonlinear Allocation Problem", *Journal of Optimization Theory and Applications*, vol.85, pp. 705–726. [2.4.3]

[119] Washburn, A. 1995b. "MIXER: A TDA for Mixed Minefield Clearance", Project Report NPS-OR-95-011PR, Naval Postgraduate School, Monterey, CA. [8.4]

[120] Washburn, A. and Wood, K. 1995. "Two-Person Zero-Sum Games for Network Interdiciton", *Operations Research*, vol. 43, pp. 243–251. [6.2.3]

[121] Washburn, A. 2002. *Search and Detection* (4th ed.), INFORMS, Rockville, MD. [7.1, 7.3.3, 7.6.2, 7.6.3, 7.7]

[122] Washburn, A. 2003a. "Diffuse Gaussian Multiple Shot Patterns", *Military Operations Research*, vol. 8. pp. 59–64. [2.3.3]

[123] Washburn, A. 2003b. *Two-Person Zero-Sum Games*, INFORMS, Rockville, MD. [6.2.3]

[124] Washburn, A. 2005. "The Bang-Soak Theory of Missile Attack and Terminal Defense", *Military Operations Research*, vol. 10, pp. 15–23. [4.3]

[125] Washburn, A.R. 2006. "Continuous Network Interdiction", Technical Report NPS-OR-06-007, Naval Postgraduate School, Monterey, CA. [8.5.3]

[126] Willard, D. 1962. "Lanchester as a Force in History: An Analysis of Land Battles of the Years 1618-1905", Research Analysis Corporation, RAC-TP-74. [5.4.2]

[127] Winston, W. 1994. *Operations Research Applications and Algorithms* (3rd ed.), Duxbury Press, Belmont. [Appendix B]

[128] Yost, K. and Washburn, A. 2000. "Optimizing Assignments of Air-to-Ground Assets and BDA Sensors", *Military Operations Research*, vol. 10, pp. 77-91. [3.5]

[129] Zermelo, E. 1912. Über eine Anwendung der Mengenlehre auf die Theorie des Schachspiels. Proceedings of the fifth International Congress of Mathematicians, Cambridge 2, 501–510. [6.2.2]

[130] Bonder, S. 1967. "The Lanchester Attrition Rate Coefficient", *Operations Research*, vol. 15, pp. 221-232.

[131] Grotte, J. 1982. "An Optimizing Nuclear Exchange Model for the Analysis of Nuclear War and Deterrence", *Operations Research*, vol. 30, pp. 428–445.

[132] Shumate, K. and Howard, G. 1974. "A Proportional Defense Model", *Naval Research Logistics Quarterly*, vol. 21, pp. 69–78.

[133] Soland, R. 1973. "Optimal Defensive Missile Allocation: A Discrete Min-Max Problem", *Operations Research*, vol. 21, pp. 590–596.

[134] Swinson, G.; Randolph, P.; Dunn, B. and Walker, M. 1971. "A Model for Allocating Interceptors From Overlapping Batteries: A Method of Dynamic Programming", *Operations Research*, vol.19, pp. 182–193.

[135] USN. 1959. "Probability-of-Damage Problems of Frequent Occurrence", United States Navy, Operations Evaluation Group Study No. 626.

[136] Weiss, H.K. 1953. "Methods for Computing the Effectiveness of Area Weapons", Ballistic Research Laboratory Report 879.